Andreas Erb

Betze Leaks
Der 1. FC Kaiserslautern
zwischen Tradition und Possenspiel

D1671060

Alle Gute zum
Geburtstag!
LG
Cris :)

Andreas Erb

Betze Leaks

Der 1. FC Kaiserslautern
zwischen Tradition und Possenspiel

VERLAG DIE WERKSTATT

Bibliografische Information der Deutschen Nationalbibliothek:
Die Deutsche Nationalbibliothek verzeichnet diese Publikation
in der Deutschen Nationalbibliografie; detaillierte bibliografische Daten
sind im Internet über http://dnb.d-nb.de abrufbar.

Copyright © 2018 Verlag Die Werkstatt GmbH
Lotzestraße 22a, D-37083 Göttingen
www.werkstatt-verlag.de
Alle Rechte vorbehalten.
Fotos: Andreas Erb
Umschlag: Die Werkstatt Medien-Produktion GmbH unter
Verwendung einer Grafik von samuelambrs (vectorstock)
Satz und Gestaltung: Die Werkstatt Medien-Produktion GmbH
Druck und Bindung: Westermann Druck Zwickau

ISBN 978-3-7307-0390-8

FSC
www.fsc.org
MIX
Papier aus ver-
antwortungsvollen
Quellen
FSC® C110508

„Forza FCK,
Rot-Weiß-Rot olé!
Mein Leben hab' ich dir vermacht –
Jeden Tag und jede Nacht!"

Fangesang

„Jeder, der Mitglied der Clique ist, profitiert davon, und jeder, der das System hinterfragt, gilt als Feind und wird abgestoßen. […] Nur hier kommen so unglaublich viel Geld und so amateurhafte Strukturen zusammen. Und, natürlich, nur im Fußball ist das Volk so leicht zu verführen: Ein Tor, bitte schießt endlich dieses eine verdammte Tor – und dann schießen sie's, und alles ist verziehen. […] Der Fußball und auch der Deutsche Fußball-Bund müssten eigentlich die Kraft haben, sich zu verändern. Das viele Geld sollte für die professionelle Erneuerung ausreichen, für bezahlte und obendrein kompetente Manager sowie für Kontrolleure, die den Namen verdienen. […] Und Leidenschaft und Kritik sind ja auch keine Gegensätze: Niemand zwingt Spieler, Sportjournalisten und Zuschauer, den Verstand vor der Arena abzugeben."

Klaus Brinkbäumer in seinem Kommentar „Der Franz hat gesagt …" zur „Sommermärchen"-Affäre, „Der Spiegel",
24. Oktober 2015

INHALT

KAPITEL EINS

Die Auferstehung

Teufels Werk und Frankfurts Beitrag

Auf den Plätzen in der Innenstadt liegen sich die Menschen in den Armen, als habe der Allmächtige selbst sie soeben erlöst. Der Pfarrer läutet die Glocken der Kirche, die nach dem heiligen Martin benannt ist. Der Glockenklang vermischt sich mit dem Hupkonzert der Autos und den lauten Gesängen zu einem Klangbild der Euphorie. Es ist Sonntagnachmittag. Ich lasse meinen Blick schweifen. Frenetischer Jubel, spontane Freudentänze, Glückstränen. Berauscht vom Erfolg. Sie singen und tanzen sich in Ekstase. Rhythmisches Klatschen und laute Chöre. „Nie mehr zweite Liga, nie mehr, nie mehr!" Ein rot-weißes Fahnenmeer, bestimmt durch die Vereinsfarben, wehende Schals und lärmende Tröten. Die ganze Stadt ist im Ausnahmezustand.

Dabei verhieß das Wochenende zunächst eigentlich eher Ernüchterung. Vorgestern, am Freitag, hätte der 1. FC Kaiserslautern den Aufstieg perfekt machen können. Mit einem Heimsieg im Fritz-Walter-Stadion. 50.000 Zuschauer pilgerten in den Fußballtempel auf dem ehrwürdigen Betzenberg. Hätten die Roten Teufel im Heimspiel gegen Abstiegskandidat Hansa Rostock gewonnen, hätten sie uneinholbar vor dem FC Augsburg gelegen, und der Aufstieg in die erste Liga wäre sicher gewesen. Sie hätten zurückkehren können in den Fußballolymp, nach dem sich der Verein und seine Anhänger so sehr sehnen. In den sie als Bundesliga-Gründungsmitglied und Traditionsverein meinen zu gehören. Die Ansprüche sind hoch in der Pfalz.

Die Westkurve bebte, Tausende in Rot. Der Aufstieg des Tabellenführers schien nur Formsache zu sein. Doch es kam anders. Als FCK-Stürmer Srdjan Lakic im Strafraum fällt, jubelt die Kurve. Elfmeter. Sidney Sam tritt an – und verschießt! Erst ein gellendes Pfeifkonzert, dann Totenstille. Der Schock kommt mit einem Freistoß – 0:1. Die Kräfte fehlen, die Nerven liegen blank. Abpfiff. „Wir haben den Krimi heute verloren", gibt sich Trainer Marco Kurz im Anschluss an die Partie wortkarg.

Die Erlösung: Zu den Aufstiegsfeierlichkeiten strömten am 9. Mai 2010 tausende FCK-Fans in die Kaiserslauterer Innenstadt.

Derweil untermauert Verfolger St. Pauli mit einem 6:1 gegen TuS Koblenz eindrucksvoll seine Aufstiegsambitionen. Die direkten Aufstiegsträume sind für den FCK zumindest am Freitagabend geplatzt. Doch dann das erneute Beten, Bangen und Hoffen am Sonntag. Denn heute hat der FSV Frankfurt den FC Augsburg zu Gast. Und wenn der FSV punktet, wäre der drittplatzierte Verfolger Augsburg abgeschlagen – obwohl es mit dem FCK-Heimsieg nicht geklappt hat. Die Differenz von sieben Punkten ließe sich zwei Spieltage vor Saisonende nicht mehr aufholen. Die Meisterschaft wäre zwar noch immer offen, schließlich lauert St. Pauli weiter auf dem zweiten Tabellenrang, doch immerhin wäre den Roten Teufeln der Aufstieg sicher – egal ob als Erst- oder Zweitplatzierter.

Also drücken die Pfälzer den Hessen alle Daumen. Hartgesottene FCK-Schlachtenbummler reisen sogar eigens zum Spiel in die Mainmetropole. Und am Sonntagmittag platzen die Kneipen in der Lauterer Innenstadt aus allen Nähten, überall flimmert die Zweitligabegegnung Frankfurt – Augsburg über die Bildschirme.

Die Stimmung in den Lokalen ist verhalten, als Augsburg mit 1:0 in Front geht. Doch dann die Wende: 1:1 in Frankfurt! Es ist zwar noch eine halbe Stunde zu spielen, doch in Kaiserslautern lässt sich der Jubel nicht mehr halten. „Nie mehr zweite Liga, nie mehr, nie mehr!", tönt es schon lange vor dem Abpfiff aus den Kneipen durch die Altstadt. Die Menschen strömen auf die Plätze in der City zu spontanen Feierlichkeiten. Die Kirchenglocken läuten. 25. April 2010 – es ist die Auferstehung des Traditionsvereins. Zurück im Fußballolymp. Zurück in der Bundesliga.

Der Erfinder einer ganzen Stadt

Damit beginnt mein Abenteuer FCK. Ich tauche ein in den FCK-Kosmos. Ich spreche mit altgedienten Klubikonen, recherchiere in Archiven, interviewe aktuelle Funktionsträger, Spieler und Fans. Ich höre Legenden über große Fußballschlachten, die Helden gebaren. All die Geschichten voller Symbolik und Chiffren, die kultigen Rituale und Traditionen, die sich um Lichtgestalten ranken, um Heilsbringer, Retter und Erlöser. Es fühlt sich nach mehr an. Mehr als nur Sport und Fußball.

„Man sagt ja, dass man die Frau verlassen kann, die Kinder auch, aber nie diese erste große außerfamiliäre Liebe, die zu seinem Fußballverein", schreibt der Sportjournalist Marcel Reif in diesen Tagen in seiner emotionalen Liebeserklärung an den 1. FC Kaiserslautern. Da ist was dran. Der FCK ist Glaubenssache. Wie eine Religion: mit all ihren heilvollen Versprechungen, ihrer lebenserfüllenden Hoffnung und ihrem umfassenden Anspruch. Der Betzenberg mit seinem Fritz-Walter-Stadion ist der Altar großer Fußballmythen, und Klubikone Fritz Walter ist sein Heiland.

Der Fußball bestimmt den Pulsschlag der Pfalzmetropole. Der Spielausgang am Wochenende prägt die Stimmung in der Stadt. Der 1. FC Kaiserslautern ist Kult in der Pfalz. Seine Repräsentanten, Spieler und Funktionäre umweht der Nimbus großer Feldherren. Der Betzenberg mit dem ehrwürdigen Fritz-Walter-Stadion ist ihre Festung. Eine Trutzburg, die es zu verteidigen gilt gegen übermächtige Gegner wie den FC Bayern München, benachbarte Rivalen aus Mainz und Frankfurt oder neuerdings die für viele traditionsbewussten Fans besonders verhassten Emporkömmlinge Hoffenheim oder Leipzig.

Unvergessen bleibt das 5:0 gegen Real Madrid 1982 im UEFA-Cup-Viertelfinale. Das 3:1 gegen den FC Barcelona 1991 im Europapokal der Landesmeister. Oder das 7:4 gegen die Bayern 1973, nachdem man in der 57. Minute noch 1:4 zurücklag. Welt- und Europameister trugen einst das rote Trikot. Namen wie Miroslav Klose, Michael Ballack, Ciriaco Sforza, Stefan Kuntz, Andreas Brehme, Mario Basler, Hans-Peter Briegel oder Klaus Toppmöller – sie alle waren Rote Teufel. Und natürlich die Helden von Bern: Fritz und Ottmar Walter, Werner Kohlmeyer, Werner Liebrich und Horst Eckel – unvergessene Idole.

Fußballnostalgie: Plakat des Spiels Real Madrid – FCK 1982 aus der Sammlung des Ehepaars Huber vom Fanklub Fairplay.

11

An erster Stelle steht Fritz Walter. Nicht nur das Stadion trägt unantastbar seinen Namen. Auch die Straße hoch auf den Betzenberg ist nach ihm benannt sowie eine Schule und die Biersorte einer regionalen Brauerei. Selbst „der Erfinder von Kaiserslautern" soll er gewesen sein, wenigstens wenn man dem überlieferten und oft zitierten Aufsatz eines Schulmädchens glaubt. Manche behaupten sogar, er hätte sie begründet, die Bundesrepublik Deutschland. Als Spielführer der deutschen Nationalmannschaft hatte er wesentlichen Anteil am Gewinn der Weltmeisterschaft 1954, dem „Wunder von Bern", das Fußballnostalgiker bisweilen gar als mentales Gründungsereignis der BRD beschreiben. Die Figur Fritz Walter ist Fixpunkt im FCK-Kult.

„Fritz, dein Wetter", soll Nationaltrainer Sepp Herberger 1954 gesagt haben, als er seine Männer aufs Feld schickte. Damals regnete es in Bern beim WM-Triumph. Manche behaupten, Fritz Walter habe sich im Zweiten Weltkrieg mit Malaria angesteckt. Deshalb sei es ihm schwergefallen, bei Hitze zu spielen. Bei schwerem, nassem Boden habe er außerdem seine überlegene fußballerische Technik ausspielen können. Bei Regen sei er also zur Höchstform aufgelaufen. „Fritz-Walter-Wetter" sagt man noch heute in der Pfalz, wenn sich der Himmel öffnet.

Wie am 18. Mai 2008, als es um alles ging. Der einst so ruhmreiche FCK war in die zweite Liga abgestiegen und tief gefallen. Er steckte im Abstiegskampf. Am letzten Spieltag ging es gegen den 1. FC Köln, der bereits als Aufsteiger feststand. Es drohte den Roten Teufeln nach einer desolaten Saison der Totalabsturz in die Drittklassigkeit. Der FCK am historischen Tiefpunkt. Doch es gelang das Unmögliche: Mit 3:0 besiegten die Roten Teufel die vermeintlich übermächtigen, favorisierten Kölner. Die Rettung am buchstäblich letzten Spieltag. An diesem Tag öffnete sich der Himmel, und es regnete.

„Als es anfing zu regnen, da wusste jeder, dass Fritz Walter bei uns im Stadion ist. Da gab es eine Kraft. Es war wie Magie", erinnert sich die Fanaktivistin Astrid Schmid. Vor dem Spiel besuchte sie extra auf dem städtischen Friedhof die letzte Ruhestätte Fritz Walters und bat um Unterstützung. „Das Grab von Fritz Walter besuche ich nur, wenn es darauf ankommt. Nur vor den wichtigen Spielen", betont Schmid. Mit Aberglauben hat das nichts zu tun. „Denn es hat ja genutzt." Schließlich gewannen die Roten Teufel bei Fritz-Walter-Wetter mit 3:0 gegen Köln. Die Tore schossen Josh Simpson und zweimal Marcel Ziemer. Der Sieg hielt nicht nur den Verein am Leben. Sondern auch den Mythos um den Erfinder einer ganzen Stadt.

Der Schlüssel für die Schatzkammer

Martin Luther sagt: „Wo dein Herz hängt, da ist dein Gott." Und kaum eine andere Stadt in Deutschland hat ihr Herzblut so dem Fußball gewidmet wie Kaiserslautern. Woran das liegt? Udo Sopp kennt die Seele der Stadt. Als evangelischer Pfarrer war er Kirchenrat der evangelischen Kirche der Pfalz. Als Klubpräsident erlebte er den legendären 5:0-Erfolg gegen Real Madrid: 1981 bis 1985 führte er den 1. FC Kaiserslautern. „Der Mythos Betzenberg gründet sich in der Fritz-Walter-Ära", erklärt er. Der Fußball vermittele der Stadt ihre Sichtbarkeit, ihren Stolz, ihre Identität, beschreibt Sopp den hohen Stellenwert des FCK in Kaiserslautern. Es ist wie David gegen Goliath: „Auf dem Fußballfeld gelingt es einer relativ kleinen Stadt, im Konzert der Großstädte mitzuspielen und in der Nation deutliche Spuren zu legen."

Gründungsmitglied der Bundesliga, vier Deutsche Meisterschaften 1951, 1953, 1991 und 1998 sowie zwei Pokalsiege 1990 und 1996, dazu Partien auf internationalem Parkett und Gastgeber bei der Fußballweltmeisterschaft 2006. Dann der WM-Gewinn 1954 in Bern, an dem ein Stamm Kaiserslauterer Spieler um Fritz Walter wesentlichen Anteil hatte. „Welche vom Strukturwandel gebeutelte Arbeiterstadt mit 100.000 Einwohnern kann derartige Glanztaten schon vorweisen?", fragt Sopp. „Da nehmen die nationalen und internationalen Erfolge im Sport natürlich auch mental eine bedeutende Stellung ein. Man kann mithalten mit den Großen – dieses Gefühl ist prägend für den Mythos Betzenberg." Es ist das Bild vom provinziellen Außenseiter, der Großes zu leisten imstande ist.

Es schmerzte so sehr, als 2006 ausgerechnet im WM-Jahr der 1. FC Kaiserslautern zum zweiten Mal in seiner Geschichte in die Zweitklassigkeit abrutschte. Spätestens im neuerlichen Kampf gegen den Abstieg in die dritte Liga drohte vielen ihr Weltbild zu zerbersten. Hinzu kamen vereinsinterne Querelen. 2008 wurde dem Traditionsklub ein Orden des Karnevalvereins Kaiserslautern gewidmet. Mit dem närrischen Kampagnenmotto: „Beim FCK gäbbt's nor noch Peife – besonners die in Noodelstreife!" Alles Pfeifen, inkompetent und abgehoben? Das Urteil ist vernichtend.

Doch dann kamen Trainer Milan Sasic und der ehemalige Meisterstürmer Stefan Kuntz als Vorstandsboss auf den Betzenberg – mit jenem Sieg gegen den 1. FC Köln erlösten sie die Fußballanhänger von ihren größten Ängsten und gaben neue Hoffnung. Nach dem sensationellen Klassenerhalt in der zweiten Liga am 18. Mai 2008 führte Kuntz den Verein weiter an und nun, am 25. April 2010, wieder zurück in die Bundesliga. Jetzt sind sie endlich wieder dort, wo sie hingehören. Oder meinen hinzugehören.

„Im Grunde ist der Aufstieg in unserer Situation fast noch mehr als eine Deutsche Meisterschaft", sagt mir Gerald Ehrmann. „Weil der Verein durch ein so tiefes Tal gehen musste und regelrecht am Abgrund stand." Der kantige „Gerry" hat drei Dekaden FCK-Geschichte durchlebt – Höhen und Tiefen. 1990 wurde der Torwart DFB-Pokalsieger mit dem FCK, 1991 Deutscher Meister. Im Abstiegsjahr 1996, als die Roten Teufel zum ersten Mal in die zweite Liga abfielen, errang er mit der Mannschaft erneut den DFB-Pokal. Und auch 1998, als dem FCK unter Trainer Otto Rehhagel das sensationelle Kunststück gelang, als Aufsteiger Deutscher Fußballmeister zu werden, war Gerry im Team. Seitdem ist er Torwarttrainer auf dem Betzenberg und bildet Talente aus wie Roman Weidenfeller, Tim Wiese, Kevin Trapp, Tobias Sippel, Florian Fromlowitz, Marius Müller oder Julian Pollersbeck.

„Zweifler siegen nicht, und Sieger zweifeln nicht", meint Gerry. Wie fast alle FCK-Helden steht er für das Bild der Außenseiter und der Fleißigen, die sich ihrer Kräfte besinnen, plötzlich über sich hinauswachsen und gemeinsam Großes schaffen. Auf einem Denkmal am Eingang des Fritz-Walter-Stadions, das die fünf Lauterer WM-Helden von 1954 zeigt, ist eine Inschrift zu lesen. Ein Zitat von Sepp Herberger. Dort steht: „Die Außenseiterrolle ist ein Schlüssel für die Schatzkammer unermesslicher Kräfte, die – geweckt und geschürt – Energien freisetzt, die Berge versetzen."

„Stefan Kuntz steht für eine neue Zeit"

9. Mai 2010. Aus, aus, das Spiel ist aus! Nicht nur die Westkurve brodelt – das ganze Stadion bebt. Letzter Spieltag. 1:1 gegen Augsburg, drei Punkte vor St. Pauli. Nun ist es amtlich: Der 1. FC Kaiserslautern ist Zweitligameister und steigt auf. Wieder zurück, wieder da. In der 1. Bundesliga. Endlich. Glückstränen. Gänsehaut. „Stefan Kuntz, du bist der beste Mann", singt die Kurve.

Der smarte Vorstandsboss personifiziert im kollektiven Freudentaumel die Erlösung. Er ist Hoffnungsträger. Ihm fliegen die Sympathien zu. Auch, weil er glaubhaft für einen Schulterschluss sorgt. Er bindet den langjährigen Ex-Präsidenten Norbert Thines und die Klubikone Hans-Peter Briegel, Europameister von 1980, wieder enger an den Verein. Letzterer hatte zuvor sogar im Streit mit der Klubführung seinen FCK-Ehrenring abgelegt. „Es ist das Programm Stefan Kuntz. Stefan Kuntz steht für den Erfolg, den Aufstieg", lobt der Aufsichtsratsvorsitzende Dieter Rombach. „Allein deshalb, weil er die Spieler als ehemaliger Europameister auf eine ganz besondere Art und Weise ansprechen kann."

Rombach rückte 2007 in den Aufsichtsrat. Der Informatik-Professor von der Technischen Universität Kaiserslautern leitet zugleich das örtliche Fraunhofer-Institut für Experimentelles Software Engineering. Professor Doktor Doktor honoris causa, Verdienstorden des Landes Rheinland-Pfalz, Träger des Bundesverdienstkreuzes am Bande – seine Titel lassen sich gar nicht alle aufzählen. Der international tätige Wissenschaftler ist eng mit der Stadtspitze vernetzt. Zudem werden ihm beste Drähte zur rheinland-pfälzischen Landesregierung und zu SPD-Ministerpräsident Kurt Beck nachgesagt. Er gilt als passionierter Strippenzieher.

Rombach redet gerne über Siege und Erfolge. So viel Rummel um seine Person wie im Fußball gibt es in seinem Institut selten. In diesen Tagen schwelgt er im Rausch einer „überragenden Saison", spricht vom jüngsten Team der Liga und dem „Fingerspitzengefühl" von Vorstand Kuntz bei der Kaderzusammenstellung. Mit Trainer Kurz sei es gelungen, die Mannschaft „zu einer Einheit zu formen". Ebendiese Einheit sei die Stärke des 1. FC Kaiserslautern, mit dessen siegreicher Saison anfangs keiner gerechnet habe. Im Interview mit mir beschwört Rombach den Mythos Betzenberg und den seines Retters. „Stefan Kuntz steht für eine neue Zeit. Und das Programm Stefan Kuntz steht für den FCK."

2008 war der ehemalige Stürmer Kuntz auf den Betzenberg zurückgekehrt. Seitdem leitet er als Vorstandsvorsitzender die Geschicke des Klubs. Als Spieler und Kapitän führte er die Roten Teufel 1990 und 1991 zum DFB-Pokalsieg und der Deutschen Meisterschaft. Als Fußballer des Jahres wurde er ausgezeichnet, 1996 wurde er mit der Nationalmannschaft Europameister. Sogar ein Torjubel ist nach ihm benannt: Die „Kuntz-Säge" beschreibt eine jubelnde Geste mit geballter Faust, die an den Einsatz einer Handsäge erinnert.

„Ich leb' und sterb' hier für den Verein", sagte Kuntz am 2. Dezember 1989 im Trikot der Roten Teufel nach einem im Abstiegskampf erlösenden 3:1-Sieg gegen den FC Homburg auf dem Betzenberg in eine TV-Kamera. Dass der Europameister von 1996 später den Klub nach Istanbul, Bielefeld und Bochum verließ, nahmen ihm einige Anhänger übel. Die Liebe erkaltete. Aber jetzt ist er wieder zuhause und bringt den Erfolg mit. Bei Amtsantritt 2008 versprach der Vorstandsvorsitzende den Aufstieg in die Bundesliga innerhalb von fünf Jahren. Heute, bereits zwei Jahre später, hat er dieses Ziel erreicht. Erst die Rettung vor der Drittklassigkeit und nun der Aufstieg – Kuntz steht für neuen Glanz auf dem traditionsreichen Betzenberg.

Aber Kuntz handelt offenbar nicht ohne Risiko: „Der Aufstieg kommt nicht zu früh", sagt er mir im Interview. „Denn in der nächsten Zweitligasaison hätten wir im sportlichen und personellen Bereich deutliche Einschnitte hinnehmen müssen, die unsere ohnehin schwierige Ausgangssituation noch weiter belastet hätten." Ist die wirtschaftliche Zwangslage etwa so prekär, dass der gelungene Aufstieg gar existenzsichernd war? Auch die unvermittelte Trennung von Coach Sasic im Jahr 2009 setzt erste Fragezeichen hinter die junge Erfolgsära. Doch euphorische Augenblicke und der anhaltende sportliche Aufwärtstrend überlagern die Skepsis.

Ohnehin tut Rombach kritische Nachfragen wie die zu den Umständen der Trennung von Sasic kategorisch ab: „Manchmal ist es eben einfach sinnvoller und befreiender, sich voneinander zu trennen, wenn die Einheit nicht mehr 100-prozentig stimmt." Dies sei wie in einer „kriselnden Ehe". Vielmehr sei es doch „geradezu überlebensnotwendig, dass die Einigkeit zwischen Trainer, Vorstand und Aufsichtsrat weiterhin Bestand hat", betont der Aufsichtsratsvorsitzende. So bleibt die Sasic-Entlassung nebulös. Ebenso lässt Rombach mögliche Zweifel an der Kaderbildung abprallen: „Die zur Verfügung stehenden Mittel wurden optimal eingesetzt, es gab keinen Fehleinkauf." Basta.

Immerhin: Der Erfolg gibt ihnen recht. In diesen Tagen ist die Klubführung über jede Skepsis erhaben. Einige preisen Kuntz sogar schon als hoffnungsgebenden „Messias". Sein Auftreten wirkt sympathisch und charmant. Wenn der Vorstandsboss die Lebensweisheiten seiner Großmutter zum Besten gibt, hat er die Lacher auf seiner Seite. „Wir wollen eine Mannschaft mit Identifikationskraft" – Sätze wie diese sind zwar Allgemeinplätze, sie kommen in der Pfalz aber gut an, weil Kuntz sie authentisch verkörpert. Sein Auftreten wirkt bodenständig und weltmännisch zugleich. Überaus selbstbewusst füllt der ehemalige Polizist die Rolle des Vorstandsvorsitzenden aus.

Wiederbelebung mit „Herzblut"

„Herzblut" ist das Motto der Kampagne, welche dazu beiträgt, eine neue Begeisterung zu entfachen. Damit sorgt sie für einen Stimmungswandel am Betzenberg vom Fastabstieg in die Drittklassigkeit zum Aufstieg in die erste Liga. Die Kampagne inszeniert den Schulterschluss zwischen Verein und Fans, Mannschaft, Sponsoren und der Region. Sie wird zum Synonym des Aufstiegs. „Wachsendes Wir-Gefühl hat die sportliche Entwicklung emotional getragen", erklärt Kuntz. „Herzblut steht für ein Wir-Gefühl, für Offenheit, für Transparenz, in Verbindung mit einer gewissen Demut." So umgarnt der charismatische Kuntz potenzielle Mitstreiter und gewinnt Partner.

Sogar der Kaiserslauterer Oberbürgermeister Klaus Weichel lässt sich einspannen. Wenige Monate zuvor, als bundesweit in den Gazetten der Niedergang des Pfälzer Traditionsvereins herbeigeschrieben wurde, stemmte sich Weichel noch gegen eine allzu enge Identifikation der Stadt mit dem Fußball. „Es ist geradezu tödlich, wenn nun die sportlichen Turbulenzen auf Kaiserslautern abfärben", sagte mir Weichel damals. Nun posiert er gemeinsam mit Kuntz, Schulter an Schulter, auf den „Herzblut"-Plakaten.

„Mit Herzblut zurück" in die Bundesliga: Die Mannschaft feierte auf dem Rathausbalkon.

Im Zeichen des Aufstiegs spart die Klubführung nicht an neuen Zielen. „Langfristige Planung ist grundlegend für langfristigen Erfolg", betont Rombach und verknüpft dies mit den handelnden Personen. „Wir brauchen Kontinuität in der Vorstandschaft und im Trainerstab." Man wolle den Verein in der ersten Liga etablieren. Kuntz nennt dafür gleich ein Zeitfenster: „Im Sportlichen wird es in den nächsten drei Jahren darum gehen, sich in der Bundesliga zu behaupten. Dies ist die Voraussetzung, den Verein finanziell zu konsolidieren. Gelingt dies, ist der Verein in drei Jahren sehr gut aufgestellt." Es ist die Rede von Einnahmensteigerungen und Kostensenkungen. „Mit jedem Jahr erste Liga wollen wir den Verein Schritt für Schritt sanieren, um bald schuldenfrei zu sein."

Am Nachmittag jenes 9. Mai 2010, an dem der Aufstieg perfekt ist, gibt es nach dem Spiel im Fritz-Walter-Stadion ein großes Schaulaufen. Nur mühsam bahnt sich der Mannschaftsbus seinen Weg durch die Fanmassen vom Betzenberg ins Tal zum Rathaus. Tausende bejubeln die Athleten. Die Straßen verwandeln sich in eine rot-weiße Fanmeile. Auf dem Vorplatz des Rathauses versammeln sich die Anhänger und erwarten den Auftritt ihrer Helden. Die Mannschaft betritt den Rathausbalkon und wird euphorisch empfangen. Die Spieler lassen sich von der feiernden Masse huldigen, abwechselnd recken sie unter lauten Gesängen die Meisterschale in die Höhe.

In diesen Tagen schmücken sich viele in der Stadt mit dem fußballerischen Lorbeer. Auch die Politik sonnt sich im sportlichen Glanz. Oberbürgermeister Weichel winkt vom Balkon, und Ministerpräsident Beck ist eigens angereist, um mit einer Ansprache seine Nähe zum Aufstiegsmacher Kuntz zu demonstrieren. Es ist die Stunde null: Neuanfang in der Bundesliga. Der Mythos Betzenberg ist wiederbelebt.

KAPITEL ZWEI

Der Abstieg

Die bizarre Versammlung vom 9. Mai 2012

„Ich werde hier vor Ihnen die Hosen runterlassen." Die Menge verstummt. Man könnte eine Stecknadel fallen hören. Es hat sich einiges aufgestaut in den letzten Monaten. Stefan Kuntz schaut auf von seinem Rednerpult. Er spürt die Spannung. Das ist wohl eines seiner großen Talente – Emotionen zu fühlen, sie aufzunehmen und darauf zu reagieren. Er weiß genau, was sie hören wollen. Und vor allem: wie man es ihnen sagen muss, damit sie es auch wirklich glauben. Seine Stimme wird lauter. Energischer. Er ballt die Faust. „Am schlimmsten hat mich das Auftreten der Mannschaft getroffen." Ein Raunen geht durchs Publikum. Kuntz schleudert seine Worte in den Saal: „Früher hätte uns der Gerry durch die Kabine getreten!" Genau! Früher! Als der Gerry seinen Kasten sauber hielt! Als wir Deutscher Meister wurden! Gerry hätte für Ordnung gesorgt! Es brodelt in der Halle. „Gerriiiii!", rufen einige. Gemeint ist natürlich Klubikone Gerald Ehrmann.

Und Kuntz ruft zurück, nennt Namen: Willi Orban, Dominique Heintz, Marius Müller – alles Jungtalente des Vereins. Darauf können wir doch stolz sein! Auf unsere Jungs! Wir sind doch wer! „Man soll nicht immer alles schlechtreden!" Selbst wenn die Nachwuchsarbeit beim FCK in der Zertifizierung des Deutschen Fußball-Bundes abgesackt sei – bald werde sich alles ändern. In den nächsten zwei Jahren wolle man das Nachwuchsleistungszentrum ausbauen. Das Fußballvolk staunt über seine Tatkraft und schöpft neue Hoffnung auf bessere Zeiten. Nun liegt es ihm zu Füßen.

Die Stimmung ist bereitet für den großen Rundumschlag. All die Kritik der vergangenen Wochen, all die Fragen, all die Zweifel an seiner Amtsführung: All das seien unwürdige, respektlose Anschuldigungen, beleidigende Gerüchte. Kuntz poltert gegen Journalisten, die angeblich aus niederen Motiven dem Verein schaden wollten. Gegen derartige Angriffe müsse der ganze Klub zusammenstehen. Seine schweißgetriebene Brandrede wird zur Abrechnung mit all jenen, die es wagten, ihn zu hinterfragen. Er fordert das Vertrauen der Mitglieder ein.

Dann die Ehrenerklärung: „Weder ich noch einer meiner Familienangehörigen sind oder waren in irgendeiner Form an einer Spieleragentur beteiligt. Weiterhin haben weder ich noch einer meiner Familienangehörigen jemals Geld oder andere finanzielle Zuwendungen durch einen Spielertransfer erhalten. Das bedeutet aber im Umkehrschluss", und hier überschlägt sich seine Stimme, „dass ich jeden, der etwas anderes behauptet, ab sofort strafrechtlich verfolgen werde!"

Kuntz weiß genau, womit er ins Herz der FCK-Anhänger trifft. Es ist eine Mischung aus Leidenschaft, Trotz und Kampfeslust. Er massiert die Seele seiner Zuhörer. Herzblut, Schweiß und Tränen. Und am Ende der Kreuzgang: „Ich bin nicht fehlerlos", räumt Kuntz ein. Er zügelt das Temperament, und eine Träne schimmert in seinen Augen. „Ich führe den Verein auf meine Art und Weise", sagt er mit bebender Stimme. Es gehe nur um eines: den großen 1. FC Kaiserslautern. Nichts anderes. Nur den FCK. Und damit das Wohlergehen all jener, die diesen Verein so lieben und heute Abend gekommen sind.

Damit hat er sie überzeugt: Sie springen auf von ihren Stühlen. Lauter Applaus. Stehend Ovationen für den Vorstandsvorsitzenden bei einer bizarren Mitgliederversammlung am 9. Mai 2012. Es sind Huldigungen nach der bis dahin schlechtesten Saison der Vereinsgeschichte, die mit einem Abstieg in die 2. Bundesliga endete.

Die Chaos-Saison 2011/12

Was war geschehen? Es ist gerade einmal zwei Jahre her, da gelang der Aufstieg in die Bundesliga. Vollmundig waren damals die Versprechungen der FCK-Bosse, sich in der deutschen Fußballelite wieder zu etablieren. Die FCK-Fans hatten blühende Zeiten vor Augen. Und zum ersten Heimspiel der Saison 2010/11 wurde das Fußballmärchen fortgeschrieben: Das Starensemble des FC Bayern München um Trainer Louis van Gaal kam ins Fritz-Walter-Stadion. Der Double-Gewinner – niedergekämpft vom Aufsteiger.

2:0 stand's am Ende für die Roten Teufel. Die Bayern-Stürmer Miroslav Klose und Mario Gomez machten keinen Stich, Thomas Müller scheiterte am FCK-Keeper Tobias Sippel. So verließen Toni Kroos, Bastian Schweinsteiger, Frank Ribéry, Philipp Lahm und Co. den Platz mit hängenden Köpfen. In der Pfalz hingegen kannte der Jubel keine Grenzen, als Ivo Ilicevic und Srdjan Lakic den FCK zum Sieg schossen. Nach dem zweiten Spieltag stand der FCK mit zwei Siegen an der Tabellen-

Erreichte den Aufstieg in die erste Liga und dort den siebten Tabellenrang:
FCK-Trainer Marco Kurz. Es folgte allerdings der Abstieg.

spitze. Mancher erinnerte sich schon an die sensationelle Meisterschaft
1998. Am Ende der Saison 2010/11 kam immerhin ein siebter Platz heraus. Der Betzenberg erreichte alte Größe, knüpfte an seine Glanzzeiten
an. In Kaiserslautern war die Welt in Ordnung.

Aber nun, nur eine Runde später, herrscht Chaos im Klub. Das sportliche Ergebnis ist bis dato die schlechteste Saison der Vereinsgeschichte.
Gerade einmal 23 Punkte konnten eingefahren werden, der FCK landet unweigerlich weit abgeschlagen auf dem letzten Tabellenrang. Nach
einer desaströsen Saison steigen die Roten Teufel wieder ab. Zurück in
die Zweitklassigkeit. Es rumort auf dem Betzenberg. Wie konnte das
passieren? Lagen sie sich doch wenige Monate zuvor noch jubelnd in
den Armen, und die Klubführung versprach sportlichen Glanz.

Noch zur Jahresmitte 2011 sieht alles harmonisch aus. Kuntz erhält
eine Vertragsverlängerung. „Stefan Kuntz hat den 1. FC Kaiserslautern
aus der kritischsten sportlichen Situation mit dem drohenden Abstieg
in die dritte Liga im Jahr 2008 gerettet und seither kontinuierlich erfolgreich an der sportlichen und finanziellen Gesundung gearbeitet", sagt
Aufsichtsratsboss Dieter Rombach. „Zudem hat er dem FCK bei Fans
und in der breiten Öffentlichkeit wieder hohes Ansehen verschafft. Der
FCK und Stefan Kuntz – das passt." Auch zum Cheftrainer bekennt sich
Rombach. „Marco Kurz ist der beste Trainer für den FCK." Trotz durch-

wachsener Ergebnisse zu Beginn der neuen Saison wird dessen Vertrag ebenfalls verlängert. Und bei der turnusgemäßen Wahl bestätigt die Mitgliederversammlung am 11. November 2011 den Aufsichtsrat.

Aufsichtsratsvorsitzender bleibt Rombach. Daneben besteht das Kontrollgremium aus dem Juristen Martin Sester, dem Personalreferenten Ottmar Frenger, Gerhard Theis, der in führender Position bei der Karlsberg-Brauerei zugleich eine personelle Verbindung zum Sponsor und Bierlieferanten abbildet, und schließlich dem Stadtplaner Gerhard Steinebach, der wie Rombach Professor an der Technischen Universität Kaiserslautern ist. Nach der Wahl beschwört Rombach die Kontinuität im Gremium und den Zusammenhalt im Verein. Die Wiederwahl der Akteure zeigt durchaus ein Bild der Einigkeit. Doch hinter den Kulissen brodelt es längst – bislang allerdings überdeckt vom sportlichen Erfolg.

Dann setzt auf dem Rasen ein Niedergang ein. Die Roten Teufel kassieren Niederlage um Niederlage. Zwar wurden hoffnungsvolle Transfers versprochen, allerdings scheint die Mannschaft mit jedem neuen Spielerwechsel an Qualität zu verlieren. Symptomatisch dafür ist die Verpflichtung des Stürmers Itay Shechter aus der israelischen Liga. Bei dem Transferpaket handelt es sich wohl um einen der teuersten Spielereinkäufe beim FCK seit Jahren. Kuntz zeigt sich anfangs noch „überglücklich", seinen „Wunschspieler" nach „sehr langen Verhandlungen" einstellen zu können.

Shechter erhält einen Vierjahresvertrag und wechselt Medienberichten zufolge für rund 2,5 Millionen Euro von Hapoel Tel Aviv nach Kaiserslautern. Mit ihm kommt außerdem Gil Vermouth in die Pfalz. Doch das Duo bleibt gerade mal eine Saison. Rasch werden beide aussortiert und an andere Klubs verliehen, Shechter zu Swansea City nach England, Vermouth zu De Graafschap in die Niederlande. Später kehren sie nach Tel Aviv zurück. In der Saison beim FCK erzielt Shechter gerade mal drei Tore. Zuvor wurde er von Kuntz als Topstürmer mit Champions-League-Erfahrung angepriesen, der „sich mit Start der Vorbereitung exzellent bei uns eingebracht hat".

Doch bereits nach wenigen Spieltagen fällt Trainer Kurz ein ganz anderes, vernichtendes Urteil über Shechter: „Er muss lernen, Fußball zu spielen. Es ist nicht ratsam in der Bundesliga, gegen drei Spieler ein Eins-zu-eins zu suchen." Wie konnte man bei einem millionenschweren Spielereinkauf, beim „Königstransfer", nur derart falsch liegen? Mit einem gewöhnungsbedürftigen Vergleich zwischen Shechter, der aus der bestenfalls drittklassigen israelischen Liga stammt, und erfolgreichen, bundesligaerfahrenen Topstürmern erklärt Kuntz später den Flop:

Robert Lewandowski und Mario Gomez hätten schließlich ebenfalls eine gewisse Eingewöhnungszeit in ihrem neuen Klub gebraucht, das sei normal. Es sind wohl Personalentscheidungen wie diese, die den Abwärtsstrudel bedingen. In der Winterpause dreht sich das Transferkarussell weiter, was die Situation allerdings nicht verbessert – im Gegenteil. Unter anderem soll Shechter, dem im Mannschaftsgefüge eigentlich eine tragende Rolle zugedacht war, durch Sandro Wagner flankiert werden. Der von Werder Bremen ausgeliehene und als hochtalentierte Stürmerhoffnung gepriesene Wagner findet aber genauso wenig Anschluss an die Mannschaft und entpuppt sich gleichfalls als Ausfall.

Rücktritte aus dem „Abnicker"-Gremium

Dabei zeichnen sich die Querelen um die Amtsführung Kuntz' und seinen offenbar umfassenden Machtanspruch schon seit Längerem ab. Bisher wurden sie allerdings durch sportliche Erfolge überlagert. Ein Indiz für diese Einschätzung ist der Rücktritt Hartmut Emrichs aus dem Aufsichtsrat. Schon als der FCK 2011 seine erste Saison in der Bundesliga erfolgreich mit dem siebten Tabellenplatz abschloss, zog sich Emrich überraschend aus dem Gremium zurück.

Seine Entscheidung verkündete er zuerst über eine Pressemitteilung des Sportbundes Pfalz, in dem er ebenfalls ehrenamtlich als Funktionär engagiert ist, bevor die Nachricht über die offiziellen Kanäle des FCK lief. Allein dieser Vorgang deutet auf gewisse Störungen im Verhältnis zwischen dem Kontrolleur Emrich und den Akteuren der FCK-Geschäftsstelle hin. Offenbar wollte Emrich die Darstellung seines Rückzugs nicht den FCK-Presseverantwortlichen überlassen.

2003 trat Emrich auf Wunsch von Lotto Rheinland-Pfalz dem Kontrollgremium bei – nicht als gewähltes, sondern als bestelltes Mitglied, wie es die Vereinssatzung ermöglicht. Hintergrund war die umfangreiche finanzielle Unterstützung der staatlichen Lotto-Gesellschaft für den Klub. Zum Zeitpunkt seines Rücktritts treffe ich Emrich und frage bei ihm nach. „Als der Verein am Boden lag, war keine Bank der Welt bereit, dem 1. FC Kaiserslautern ein Darlehen zu gewähren", erinnert er sich. Lotto Rheinland-Pfalz stellte also fünf Millionen Euro zur Verfügung, als Gegenwert der Transferrechte am damaligen FCK-Stürmertalent Miroslav Klose.

„Es war Wunsch von Lotto, einen Mann im Aufsichtsrat beim FCK zu haben, um die Entwicklung hautnah verfolgen zu können." Schließlich ging es beim Klose-Deal um Millionensummen. Klose wechselte

Nach den Aufsichtsratswahlen 2011: das Gremium mit Gerhard Steinebach, Gerhard Theis, Martin Sester, Dieter Rombach, Ottmar Frenger (von links).

später zu Werder Bremen, die Lotto-Millionen wurden bedient, und der Transfer leistete einen Beitrag zur damaligen finanziellen Rettung des FCK. „Eigentlich wäre meine Mission beim Verkauf des Stürmers bereits beendet gewesen." Aber Lotto Rheinland-Pfalz blieb dem Verein weiterhin ein Partner – auch in finanziellen Fragen. „Ohne die Lotto Rheinland-Pfalz GmbH gäbe es den FCK heute nicht in der Bundesliga", ist Emrich überzeugt. Auch er blieb im FCK-Aufsichtsrat – nicht zuletzt auf Wunsch des Klubs, wie er betont.

Seinen Rücktritt 2011 erklärt der Banker dann offiziell mit den neuen wirtschaftlichen und sportlichen Perspektiven. Der Aufstieg in die Bundesliga und das Erreichen des siebten Tabellenplatzes seien eine Zäsur. „Die vergangenen drei Jahre waren vom sportlichen Erfolg gekrönt. Der FCK ist auf einem gesunden Weg. Es ist ein Zeitpunkt, zu dem man aus der Verantwortung aussteigen kann", sagt Emrich. „Meine Mission sehe ich als erfüllt an." Lotto Rheinland-Pfalz entsendet auch keinen Nachfolger ins Gremium.

Doch Emrich lässt aufhorchen: Der Aufsichtsrat des 1. FC Kaiserslautern verkomme mehr und mehr zu einem Organ, das Vorstandsbeschlüsse nur noch „abnickt", kritisiert er. „Ich bin in vielen Sportgremien stark engagiert und vertrete dort immer meine Meinung. Dass man in einem demokratischen Gremium nicht immer einstimmig abstimmt, ist klar. Ich empfinde die Diskussion im Sinne der Sache als positiv. Dies tun nicht alle." Was meint Emrich damit, der Aufsichtsrat nicke die Vorstandsbeschlüsse ab? Wieso zieht er sich in einer Phase des Erfolgs zurück – nur ein halbes Jahr bevor ohnehin Neuwahlen im Aufsichtsrat anstehen?

Bemerkenswerterweise ist Emrich nicht alleine. Auch der Jurist Sester, der im Spätjahr 2011 noch mit den meisten Stimmen der Mitgliederversammlung abermals in den Aufsichtsrat gewählt wurde, tritt aus dem Gremium zurück. Vordergründig geht es Sester um die immer prekärer werdende sportliche Situation im Frühjahr 2012 und das Zögern des Vorstands in der Trainerfrage. Am 23. Spieltag verlor man 0:4 in Mainz. „Wenn wir etwas am Trainer hätten ändern wollen, dann wäre dies der richtige Zeitpunkt gewesen", wird Sester in der „Bild" zitiert. „Der nächste Gegner waren die angeschlagenen Wolfsburger. Mit einem neuen Coach hätten wir vielleicht gewinnen können, und er hätte einen guten Start gehabt."

Unter Kurz geht das Spiel 0:0 aus, ebenso bringt die folgende Partie gegen den VfB Stuttgart nur ein torloses Unentschieden – zu wenig im Abstiegskampf. Wie Emrich bemängelt Sester das Verhältnis zwischen Aufsichtsrat und Vorstand: „Der Aufsichtsrat soll den Vorstand kontrollieren. Ich hatte das Gefühl, dass ich das in dieser Konstellation nicht mehr ausreichend leisten kann." Sester tritt ebenfalls zurück.

Der Trainerwechsel als Alibi?

Nach weiteren desolaten Vorstellungen in den folgenden Wochen, Sester ist zu diesem Zeitpunkt bereits zurückgetreten, wird der längst glücklose Trainer Kurz am 27. Spieltag nach einer ernüchternden 1:4-Niederlage gegen Schalke 04 entlassen. Zu diesem Zeitpunkt hat der FCK gerade einmal 20 Punkte auf dem Konto. Es sind nur noch sieben Spiele offen, um sieben Punkte aufzuholen. Auf den Klassenerhalt bleibt so allenfalls eine rechnerische Chance.

Jetzt endlich präsentieren Kuntz und Rombach einen neuen Chefcoach, der das Wunder vollbringen soll. Doch anstelle eines abstiegserfahrenen Trainerfuchses läuft Krassimir Balakow auf. Als Coach arbeitete der Ex-Stürmer vom VfB Stuttgart zuvor für Grasshopper Club Zürich, FC St. Gallen, FC Tschernomorez Burgas und zuletzt für Hajduk Split. Man wolle das „Mittel des Trainerwechsels ausprobieren und ausschöpfen", sagt Kuntz. Rombach, der vor wenigen Monaten noch lobte, Kurz sei für den FCK der „beste Trainer", wird nun nicht müde zu betonen, „dass der Aufsichtsrat geschlossen hinter der Entscheidung steht", und gratuliert dem Vorstand ausschweifend zur Rekrutierung Balakows.

„Ich bin da für einen Neuaufbau", behauptete Krassimir Balakow, hier mit Stefan Kuntz (links) und Dieter Rombach (rechts).

Aber es bleiben Zweifel. Der Trainerwechsel wirkt alles in allem mehr wie eine Alibi-Veranstaltung, mit der die Führung vor dem sich abzeichnenden Abstieg aus der Bundesliga ihre Handlungsfähigkeit zu demonstrieren versucht, als wie eine strategisch richtige Entscheidung mit langfristiger Perspektive. Ohnehin gibt der Antritt Balakows wenig Anlass zu neuer Hoffnung. „Im Rest der Spiele maximal gut zu spielen und maximale Punkte zu holen", sei seine Mission. „Alles tun, dass der FCK in der ersten Liga bleibt." Die Mannschaft psychologisch aufbauen, mit viel Training und harter Arbeit die letzte Chance nutzen, das Unmögliche möglich machen – solche Plattitüden hören sich wenig originell an und lassen kein klares Konzept erkennen. „In so einer Situation muss man optimistisch sein", philosophiert Balakow.

Optimistisch sind auch Vorstand und Aufsichtsrat. Denn sie statten den Bulgaren und seinen Assistenztrainer Ilija Gruew mit einem Vertrag über zwei Spielzeiten aus, datiert bis Juni 2013. Dies nicht nur im Erfolgsfall: Der Kontrakt gilt für beide Ligen. „Wenn das Schlimmste passiert, bin ich da für einen Neuaufbau", meint Balakow. Das nächste Spiel gegen Freiburg geht 0:2 verloren. Die sportliche Situation spitzt sich also weiter zu. Die Personalie Balakow zündet nicht. Von Woche zu

Woche ruft der Verein „Endspiele" aus. In der Fankurve wird die Stimmung gereizter. Am Ende steht der Abstieg, und Balakow wird auf dem Betzenberg nicht mehr gesehen.

Differenzen mit Dieter Buchholz

Derweil zeigt sich immer deutlicher der Missmut, der in entscheidenden Zirkeln offenbar schon länger herrscht. Wie aus Protokollen des Aufsichtsrats und Schriftstücken an das Kontrollgremium hervorgeht, die mir zugespielt werden, muss es bereits beim Amtsantritt von Kuntz zu grundlegenden Irritationen gekommen sein. In diversen Schreiben informiert der ehemalige Aufsichtsratsvorsitzende Dieter Buchholz seine Nachfolger unter anderem über einen Vorgang, der sich wohl im Frühjahr 2008 zutrug.

Laut diesen Papieren arbeitete der damalige Aufsichtsratsvorsitzende Buchholz – es war die Zeit, als der FCK drohte, in die dritte Liga abzugleiten – unter Hochdruck an einer Lösung, den Klub jenseits sportlicher Widrigkeiten zukunftsfähig aufzustellen. Dabei stand er unter anderem in engem Kontakt mit der Deutschen Vermögensberatung DVAG, die sich bereits lange Jahre für den FCK als ein wesentlicher Sponsor engagierte, und deren Gründer Reinfried Pohl.

Die Idee: eine Ausgliederung des Profibetriebs in eine Kapitalgesellschaft und darin eine Beteiligung der DVAG am FCK. Der Vorschlag von Buchholz sah einen Einstieg der DVAG mit „50 Prozent minus einer Stimme" vor. Als Preis dafür – bei Abstieg in die dritte Liga – wäre die DVAG mit neun Millionen Euro eingestiegen. Der Wert des FCK wurde wohl mit circa 20 Millionen Euro angenommen. Bei Klassenerhalt in der zweiten Liga hätten sich die Zahlen vermutlich nach oben verschoben. Der Aufsichtsrat der neu zu gründenden Gesellschaft hätte, so das Gedankenspiel, aus vier Vertretern des FCK, vier der DVAG und einer neutralen Person bestehen können.

Dabei dachte Buchholz, wie aus den Schriftstücken hervorgeht, in seinem weitsichtigen Konzept sogar an eine Vermarktung des Stadionnamens. Das ist in Kaiserslautern ein besonders emotionales Thema, denn die Fans sind stolz auf ihr Fritz-Walter-Stadion, das an die Klubikone Fritz Walter erinnert. Doch gerade diesen Umstand wollte Buchholz nutzen. Die DVAG hätte, so seine Vorstellung, das Recht am Stadionnamen für eine jährliche Summe zwischen einer und zwei Millionen Euro erwerben können. Die Arena würde allerdings weiterhin Fritz-Walter-Stadion heißen, und das Unternehmen könnte sich den Erhalt des traditionsreichen Namens auf die Fahne schreiben.

Offenbar konkretisierte sich das Vorhaben. So wurde am 2. April 2008 in der Marburger DVAG-Zentrale ein Treffen anberaumt, um die Pläne zu strukturieren und gegebenenfalls schon entsprechende Vereinbarungen zu treffen. Dabei waren laut Buchholz neben Seniorchef Pohl auch dessen beide Söhne Reinfried junior und Andreas sowie aus der DVAG-Spitze Friedrich Bohl und Robert Peil anwesend. Zu dieser Zeit trat Kuntz, der bei dem Treffen als neue „FCK-Hoffnung" vorgestellt werden sollte, gerade seinen Vorstandsposten an. Und Kuntz brachte, so berichtet Buchholz, einen gewissen Fritz Grünewalt mit – damals ohne Amt beim FCK. Grünewalt sollte die „Herzblut"-Aktion vorstellen – als Macher der Kampagne.

„Dessen Einsatz entwickelte sich allerdings zu einem Desaster", schreibt Buchholz. „Als das Gespräch auf die neun Millionen Euro kam, sprang er auf und fragte provokant: ‚Warum nur neun Millionen Euro?'". Im folgenden Gesprächsverlauf soll Grünewalt eine „Wandelanleihe" vorgeschlagen und vorgebracht haben, „dass der FCK, wenn er in fünf Jahren mit Stefan Kuntz in der Champions League spielen würde", viele Millionen mehr wert sei. Sowieso müsse der Verein selbstständig bleiben. Dies habe aber die Realität verkannt: Denn zum Zeitpunkt der Verhandlungen steckte der FCK im Kampf gegen den Abstieg in die dritte Liga.

Der ungestüme Auftritt Grünewalts muss Pohl bitter aufgestoßen sein. „Junger Mann, wir sind schon jahrelang verlobt, heute wollten wir heiraten", soll Pohl gesagt haben, gemeint waren das jahrelange Sponsoring der DVAG und die beabsichtigte Beteiligung am Klub. Doch aus dieser Heirat wurde nichts. Pohl „erklärte den Anwesenden, dass alles Weitere seine Söhne verhandeln würden, und verließ den Raum, was seine deutliche Abneigung gegenüber dem unmöglichen und auch gänzlich ungeschickten Verhalten von Herrn Grünewalt zum Ausdruck brachte", berichtet Buchholz in seinen Schreiben an die Aufsichtsratsmitglieder. In den folgenden Jahren lässt die DVAG ihr Engagement beim FCK auslaufen und zieht sich als Sponsor zurück.

Zudem entbrennt später ein Streit um die Deutung der Ereignisse. „Nach meinem Ausscheiden wurde sodann die Situation mit der DVAG vom Vorstand damit erklärt, es habe kein schriftliches Angebot vorgelegen, es sei nicht um neun, sondern um sieben Millionen Euro gegangen, und ein anderes Mal hätte die DVAG angeblich nicht 50 Prozent minus eine Stimme, sondern 50 Prozent plus eine Stimme bekommen wollen. Diese Darstellung entspricht nicht den Gegebenheiten und diente der Vertuschung eigenen Fehlverhaltens oder Unvermögens", wehrt sich

Buchholz gegen anderslautende Darstellungen. Offenbar prallen unterschiedliche Erinnerungen an die Geschehnisse aufeinander.

Nicht nur die Kooperation mit der DVAG ist ein Zankapfel zwischen dem ehemaligen Aufsichtsratsvorsitzenden Buchholz und den neuen Funktionären. Ebenso weist er in einem Schriftstück darauf hin, dass er in Kontakt mit einer holländischen Investorengruppe gestanden habe. „Diese war bereit, das Stadion für 60 Millionen Euro zu kaufen und eventuell 20 Millionen in den Verein zu pumpen." Die Gespräche seien sogar so weit gediehen gewesen, dass es zum Treffen mit dem Oberbürgermeister der Stadt Kaiserslautern, Klaus Weichel, gekommen sei. Doch auch diese Chance wurde offenbar nicht realisiert.

„Die Sache ist ja nun eh erledigt, also sollte man sie ruhen lassen, aber ich möchte nicht mehr ständig als Lügner dargestellt werden." Buchholz ringt um die Wertung seiner Amtszeit. Es entspreche „keineswegs den tatsächlichen Gegebenheiten", dass der FCK nur durch Kuntz gerettet worden sei. Die strukturellen Weichen auch für ein Überleben in der dritten Liga habe er längst gestellt – und Kuntz habe sie eingerissen. Mehrfach weist Buchholz die Aufsichtsräte schriftlich auf diese und andere Vorgänge hin. Dazu gehört außerdem die Frage nach der korrekten Verbuchung einer Signing Fee.

Bei einer Signing Fee handelt es sich um eine vereinbarte Zahlung („Fee"), die bei Abschluss („Signing") eines Vertrages fällig wird. Konkret geht es in diesem Fall um den Vertrag mit dem Vermarkter des FCK. Grundsätzlich kümmert sich ein Vermarkter etwa um das Sponsoring, akquiriert Werbekunden und betreut diese. Dafür erhält er vom Verein jeweils eine festgeschriebene Provision aus diesen Einnahmen. Mit dem Signing, dem Abschluss des Vertrags, „erwirbt" er also das Recht, die Vermarktung für den Verein übernehmen zu dürfen. Die dafür vereinbarte Fee kann aus einer einmaligen Zahlung bestehen oder auch aus verschiedenen, erfolgsabhängigen Komponenten – beispielsweise einer zusätzlichen Zahlung, die zu leisten ist, sollte ein sportliches Ziel wie der Klassenerhalt erreicht und damit die Vermarktungsfähigkeit gesteigert sein.

Um eine solche Signing Fee geht es Buchholz. So wurde in der Bilanz zum 30. Juni 2008, kurz nach Kuntz' Amtsantritt und im letzten Geschäftsjahr unter Buchholz' Aufsicht, ein Verlust von 1,8 Millionen Euro bekannt gegeben. Wäre die zuvor vereinbarte Signing Fee, die laut Buchholz in verschiedenen Komponenten mehr als zwei Millionen Euro ergeben hätte, in diesem Jahr allerdings eingebucht und bilanziell erfasst worden, wäre kein Verlust entstanden, sondern ein Gewinn. Die

Art der Verbuchung der Signing Fee im Folgejahr, so teilt der Unternehmer in diversen Schriftstücken den Aufsichtsratsmitgliedern und Vorständen mit, sei fehlerhaft. Dies habe er sich von Experten bestätigen
lassen. Da im Nachgang trotz mehrfacher Hinweise keine Berichtigung
erfolgt sei, müsse von einer bewussten Täuschung ausgegangen werden
oder zumindest der Inkaufnahme eines falschen Zahlenwerks.

Buchholz vermutet, dass mit dieser Art der Bilanzgestaltung – er hinterfragt noch weitere Geschäftsvorfälle – in der Öffentlichkeit ein Bild
erzeugt werden sollte, das die wirtschaftliche Lage des Vereins unter der
neuen Klubführung um Kuntz wirtschaftlich besser darstellen ließ, als es
sonst der Fall gewesen wäre. Demgegenüber sehe es nun so aus, als habe
die alte Riege um Buchholz und den Kuntz-Vorgänger Erwin Göbel eine
finanzielle Belastung hinterlassen.

Zwar räumt Buchholz ein, dass der Verein in seiner Zeit durchaus
vor wirtschaftlichen Herausforderungen gestanden habe, die Situation
sei jedoch nie existenzbedrohend gewesen. Dabei legt er unter anderem
Wert auf die Feststellung, dass zum Zeitpunkt seines Ausscheidens die
Bilanz noch ein Eigenkapital von rund 700.000 Euro auswies und laut
Aufsichtsratsprotokollen zu keinem Zeitpunkt eine konkrete Insolvenzgefahr bestanden habe. Bestehenden Verbindlichkeiten hätten finanzielle Zusagen von Sponsoren und Partnern gegenübergestanden. „Was
sollen also die ständigen falschen Veröffentlichungen, die schlussendlich
nur dazu dienen, Menschen zu verunglimpfen oder zu beschädigen?",
fragt er in einem Schreiben die Aufsichtsratsmitglieder.

Der Aufsichtsrat in einer „Zwangslage"

In die frühe Amtszeit von Kuntz fällt auch die plötzliche Entlassung
des Trainers Milan Sasic. Noch in der Vorsaison hatte der Vorstandschef mit Sasic den Klassenerhalt zelebriert. Ein Jahr später, im Mai 2009,
wurde Sasic in der laufenden Saison überraschend entlassen. Dies ist
umso erstaunlicher, da sich die Mannschaft – nach dem Abstiegskampf
im Vorjahr – zu diesem Zeitpunkt in der Tabelle stabilisiert hatte. Die
kolportierten Umstände dieser Personalentscheidung sorgen für gravierende Zweifel an der Amtsführung Kuntz' und der Rolle des Aufsichtsrats im Kontrollverhältnis zum Vorstandsvorsitzenden.

Am Tag der Sasic-Entlassung, am 4. Mai 2009, so steht es im Protokoll der Sitzung, das mir zugespielt wurde, trafen sich die Aufsichtsratsmitglieder Rombach, Theiss, Steinebach, Frenger und Sester um 18:45
Uhr im Gasthaus Woll im Kaiserslauterer Stadtteil Dansenberg. Emrich
kam gegen 19:30 Uhr hinzu. Eingeladen war außerdem der Fanbeauf-

tragte Stefan Roßkopf, der an dem Abend vor allem über die Fanarbeit hätte sprechen sollen. Doch die Ereignisse überschlugen sich und stellten die Präsentation des Fanbeauftragten in den Schatten.

Denn die Sitzung war geprägt von der Nachricht, Kuntz habe den Trainer entlassen. Für die Aufsichtsratsmitglieder kommt diese Information in Dansenberg unvermittelt. Im Sitzungsprotokoll heißt es: „Gegenstand der weiteren Beratung ist die am selben Tag erfolgte Freistellung des Cheftrainers Milan Sasic durch den Vorstand. Der Aufsichtsratsvorsitzende wurde hierüber vom Vorstandsvorsitzenden Stefan Kuntz um 18 Uhr telefonisch informiert."

Schon in der vorherigen Aufsichtsratssitzung am 21. April 2009 seien „Zerwürfnisse zwischen dem Vorstand und dem Cheftrainer, die nach Angaben des Vorstands in erster Linie im Verhalten des Cheftrainers gegenüber der Mannschaft und sonstigen Vereinsangestellten gründen", erörtert worden. Daher „war zur weiteren Aufklärung und zur Vorbereitung einer Entscheidungsgrundlage für den Aufsichtsrat ein Gespräch zwischen dem Aufsichtsratsvorsitzenden, seinem Stellvertreter und dem Cheftrainer für Mittwoch, den 6. Mai 2009, anberaumt" – also kurz nach der Dansenberger Sitzung. Über dieses geplante Gespräch informierte der Vorsitzende Rombach die restlichen Aufsichtsratsmitglieder bei ihrer Zusammenkunft im Gasthaus.

Die plötzliche Freistellung des Trainers allerdings düpiert den Aufsichtsrat, untergräbt seine Kontrollverantwortung und nimmt dem Gremium jeglichen Handlungsspielraum in der Trainerfrage. Im Sitzungsprotokoll heißt es: „Der Aufsichtsrat ist der Auffassung, dass es sich bei der Freistellung des Cheftrainers um eine außerordentliche Geschäftsführungsmaßnahme handelt, die der Zustimmung des Aufsichtsrates bedarf, mindestens aber eine Pflicht des Vorstands zur vorherigen Information des Aufsichtsrates auslöst."

Der Aufsichtsrat ist sich laut Sitzungsprotokoll einig: Vorstand Kuntz hätte das Kontrollgremium über sein Vorhaben rechtzeitig informieren müssen. Nicht zuletzt, weil die Trainerentlassung ja absehbar weitere kostspielige Konsequenzen wie mögliche Abfindungszahlungen oder die Einstellung eines neuen Trainers auslöst, die laut Vereinssatzung der Zustimmung des Aufsichtsrats bedürfen. Insbesondere bei „bevorstehenden außergewöhnlichen Geschäftsführungsmaßnahmen" wie in diesem Fall bestehe „generell die Pflicht des Vorstands, den Aufsichtsrat" einzubeziehen, so die einhellige Meinung.

Hinzu kommt: Laut Protokoll hatte Kuntz wohl Kenntnis von der anberaumten Befragung des Cheftrainers durch Rombach und Frenger.

Die Demission des Coaches kam diesem Gespräch zuvor. „Der Vorstand wäre sowohl aus seinen allgemeinen Treuepflichten als auch aus einer auf dieser Kenntnis beruhenden besonderen Treuepflicht verpflichtet gewesen, den Aufsichtsrat über die bevorstehende Freistellung des Cheftrainers zu unterrichten", protokollieren die Aufsichtsratsmitglieder.

Nun sehen sich die Kontrolleure durch „das Unterlassen der Unterrichtung" sowie die Freistellung des Trainers ohne vorherige Zustimmung des Aufsichtsrats in einer „Zwangslage". Der Aufsichtsrat ist vor vollendete Tatsachen gestellt und kann damit seiner satzungsgemäßen vorausschauenden Kontrollpflicht nicht mehr nachkommen. Ihm bleibt kaum eine andere Option, als der Freistellung des Trainers im Nachhinein zuzustimmen.

Würde er seine Zustimmung nicht erteilen, so erörtern es die Aufsichtsratsmitglieder, dann hätte dies zwangläufig gravierende Folgen: „So hätte bereits die Freistellung durch den Vorstand unterbleiben müssen, und der Vorstand hätte pflichtwidrig gehandelt. Ein pflichtwidriges Handeln des Vorstands führt zwingend dazu, dass der Aufsichtsrat zur Vermeidung eigener Haftung zu prüfen hätte, ob dies zu einem Vermögensschaden des Vereins geführt hätte und bejahendenfalls zu einer Geltendmachung von Schadensersatzansprüchen gegenüber dem Vorstand."

Zu diesem Ergebnis kommen die Aufsichtsräte in ihren Abwägungen. „Bereits die Vornahme entsprechender Prüfungshandlungen erachtet der Aufsichtsrat als geeignet, das Vertrauensverhältnis zwischen den Vereinsorganen zu beeinträchtigen." Es steht wohl ein Bruch mit Kuntz im Raum. Doch an diesem Punkt machen sich die Kontrolleure offenbar erpressbar im Sinne des vermeintlichen Vereinswohls: „Da der Aufsichtsrat der Auffassung ist, das Vereinswohl erfordert eine weitere vertrauensvolle Zusammenarbeit mit dem jetzigen Vorstand, sind seine Handlungsoptionen de facto dahingehend reduziert, dass den Maßnahmen des Vorstands nur zugestimmt werden kann."

Das Protokoll endet mit folgendem Appell: „Der Aufsichtsrat ist der Auffassung, dass er künftig seine Handlungsoptionen bei Sachentscheidungen gewahrt wissen will und nicht vor vollendete Tatsachen gestellt sein will." Gleichzeitig fasst das Gremium einstimmig den Beschluss, „den Vorstand nachdrücklich" zu ersuchen, „bei vergleichbaren Entscheidungen künftig zuvor den Aufsichtsrat zu informieren und dessen gegebenenfalls erforderliche Zustimmung zu Rechtshandlungen abzuwarten". Schließlich heißt es im Protokoll: „Der Aufsichtsrat stimmt der Freistellung des Cheftrainers zu." Für die nächste Sitzung soll das „Kooperationsverhältnis zwischen Vorstand und Aufsichtsrat" erneut erörtert werden.

Doch dann kommt es zu neuen Verwirrungen. Plötzlich scheint sogar infrage zu stehen, wer wen wann über die Trainerentlassung informiert hatte und wer wie hätte handeln müssen. Offenbar treten mit einem Mal gegenläufige Erinnerungen zutage, die sich im Nachhinein wohl nicht mehr verlässlich rekonstruieren lassen. Im Fokus der unterschiedlichen Auffassungen stehen die Ereignisse der folgenden Aufsichtsratssitzung am 19. Mai 2009, zu der die Aufsichtsräte erneut zusammentreffen. In einem späteren Schriftverkehr zwischen den Aufsichtsratsmitgliedern weist einer seine Kollegen auf einige – aus seiner Sicht – Ungereimtheiten im Protokoll dieser Aufsichtsratssitzung hin.

Demnach finde sich im Sitzungsprotokoll vom 19. Mai 2009, das offenbar von der Vorstandsassistentin gefertigt wurde, folgende Passage: „Der Aufsichtsrat bringt zur Kenntnis, dass sie, wenn dies möglich ist, vor solchen Entscheidungen noch einmal separat informiert werden möchten." Dazu schreibt das Aufsichtsratsmitglied: „Ich verlange, dass ich vor außergewöhnlichen Geschäftsführungsmaßnahmen rechtzeitig informiert werde. Nicht, wenn dies (etwa ausnahmsweise?) möglich ist, sondern grundsätzlich! Dies ist die Pflicht des Vorstands, und dies ist nicht in sein Belieben gestellt." Außerdem vermisse es im Protokoll sein wesentliches Argument, „diese Pflicht des Vorstands ergebe sich spiegelbildlich aus dem satzungsgemäßen Recht des Aufsichtsrats, den Abschluss bestimmter Rechtsgeschäfte von seiner Zustimmung abhängig zu machen".

Auch die zeitlichen Abläufe am 4. Mai 2009 führen in der späteren Sitzung offensichtlich zu Irritationen. So bemängelt das Aufsichtsratsmitglied in seinem Schreiben an die Kollegen eine weitere Passage der Protokollführung, in der es heißt: „Der Aufsichtsrat akzeptiert die Begründung und bemerkt selbst, dass der Aufsichtsrat Stefan Kuntz am gleichen Tag zu einer bereits geplanten Aufsichtsratssitzung hätte einladen können, dann wären keine Missverständnisse entstanden." Von dieser Interpretation der Vorkommnisse und dieser „Wendung der Geschichte" zeigt sich das Aufsichtsratsmitglied „verwundert", „überrascht" und erstaunt: „Welchen Grund hätte der Aufsichtsrat gehabt, den Vorstand zu seiner außerordentlichen Aufsichtsratssitzung einzuladen? Eine Einladung zur Erörterung der Freistellung hätte doch nur erfolgen können, wenn der Vorstand rechtzeitig über das unmittelbare Bevorstehen der Freistellungsentscheidung informiert hätte."

Demgegenüber lese sich das Protokoll vom 19. Mai 2009 nun so, „als liege nicht etwa ein Verschulden des Vorstands vor, sondern des Aufsichtsrats, der es ja versäumt habe, Stefan Kuntz kurzerhand einzuladen.

Vom ersten Eindruck, wonach der Vorstand es versäumt hat, den Aufsichtsrat zu unterrichten, kommen wir nun zum finalen Eindruck, der Aufsichtsrat habe es versäumt, den Vorstand einzuladen", beanstandet das Aufsichtsratsmitglied in seinem Schreiben. „Mit Verlaub, das Ganze verkommt zur Farce."

Dabei tun sich weitere Unstimmigkeiten auf, die die Vorgänge noch merkwürdiger erscheinen lassen. Das Aufsichtsratsmitglied verweist auf das Protokoll der Sitzung vom 4. Mai 2009. „Es ist vermerkt, dass der Vorstandsvorsitzende Stefan Kuntz den Aufsichtsratsvorsitzenden um 18 Uhr informiert habe." Er selbst sei an diesem Tag zwischen 18:10 Uhr und 18:15 Uhr in Dansenberg eingetroffen und dort dem Fanbeauftragten Roßkopf begegnet, der ihm von der Trainer-Freistellung bereits berichtet habe. „Erstmals in der Aufsichtsratssitzung vom 19. Mai 2009 erklärte der Vorstandsvorsitzende, er habe den Aufsichtsratsvorsitzenden durchaus zuvor telefonisch informiert. Nach der Information sei der Vorstandsvorsitzende direkt losgefahren und habe dem Trainer die Freistellung mitgeteilt. Ob dies zeitlich dazu passt, dass mir der Fanbeauftragte zur gleichen Uhrzeit mitteilt, die Freistellung sei ‚heute' erfolgt, mag dahinstehen."

Aber das Aufsichtsratsmitglied möchte die Diskussion um die Uhrzeit überhaupt nicht vertiefen. Es schreibt weiter: „Auch wenn die Information vorher erfolgt ist, so war sie nicht rechtzeitig." Denn selbst eine zu kurzfristige Mitteilung, die dem Aufsichtsratsvorsitzenden überhaupt keine Möglichkeit gibt, mit den Aufsichtsratskollegen in Kontakt zu treten und die Sache zu erörtern, könne „den Pflichtanforderungen des Vorstands nicht genügen" und werde auch „der Wahrnehmung der satzungsgemäßen Rechte des Aufsichtsrats" nicht gerecht. „Ich bleibe daher bei der Auffassung, dass das Handeln des Vorstands nicht satzungskonform war."

Selbst wenn es so gewesen wäre, dass Rombach von Kuntz umfassend informiert worden sei, „dann hätte der Aufsichtsratsvorsitzende direkt jede weitere Maßnahme anhalten können – und müssen! – und den Vorstandsvorsitzenden zur Teilnahme an der Sitzung bitten, um das Vorgehen abzustimmen". Auch in diesem Fall hätte die Freistellung des Trainers Sasic nicht am Aufsichtsrat vorbei stattfinden dürfen.

Welche Sicht überhaupt der Coach auf die angeblichen „Zerwürfnisse" mit dem Vorstand hat, geht aus den Dokumenten überhaupt nicht hervor. Schließlich macht die Entlassung des Trainers das anberaumte Treffen mit Aufsichtsratsvorsitzendem Rombach und Stellvertreter Frenger obsolet. Dazu kommt es nicht mehr. Derartige Verwirrungen sind geeignet, Zweifel an der Durchsetzungsfähigkeit des Aufsichtsrats zu nähren.

„Betreff: Alarm"
Die Schwäche des Aufsichtsrats offenbart sich auch bei einer zentralen Personalentscheidung. Es geht um die Besetzung des Finanzvorstands. Nach dem Aufstieg in die 1. Bundesliga wird 2010 nach einem Nachfolger für den in der Öffentlichkeit durchaus geschätzten Finanzexperten Johannes Ohliger gesucht. Der neue Mann soll an die Arbeit Ohligers anknüpfen und gemeinsam mit Kuntz den FCK in eine prosperierende Zukunft führen. Ein Aufsichtsratsmitglied erzählt mir, dass ihm daran gelegen gewesen sei, mit dem neuen Finanzvorstand einen starken Gegenpol zu Kuntz zu installieren, damit es zu einer gegenseitigen Kontrolle im Vorstand komme.

Doch ausgeschrieben wird die Stelle nicht. Für diese verantwortungsvolle Aufgabe findet man einen knapp über 30-jährigen Jungunternehmer aus dem pfälzischen Landau. Ausgerechnet jenen Grünewalt, der seine „Visitenkarte" schon beim DVAG-Besuch abgegeben hatte. Ein anderer Kandidat, der sich nach vorheriger Absprache mit einem Aufsichtsratsmitglied ebenfalls bewarb, blitzt hingegen ab, wie mir später ein Aufsichtsratsmitglied berichtet.

In seinem Schreiben an den Aufsichtsratsvorsitzenden Rombach erklärt Grünewalt, dass er „als ‚Vorstand Finanzen und Unternehmensentwicklung' zur Verfügung stehe". Er wolle einen „Teil dazu beitragen, den 1. FCK als Verein und mittelständiges Unternehmen nachhaltig weiterzuentwickeln". Dabei schmückt er sich mit einer „mehr als zehnjährigen Tätigkeit als Führungskraft und Unternehmer", die durch „vielfältige Erfahrungen" geprägt sei – „angefangen bei der erfolgreichen Gründung zweier Wirtschaftsunternehmen über gewinnbringende Verhandlungen von ‚Share-Deal'-Beteiligungsstrategien bis hin zu einem Anteilsverkauf, inklusive gelungener Konzernintegration und einer wachstumsorientierten Neustrukturierung der Gesellschafterstruktur".

Erstaunlich selbstbewusst beschreibt sich der Jungunternehmer selbst: „Dass in einer erfolgreichen ‚Unternehmensstory' rentable Investitionsentscheidungen, funktionierende Kapitalbeschaffungsmechanismen, komplexe Finanzthemen, Kennzahlen und Bilanzanalysen eine übergeordnete Rolle spielen und uneingeschränkt von mir beherrscht werden, dürfte sich von selbst verstehen – insbesondere auch, wenn man berücksichtigt, dass Innovationsunternehmen mit Produktionsgütern, Patenten und strategischen Beteiligungen stets besonders aufmerksam von Banken, Investoren und Aufsichtsräten beleuchtet werden."

Grünewalt stapelt alles andere als tief. „Die Philosophie, die mich als Unternehmer bewegt, ist es – auch bei begrenzten Ressourcen – mit Kreativität und Einsatz messbare ‚Mehrwerte' zu erzielen", schreibt er. „Um den FCK weiter voranzubringen und wirtschaftlich erfolgreich in der 1. Bundesliga zu positionieren, sehe ich – ergänzend zu den klassischen Finanzaufgaben – besonders in den erfolgsrelevanten Zukunftsthemen Ticketing, Merchandising und Markenführung wichtige Ertragspotenziale, um den Verein gemeinsam und nachhaltig wettbewerbsfähig zu machen." Kann der Unternehmer halten, was er verspricht?

Die Verbindung zwischen Kuntz und Grünewalt geht weit über den Besuch bei der DVAG hinaus. Grünewalt schreibt sich unter anderem auf die Fahne, verantwortlich für die „Herzblut"-Kampagne zu sein, die den Klub nach dem Klassenerhalt in der zweiten Liga beflügelte und den Aufstieg in die Bundesliga marketingmäßig flankierte. Die Kampagne wurde später tatsächlich mit dem Marketing-Preis des Sports 2009 ausgezeichnet. Man könnte also meinen, dass der erfolgreiche „Marketingspezialist" bereits zahlreiche Werbekampagnen realisiert hat und sein Unternehmen daher schon einige Jahre am Markt präsent ist.

Doch auffällig ist, dass der von Kuntz protegierte Grünewalt erst 2008 seine Firma OF Consulting gründete – beinahe zeitgleich mit der „Herzblut"-Aktion. In seiner Bewerbung gibt er an, das Unternehmen schon 2007 betrieben zu haben. Doch offenbar diente die Firmengründung vordergründig schlichtweg dazu, Rechnungen schreiben und die „Herzblut"-Kampagne abrechnen zu können.

Gleichzeitig bezeichnet sich Grünewalt als „Patententwickler der Werbeinnovation RollAd". Die Innovation ist ein System zur Installation von Lkw-Werbung. Seit 2005 sei die trans-marketing GmbH „Marktführer für flexible Lkw-Werbung", schreibt Grünewalt. Dies wird bemerkenswerterweise wohl sogar in Kreisen der rheinland-pfälzischen Landesregierung sowie der dortigen Gründerszene honoriert: In seiner Bewerbung verweist Grünewalt auf zahlreiche Auszeichnungen und Förderungen, die er erhalten habe. Zudem nennt er internationale Firmen wie Pepsi, Michelin, Seat oder Sony als Referenz. 2010 sei dann mit der Berliner Wall AG eine „Konzernintegration" erfolgt.

Nur: Der Blick in die öffentlich verfügbaren Registerinformationen des elektronischen Bundesanzeigers wirft einen Schatten auf die behauptete Erfolgsstory des Jungunternehmers. Das Unternehmen „trans-marketing GmbH", mit dem sich Grünewalt brüstet, ist seit 2005 im sechsstelligen Bereich überschuldet, 2010 sogar mit fast zwei Millionen Euro. Davon ist im Bewerbungsschreiben freilich nichts zu lesen.

Wie sehr sich der Aufsichtsrat bei seiner Personalentscheidung allerdings von Kuntz unter Druck gesetzt gefühlt haben muss, wird in einem E-Mailtext deutlich, der vom 1. Juni 2010 datiert:

Betreff: Alarm

Liebe Kollegen:

Ich hatte heute – wie gestern angeregt – ein längeres Gespräch mit SK [Anmerkung des Autors: gemeint ist Stefan Kuntz]. *Ich habe ihm mitgeteilt, dass wir zur Zeit keine Mehrheit für seinen Vorschlag haben, und habe versucht, ihm unsere Alternative zu erläutern. Die Reaktion war noch drastischer, als ich erwartet hatte. Er hat dies als Misstrauensvotum des AR* [Anmerkung: gemeint ist Aufsichtsrat] *interpretiert und befürchtet durch Informationen an die Presse immensen Schaden für die Führung des 1. FCK (Vorstand und AR) und damit für den 1. FCK als Ganzes. Er hat mir unverblümt mit seinem Rücktritt gedroht. Ich beschreibe dies hier in sehr neutralen Worten, aber die Stimmung war so, dass ich unmittelbare Konsequenzen befürchte. Ich habe ihn heute (hoffe ich) so weit beruhigen können, dass wir morgen nochmals ein Gespräch angesetzt haben. Aber: Es ist sonnenklar, dass wir NUR vor den Alternativen stehe (a) mit ihm und Grünewalt, oder ohne ihn. Ich befürchte sogar, dass es jetzt auch darum geht, schnell ein Signal zu senden, wenn wir nicht den Worst Case riskieren wollen. Er will ein baldiges „Vertrauenssignal" vom AR oder es wird zu Konsequenzen kommen. Er meint dies ernst. Sollte jemand auch nur im Geringsten an dieser Einschätzung zweifeln, so kann er selbst mit Stefan sprechen. Ich bin gerade dabei, meinen Urlaub in Brasilien abzusagen, da ich uns in einer extrem ernsten Krise sehe. Es ist für mich klar, dass wir schnell entscheiden müssen. Ich sehe eigentlich (wenn wir mit SK weitermachen wollen) nur folgende Lösung: 1. Wir bestellen Grünewalt als zweiten Vorstand (gegebenenfalls nur zwei Jahre), um unmittelbaren Schaden abzuwenden. 2. Wir machen uns mittelfristig Gedanken, weitere Kandidaten für die Zukunft zu identifizieren, um auf solche Situationen besser vorbereitet zu sein. In der jetzigen Zeit schätze ich die Folgen eines Bruchs mit SK als katastrophal für unseren Verein ein. Deshalb meine dringliche Bitte: Jeder möge in sich gehen und überlegen, ob er den Kompromiss Grünewalt nicht mittragen könnte. Ich werde versuchen, Euch einzeln anzurufen, gegebenenfalls könnt auch Ihr mich anrufen. Ich glaube,*

„Bei der Berufung von Fritz Grünewalt haben wir uns Zeit gelassen, da wir bei dieser wichtigen Personalie keinen Fehler machen wollten", erklärte der Aufsichtsratsboss Dieter Rombach. „Im Nachhinein hat sich für alle sichtbar herausgestellt, dass wir auch hier die richtige Entscheidung getroffen haben."

wir müssen sehr schnell ein Signal senden, sonst geht die Ära SK zu Ende. Ich hoffe, Ihr versteht, dass auch ich mich in dieser Situation nicht wohlfühle. Aber ich bin sicher, dass die Alternative zu irreparablen Schaden für unseren FCK führen würde. Die Kompromisslösung können wir auch durch andere Netze, z.B. einen Berater auf unserer Seite etc., absichern. Ich jedenfalls kann die wahrscheinlichen Konsequenzen aus einem Ausscheiden SK zu diesem Zeitpunkt nicht mittragen. Bitte meldet Euch asp (0171XXXXXXX). Es brennt!

Gruß Dieter Rombach

PS: In Anbetracht dieser Situation habe ich Herrn XXXXX noch nicht angerufen. Ich hoffe, dies fällt auf Zustimmung.

Kurz darauf rückt Grünewalt in den Vorstand des 1. FC Kaiserslautern. Der zweite Bewerber wird nicht weiter berücksichtigt. Jahre später beschreibt mir ein ehemaliges Aufsichtsratsmitglied, wie sehr er sich noch immer aufrege und dass er die Faust balle, wenn er sich an den Vorgang erinnere. Von einer ausgewogenen Entscheidung mit Weitblick könne überhaupt keine Rede sein – im Gegenteil. Sie sei unter Druck gefallen.

Rombach gibt derweil in der Öffentlichkeit eine andere Interpretation der Vorgänge. In einem Interview vor den Aufsichtsratswahlen, das im November 2011 auf der Plattform www.der-betze-brennt.de

erscheint, erklärt er seine Sicht der Dinge: „Bei der Berufung von Fritz Grünewalt haben wir uns Zeit gelassen, da wir bei dieser wichtigen Personalie keinen Fehler machen wollten. Im Nachhinein hat sich für alle sichtbar herausgestellt, dass wir auch hier die richtige Entscheidung getroffen haben." Kuntz behauptet später in einem Fernsehinterview mit dem SWR, durchaus Grünewalt vorgeschlagen, jedoch keinen Druck durch eine Rücktrittsdrohung auf den Aufsichtsrat ausgeübt zu haben.

„Nicht an Fakten interessiert"

Die „Frankfurter Allgemeine Zeitung" (F.A.Z.) wirft als eine der wenigen Medien ein Schlaglicht auf derartige Geschichten und Fragen, die in der Stadt kursieren. „Pfälzer Klüngel" – vielsagend ist der Artikel überschrieben, in dem der Frankfurter Sportjournalist Michael Ashelm die Lage in Kaiserslautern seziert. „Seit Kuntz, der ehemalige Polizist, Vorstandschef beim FCK ist, besetzt er Positionen gerne mit alten Weggefährten, Freunden oder auch Verwandten", schreibt Ashelm.

Tatsächlich leitet die Schwägerin den Fanshop, der Bruder sei als Scout tätig gewesen, heißt es, und auffällig viele ehemalige Mannschaftskollegen aus alten Kuntz'schen Fußballerzeiten sind am Betzenberg in Verantwortung: Marco Haber und Roger Lutz als Teammanager, Oliver Schäfer als Fitnesstrainer, Frank Lelle als Leiter des Nachwuchsleistungszentrums, dabei auch Guido Hoffmann. Ashelm vermutet: Bei manchen könnten alte Seilschaften vor fachlicher Kompetenz gehen. Dies zeigt sich etwa am Nachwuchsleistungszentrum, das gerade in der offiziellen Zertifizierung durch den Deutschen Fußball-Bund auf das schlechteste Niveau abgerutscht ist.

In diese Gemengelage ordnen sich auch die, so Ashelm, „auffällig enge Bande" zwischen Kuntz und seinem neuen Vorstandskollegen Grünewalt ein, der als „bestens protegiert gilt". Hier zeigt Ashelm neue Verbandelungen und Zirkel auf: Grünewalts „Schwiegervater betreibt eine renommierte Rechtsanwaltskanzlei in Landau, zu der auch der Sohn des rheinland-pfälzischen Ministerpräsidenten Kurt Beck gehört". Die Ehefrau, ebenfalls als Juristin in dieser Kanzlei tätig, habe den FCK schon vor Gericht vertreten. Und gerade wurde mit Marco Stenger ein Geschäftspartner des neuen Finanzvorstands, der gemeinsam mit Grünewalt etwa in dessen Firma OF Consulting involviert ist, beim FCK als Geschäftsführer installiert. In der Stadt sprechen manche schon von der „Landauer Clique", wenn sie die Verquickungen süffisant kommentieren.

Als es im Frühjahr 2012 dem Abstieg entgegengeht und in der Presse nach Ursachen für den Niedergang gefragt wird, gerät Kuntz immer stärker in die Kritik. Doch Vorwürfe der Vetternwirtschaft weist er vehement zurück. „Die Leute, die das schreiben, sind nicht an Fakten interessiert", behauptet der Klubvorstand. Er entscheide bei der Personalauswahl stets nach rationalen Kriterien. „Es geht nur um Arbeitsleistung und um Fakten." Doch neben der Postenbesetzung auf der Geschäftsstelle schwebt über allem eine expansive Transferpolitik. Seit Kuntz beim FCK in Verantwortung ist, sind die Wechsel schwindelerregend. In den vier Jahren seit 2008 bis zum Ende der Saison 2011/12 wechseln über 100 Spieler zu oder vom FCK – per Leihe, Kauf oder ablösefrei. Nicht nur der teure Shechter-Transferflop wirft Fragen nach sportlicher Sinnhaftigkeit auf. Und trotz erneuter personeller Nachbesserungen in der Winterpause spielt die Mannschaft schwach und taumelt 2012 dem Abstieg entgegen. Nach welchen Kriterien findet also die Kaderplanung statt, und wie nachhaltig sind die Transferentscheidungen?

Für Irritationen in der öffentlichen Diskussion sorgt auch die Personalie Kevin Trapp, die zu einem Zankapfel wird, der sogar noch Jahre später die Gerichte beschäftigt. Im Fokus der Differenzen steht insbesondere die Bewertung der Höhe eines niemals stattgefundenen Transfers. Als ich die Sache 2014 in einem Artikel noch einmal erwähne und in deren Zusammenhang eine monetäre Einschätzung vornehme, geht der 1. FC Kaiserslautern juristisch dagegen vor und erwirkt diesbezüglich ein Verbot. Am 5. März 2012 klärt der Verein die Sache in folgender Pressemitteilung auf:

Der 1. FC Kaiserslautern bezieht Stellung zu einer Meldung in der Bild-Zeitung vom 5. März 2012. […] Hierzu stellt der FCK ausdrücklich klar: Zu keinem Zeitpunkt lag ein schriftliches Angebot des FC Schalke 04 für Torhüter Kevin Trapp vor. Insgesamt fanden zu diesem Zeitpunkt zwei Telefonate zwischen dem Vorstandsvorsitzenden des FCK, Stefan Kuntz, und Schalke-Manager Horst Heldt statt. In beiden Gesprächen stand eine Summe von rund fünf Millionen Euro im Raum, von der zudem noch die Ablösesumme für einen möglichen Transfer von Jan Moravek zum 1. FC Kaiserslautern abgezogen werden sollte. Auf dieser Basis kamen beide Vereine nicht zu einer Einigung.

Am Ende bleibt dies nur eine Randnotiz. Es mag dahinstehen, worüber in diesen Telefonaten zwischen den Klubmanagern, von denen wohl nur die Beteiligten selbst am besten wissen, konkret verhandelt wurde. Schließlich ist offenkundig, dass der Transfer nicht zustande kam. Ohnehin gehören Mutmaßungen um Transfersummen schon fast zum Fußballzirkus wie die meist genauso wenig zielführenden Diskussionen um strittige Elfmeter. Bundesligavereine sehen sich doch beinahe täglich Spekulationen um Ablösesummen und Gerüchten um Transfermodalitäten ausgesetzt. Manche Summen werden im öffentlichen Diskurs exorbitant hoch eingeschätzt, andere viel zu niedrig, später stellen sich ganz andere Zahlen heraus, oder tatsächliche Vertragsmodalitäten bleiben der Öffentlichkeit schlicht verborgen.

Die Fragwürdigkeit des FCK-Managements im Umgang mit der Personalie Trapp zeigt sich aber besonders an der weiteren Karriere des Spielers. Denn der Keeper wechselt kurz darauf im Sommer 2012 aufgrund einer Ausstiegsklausel, die nach dem Abstieg in die zweite Liga greift, für eine festgeschriebene Ablöse von 1,5 Millionen Euro zu Eintracht Frankfurt. Dort wird er Stammtorhüter und Kapitän, gerät wenig später sogar in den Fokus der Nationalmannschaft unter Bundestrainer Joachim Löw. Sportlich und finanziell zahlt sich der Transfer für die Eintracht aus: Als Trapp wiederum nur kurze Zeit später im Sommer 2015 zu Paris Saint-Germain wechselt, erzielen die Frankfurter laut eines Berichts der F.A.Z. „Rekordeinnahmen". Rund „9,5 Millionen Euro plus erfolgsabhängige Nachzahlungen" sollen es gewesen sein – „so viel wie noch nie in der 1899 begonnenen Vereinshistorie der Eintracht".

Ein gutes Geschäft für die Hessen. Bei den Pfälzern hingegen bleibt davon offenbar kaum etwas hängen. Der FCK erhält Medienberichten zufolge aus dem Wechsel aufgrund internationaler Transferregelungen lediglich eine vergleichsweise unerhebliche Beteiligung. Umso stärker stellt sich in der Rückschau die Frage, wie vorausschauend die Sport- und Finanzverantwortlichen des FCK wohl mit dem eigenen Vereinsvermögen an „Spielerwerten" umgingen beziehungsweise nach welchen Kriterien sie deren Entwicklungspotenziale einschätzten.

„Sonnenkönig Stefan Kuntz"

Derweil befeuert das Taumeln im Abstiegskampf längst den Unmut der Fans. Beim Heimspiel gegen Hoffenheim am 7. April 2012 ist auf einem Transparent in der Fankurve in großen Lettern ein Zitat des französischen Herrschers Ludwig XIV. zu lesen: „L'état c'est moi" („Der Staat bin ich"). Darunter steht: „Sonnenkönig Stefan Kuntz". Es zeigt sich eine Kluft zwischen dem Vorstandsvorsitzenden und der Vereinsbasis. Der Druck auf Kuntz wächst.

Eine weitere Episode, die auf den Machtanspruch Kuntz' hindeutet, erzählt mir ein ehemaliges Aufsichtsratsmitglied. Als es im Frühjahr 2011 um die Gestaltung seiner Vertragsverlängerung gegangen sei, habe man im Aufsichtsrat ernsthaft über einen Passus diskutiert, der dem Vorstand Kuntz in der öffentlichen Darstellung jegliche Rechte eingeräumt und die Handlungsmöglichkeiten des Aufsichtsrats empfindlich beschnitten hätte. Demnach hätten sich die Aufsichtsräte dazu verpflichtet, sich vor der Abgabe wichtiger Stellungnahmen mit Wirkung auf den FCK hinreichend mit Kuntz abzustimmen. Das heißt, die von den Mitgliedern gewählten Kontrolleure hätten den vereinsangestellten Vorstand zuvor konsultieren müssen, wollten sie sich mit wichtigen Verlautbarungen an die Öffentlichkeit richten. Allein dass ein solcher Vorschlag überhaupt im Gremium zur Diskussion stand, ist vielsagend.

Diese Episode dürfte dazu geeignet sein, das Unbehagen der Mitgliederbasis zu charakterisieren. Deren Zweifel beziehen sich nämlich keineswegs nur auf die Spieltagergebnisse, sondern auch auf die Amtsführung des Klubbosses. Hier geht es im weiteren Sinne ebenfalls um Konstellationen der Einflussnahme auf das Vereinsgeschehen. Die Spannungen haben viele Keimzellen: Von dem stärker werdenden Wunsch einiger Mitglieder nach neuen Gestaltungsmöglichkeiten im Verein etwa durch die Einrichtung einer Abteilung „Fans und fördernde Mitglieder" über die Beantragung eines Ausschusses zur Aktualisierung der Vereinssatzung bis hin zum ehrenamtlich getragenen, langwierigen Einsatz für ein Vereinsmuseum – an vielen Stellen fühlen sich engagierte Mitglieder von der Klubführung bisweilen zurückgewiesen.

Mit dem sportlichen Niedergang verstärkt sich das Protestpotenzial. Um eine außerordentliche Mitgliederversammlung herbeiführen zu können, läuft schon eine Unterschriftenaktion. 400 Unterschriften sind laut Vereinssatzung nötig. Zeitgleich geht die Klubführung in die Offensive. „Wir wollen uns stellen und Tacheles reden", behauptet der Aufsichtsratsvorsitzende Rombach. In Interviews berichtet er von der Idee einer Klubversammlung und stellt sich als souveräne Führungspersönlichkeit dar, die mit den Mitgliedern in Dialog treten will. Alle Fragen wolle man beantworten, aufklären, offen und ehrlich diskutieren.

Doch de facto ist in diesen Tagen keine allzu große Souveränität im Umgang mit Kritik auf dem Betzenberg erkennbar. Vielmehr wird von der Pressestelle des Vereins schriftlich der Versuch unternommen, unliebsame Journalisten mit medienrechtlichen Konsequenzen und der Androhung einer „Weitergabe an entsprechende Institutionen" einzuschüchtern. Der Zugang zu den Presseplätzen im Stadion wird mit der merkwürdigen Begründung, einige Studenten seien am Spieltag zu Besuch und benötigten den Platz, eingeschränkt. Ich bin davon betroffen. Wie nervös die Lage ist, zeigt auch eine denkwürdige Stellungnahme, zu der sich der Aufsichtsrat wenig später veranlasst sieht:

Stellungnahme des FCK-Aufsichtsrats vom 28. April 2012

Aufgrund diverser fehlgeleiteter Berichterstattungen der vergangenen Wochen und zur Vorbeugung der Verbreitung weiterer unwahrer Tatsachenbehauptungen nimmt der Aufsichtsrat des 1. FC Kaiserslautern im Folgenden Stellung.

1. Der Vorstandsvorsitzende Stefan Kuntz ist im April 2008 mit dem Auftrag angetreten, den 1. FC Kaiserslautern wirtschaftlich und sportlich nachhaltig zu konsolidieren und wettbewerbsfähig aufzustellen. Es wurden in den vergangenen vier Jahren trotz schwierigster wirtschaftlicher Rahmenbedingungen sehr große Schritte zur wirtschaftlichen Gesundung und strukturellen Erneuerung des Vereins unternommen. Weitere Herausforderungen wie die dringende Modernisierung des Nachwuchsleistungszentrums sind in einer zielführenden Planungsphase. Die Vergabe der Lizenz der Deutschen Fußball Liga für die kommende Spielzeit ohne Auflagen oder Bedingungen ist nur ein letztes offensichtliches Zeichen des Erfolgs der Arbeit der aktuellen Vereinsführung. Der Aufsichtsrat möchte daher an dieser Stelle ausdrücklich die Arbeit der Vereinsführung lobend herausstellen, die sich ausschließlich dem Wohle des Vereins widmet.

2. Das sportliche Ergebnis der Saison 2011/12 ist zutiefst unbefriedigend. Die Gründe für den sportlichen Misserfolg und dafür, dass die Neuverpflichtungen nicht die von allen Seiten erwartete Leistung abrufen konnten, sind und werden von den Verantwortlichen intensiv aufgearbeitet. Hier bleibt festzuhalten, dass aufgrund der wirtschaftlichen Rahmenbedingungen grundsätzlich ein höheres Risiko bei der Auswahl der Neuverpflichtungen genommen werden musste. Der 1. FC Kaiserslautern verfügt nicht über die Mittel, komplett ausgebildete und erfahrene Bundesligaspieler zu verpflichten. Dem Aufsichtsrat liegen bestätigte Informationen über erfolgte Gespräche mit Spielern vor, die sich zum großen Teil aus wirtschaftlichen Gründen nicht zu einem Wechsel zum 1. FC Kaiserslautern überzeugen ließen. In Zukunft fordert der Aufsichtsrat noch bessere Mechanismen und Strukturen für die Auswahl der Spieler des Lizenzspielerkaders.

3. Es wurde zu keiner Zeit eine Abmahnung gegen den Vorstandsvorsitzenden Stefan Kuntz ausgesprochen.

4. *Behauptungen einer „ungesunden" Nähe oder unprofessionellen Zusammenarbeit des Vorstands mit einer oder mehreren Spielervermittlungsagenturen entbehren jeglicher Grundlage. Vielmehr sind Abläufe, Abrechnungen und Zahlungsvereinbarungen in der Zusammenarbeit mit dem Vorstand von höchster Transparenz und Seriosität geprägt.*
5. *Der Aufsichtsrat des 1. FC Kaiserslautern nimmt seinen Auftrag sehr ernst. Er führt Aufsicht über die Geschäfte des Vereins, prüft sämtliche zur Entscheidung vorgelegten Rechtsgeschäfte und trifft seine letztendlichen Entscheidungen stets zum Wohle des Vereins. Es wird entschieden unhaltbaren Gerüchten widersprochen, der Aufsichtsrat „nicke" Entscheidungen des Vorstands nur ab. Vielmehr herrscht im Gremium eine gesunde und kritische Diskussionskultur. Über den Inhalt und den Fortgang seiner Entscheidungsprozesse wird der Aufsichtsrat auch in Zukunft Stillschweigen beibehalten.*

Für den Aufsichtsrat des 1. FC Kaiserslautern
Prof. Dr. Dieter Rombach, Vorsitzender des Aufsichtsrats
Ottmar Frenger, stellvertretender Vorsitzender des Aufsichtsrats

„Zusammenhalt" statt „Legendenspinnerei"

Je näher die anberaumte außerordentliche Mitgliederversammlung am 9. Mai 2012, also vier Tage nach dem Ende der Bundesligasaison und dem Abstieg, rückt, umso mehr spitzt sich die Lage emotional zu. Die Klubführung ist darum bemüht, den Mitgliedern neue Perspektiven aufzuzeigen und die durch die Stadt wabernden Kritikpunkte als haltlos darzustellen. „Diese schlechte, diese verdammt schlechte Saison, die haken wir jetzt ab, aber dann schauen wir alle zusammen wieder nach vorne." Insgesamt sei der FCK „auf dem Weg zur Seriosität und Kontinuität". Man habe „innerhalb von vier Jahren, mit einem Bein in der dritten Liga stehend, rasante und gute Zeiten erlebt". Der Abstieg sei lediglich ein kleiner Rückschlag in einer langfristig positiven Entwicklung. Dies ist der Tenor, mit dem die Vereinsführung in Interviews auf das Mitgliedertreffen einstimmt.

Rombach fordert Geschlossenheit. Kuntz beschwört den Zusammenhalt in einer strukturschwachen Region. „Kaiserslautern und Bundesliga geht nur, wenn alle zusammenhalten." Die teils massive Kritik tut er als „Legendenspinnerei" ab, die angesichts der sportlichen Situation durch Ängste und Sorgen befeuert werde. Wer derartige Gerüchte in Umlauf bringe, handele aus niederen Motiven wie „verletztem Stolz" oder egoistischen Finanzinteressen und schade einzig dem Verein, meint der Vorstandsvorsitzende. Bei der Versammlung wolle man „aufklären" und mit „Fakten" überzeugen.

Tatsächlich ist das Informationsbedürfnis groß: Im Vorfeld der Zusammenkunft geht eine Vielzahl von Anträgen auf der FCK-Geschäftsstelle ein. Die Fragen, zu denen sich die Mitglieder Aufklärung erhoffen, sind teils wiederkehrend. Darunter ist exemplarisch der folgende Antrag eines Mitglieds:

Lieber Vorstand des 1. FC Kaiserslautern,

besten Dank für die freundliche Einladung durch den Aufsichtsrat zur außerordentlichen Mitgliederversammlung am 9. Mai 2012. Den Grundgedanken, dort „Tacheles" zu reden, wie angekündigt etwaige Fehler (aus der gesamten Ägide des Vorsitzenden des Vorstands!) zu thematisieren, den Mitgliedern aufrichtig und offen Rede und Antwort zu stehen sowie aufgekommene Gerüchte beziehungsweise Unterstellungen substantiiert zu widerlegen beziehungsweise auszuräumen, begrüße und unterstütze ich als engagiertes Vereinsmitglied sehr. Auch und insbesondere das Postulat voller Transparenz stößt auf größte Zustimmung meinerseits.

Hierzu stelle ich frist- und formgerecht folgende Anträge:

1. Dass der Vorsitzende des Vorstands an Eides Statt versichert, dass weder er noch irgendein Mitglied seiner Familie direkt oder indirekt – sprich: über Dritte – an dem Transfer des Spielers Gil Vermouth oder an dem Transfer des Spielers Jakub Swierczok (mit-)verdient hat.

2. Dass der Vorsitzende des Vorstands wahrheitsgemäß und vollständig darlegt, wie oft seit seinem Amtsantritt den Vereinsmitgliedern vor den jeweiligen Jahreshauptversammlungen lediglich vorläufige Jahresabschlüsse zur Einsicht auf der Geschäftsstelle vorgelegt wurden – und, falls das in mindestens einer Periode der Fall gewesen sein sollte, in welchen Punkten welche Änderungen vorgenommen wurden.

3. Dass der Vorsitzende des Vorstands wahrheitsgemäß und vollständig die Gründe darlegt, weshalb Dr. Johannes Ohliger nicht als zweiter Vorstand den Jahresabschluss des Geschäftsjahres 2009/10 mit unterschreiben wollte.

4. Dass der Vorsitzende des Vorstands die Mitgliederversammlung wahrheitsgemäß und vollständig darüber informiert, wie frei der Cheftrainer in seinen Entscheidungen hinsichtlich Aufstellungen und Ein-/Auswechselungen in der Saison 2011/12 war, wie oft der Vorsitzende des Vorstands in der Saison 2011/12 in den Halbzeitpausen bei Pflichtspielen in der Spielerkabine war und wie oft er dabei aktiv die Mannschaft ansprach.

5. Dass der Vorstand für Unternehmensentwicklung wahrheitsgemäß und vollständig Auskunft darüber gibt, wie hoch die Fluktuationsrate seit seinem Amtsantritt liegt und wie viele arbeitsgerichtliche Verfahren geführt wurden.

6. Dass der Vorstand für Unternehmensentwicklung die Mitgliederversammlung wahrheitsgemäß und vollständig darüber informiert, wie es sein kann, dass der Geschäftsführer Marco Stenger per 2. April 2012 eine neue Kraft für die Geschäftsstelle einstellt – ausgestattet mit einem Zweijahresvertrag –, obwohl der Verein zu diesem Zeitpunkt bereits mit beiden Beinen in der Zweiten Bundesliga steht.

7. Dass der Aufsichtsrat in die Geschäftsordnung des Vorstands den Passus aufnimmt, die Gesamtbezüge des Vorstands künftig offenzulegen (vgl. Konzernbilanz 2011/12 HSV e.V.).

8. Dass der Aufsichtsrat der Mitgliederversammlung darlegt, inwieweit er sein Mandat zur Aufsichtsführung auch wirklich so ernst nimmt, in regelmäßigen Abständen sowohl mit den Lizenzspielern als auch den Mitarbeitern der Geschäftsstelle zu sprechen, um mögliche Fehlentwicklungen (beispielsweise ein Auseinanderbrechen des Mannschaftsgefüges oder Mobbingtendenzen) schnell erkennen und mit dem Vorstand zielorientiert besprechen zu können.

Für Rückfragen nehme ich mir gerne Zeit. Ihren offenen, ehrlichen Stellungnahmen bei der Mitgliederversammlung sehe ich mit großer Freude entgegen.

Freundliche rot-weiße Grüße
Peter Schmid

Bollwerk gegen „bösartige Gerüchte"

Die Stimmung am Veranstaltungsabend ist geladen. Rund 2.500 Mitglieder warten gespannt auf die Diskussion. Als wir Journalisten zu unseren Plätzen gehen, rumort es in der Halle. Denn zuvor muss erst noch darüber abgestimmt werden, ob wir überhaupt an der Versammlung teilnehmen dürfen. Die Führungsriege nimmt das gereizte Klima auf. Sie inszeniert sich in einer turbulenten, wirren Versammlung als Bollwerk gegen üble Verdächtigungen, Lügen, „ungeheuerliche Unterstellungen" und „bösartige Gerüchte". Dabei erhält sie Unterstützung vom rheinland-pfälzischen Ministerpräsidenten Beck, der eigens angereist und zwar nur reguläres Vereinsmitglied ist, sich an dem Abend aber exponiert präsentiert.

„Erste Liga – wir kommen!", schleudert Rombach den Klubmitgliedern entgegen. Er verspricht den direkten Wiederaufstieg. Das trifft bei vielen auf zustimmendes Grölen. Gleichzeitig beschwört er Erfolge. „Die wirtschaftliche Basis des FCK ist gesichert", betont Rombach und spricht von der Gesundung des Vereins unter seiner Führung. „Alle Akteure haben nur die Zukunft unseres FCK im Auge." Andere Einschätzungen seien persönlichkeits- und ehrverletzend.

Rombach mahnt, „zwischen Fehlern und Fehleinschätzungen gut zu unterscheiden". Denn Fehler seien beim FCK in der schlechtesten Erstligasaison seit Bundesligazugehörigkeit keine gemacht worden. „Fehler sind Entscheidungen, die wider besseres Wissen nicht zum Wohl des Vereins getroffen worden sind." Lediglich vereinzelten Fehleinschätzungen sei man unterlegen, meint der Aufsichtsratsboss spitzfindig. Daraus wolle man nun lernen.

Die Vereinsoberen gehen verbal in die Offensive und teilen aus gegen Kritiker. „Ich kann das Gerücht des Abnickens durch den Aufsichtsrat nicht mehr hören!", ruft Rombach vom Rednerpult. Das Kontrollgremium gehöre „nicht zu den Polterern", sondern zu den „konstruktiven Kritikern". Er bekennt sich zum Vorstand Kuntz, zu dem es „keine Alternative" gebe. Es ist ihm wichtig zu betonen, dass dessen vorzeitige Vertragsverlängerung nicht abgenickt worden, sondern im Gegenteil vom Aufsichtsrat angeregt worden sei. „Stefan Kuntz hat kein höheres Grundgehalt als der bestverdienende Trainer oder Spieler beim FCK", stellt Rombach klar. Zu einer Offenlegung der Vorstandsbezüge können ihn die Mitglieder aber nicht bringen.

Kuntz gibt sich mit seiner Ehrenerklärung, nicht an Transfergeschäften verdeckt mitzuverdienen, ebenso kämpferisch. Ohnehin sei keine dominierende Konzentration auf einen einzelnen Spielerberater erkennbar: Die 37 Spieler, die beim FCK unter Vertrag stünden, würden von 25 unterschiedlichen Agenten betreut. Es bestehe „keine Nähe oder zu große Abhängigkeit" von einer einzelnen Agentur, betont Rombach. Alle Transfergeschäfte liefen seriös und für den Aufsichtsrat transparent ab.

Auf vorbeirauschenden PowerPoint-Folien wird außerdem gezeigt, wie sich für den Verein der Aufwand an „Spielerberatern und -vermittlern" entwickelt habe. Im gewählten Vierjahreszyklus hätten sich die Kosten um 1,9 Millionen Euro von 4,2 Millionen Euro (Aufwand der Spielzeiten 2004/05 bis 2007/08) auf 2,3 Millionen Euro (2008/09 bis 2011/12) reduziert. Dabei ist in der Amtszeit von Kuntz eine Verdopplung der jährlichen Ausgaben von rund 500.000 Euro (2008/09, zweite Liga) auf über eine Million Euro (2011/12, erste Liga) erkennbar.

Aufsichtsräte und Vorstände bescheinigen sich wechselweise eine tadellose Amtsführung. So lobt Rombach die Personalentscheidung für Finanzvorstand Grünewalt als intensiven, von Erfolg gekrönten Auswahlprozess. „Durch die finanziell solide Arbeit des Vorstands ist die

Zukunft des Vereins nachhaltig gesichert." Und Kuntz bezeichnet seinen Vorstandskollegen als „Toptransfer". Derweil rühmt Grünewalt die Führungsarbeit im Klub. Einen „Rucksack voller Altlasten" habe man vorgefunden. Der ehemalige Aufsichtsratsvorsitzende Buchholz, der im Publikum sitzt, schäumt, als er das hört.

Grünewalt spricht von einer exorbitant hohen Steuerlast in Höhe von rund 6,5 Millionen Euro, von Kosten für die Stadionpacht und teuren Aufwendungen für den Spielbetrieb. Trotz solcher Widrigkeiten erarbeite man sich neue Perspektiven. Die Lizenzerteilung durch die Deutsche Fußball Liga (DFL) sei das „Resultat seriöser Planung". Allerdings konnte die Lizenz nur durch ein erneutes Entgegenkommen der Stadt Kaiserslautern bezüglich der Stadionpacht gesichert werden. Dieser Deal wird als großer Wurf beschrieben. Man habe mit der Stadt und deren Stadiongesellschaft ein „Zukunftsmodell mit mehreren Komponenten" verhandelt, wie Stundungen der Stadionmiete in Höhe von 5,3 Millionen Euro abgelöst werden könnten – und dies, ohne einen allzu hohen „Cashabfluss" beim FCK verzeichnen zu müssen, brüstet sich Grünewalt.

Mit seinem Zahlenwerk erstickt der Finanzvorstand außerdem die Ideen einiger Mitglieder, die sich ins Vereinsgeschehen einbringen und eine eigene Fanabteilung gründen wollen. Er rechnet unter anderem vor, wie eine Erhöhung der Mitgliederzahl nach den Konzeptvorschlägen der Vereinsaktivisten den Klub in eine finanziell schlechtere Lage bringen könnte. So erscheint Mitgliedergewinnung plötzlich als Verlustgeschäft. Das alles klingt verwirrend.

Rhetorischer und zugleich grotesker Höhepunkt der Versammlung ist die Schweiß-und-Tränen-Rede, mit der Kuntz im Saal einen emotionalen Rausch entfacht. Der Vorstandsvorsitzende spricht von bitteren Momenten und großen Enttäuschungen in der vergangenen Saison, die mit dem Abstieg endete. Damit können sich viele identifizieren. Gleichzeitig macht er Mut. In der neuen Runde gehe es „zurück zur alten Kampffarbe": Die Roten Teufel liefen zukünftig wieder in traditionell feurig-roten Trikots auf. Das entkräftet zwar keine Sachkritik, einige Fans jubeln aber vor Glück.

In seiner Laudatio rechtfertigt er seine missglückte Transferpolitik, lobt die Erfolge des Nachwuchsleistungszentrums, das in den vergangenen Jahren im offiziellen Ranking des Deutschen Fußball-Bundes auf den letzten Rang abfiel, und zeigt sich weltmännisch: „Jede berechtigte Kritik ist angebracht, aber nicht jede ist eben berechtigt." Zugleich wehrt sich Kuntz vehement gegen den „Gerüchtejournalismus", der ihm entgegenschlage. Als der Vorstandsvorsitzende seine emotionale Rede mit

Tränen in den Augen beendet, hat er seine Anhängerschaft vollends ein-
gefangen. Vergessen ist die desaströse Fußballrunde. Vergessen ist der
Abstieg. Der direkte Wiederaufstieg in die Bundesliga scheint an diesem
Abend in der Halle greifbar zu sein. Kuntz inszeniert sich als Fixpunkt
des Klubs. Standing Ovations auf dem Podium und im Auditorium.

„Dilettantismus" und „Altlastengeschwätz"

Die Performance der Vereinsoberen kann allerdings nicht über den chao-
tischen Verlauf der Versammlung hinwegtäuschen, deren Satzungskon-
formität ohnehin infrage steht. Nicht nur, dass Aufsichtsratsvorsitzender
Rombach die Versammlungsleitung entgegen seiner satzungsgemäßen
Pflicht willkürlich an den Ehrenratsvorsitzenden Michael Koll abgibt,
dieser wirkt zudem überfordert. Die Versammlung nimmt bizarre Züge
an und gleitet bisweilen in ein absurdes Schauspiel ab.

Immer wieder kommt es zu Turbulenzen, beispielsweise weil Abstim-
mungsergebnisse nicht klar sind. Derartige Irritationen werden aber – so
der Eindruck – von den Akteuren auf dem Podium einfach übergangen
und „zurechtgebogen". Das liegt mitunter daran, dass nicht alle Mitglieder in der Halle Platz finden, sondern in einen Nebenraum ausweichen,
der per Kamera zugeschaltet ist. Auch sind manche Teile der Halle nur
schwer einsehbar. So kommt es bei Abstimmungen ab und an zu Unklarheiten, da das Votum unübersichtlich per Handzeichen abgegeben wird
und damit einem gewissen Interpretationsspielraum unterliegt.

Nachdem die Redebeiträge der Vereinsführung mehrere Stunden
gedauert haben und bereits Müdigkeit vorherrscht, ist in den Abend-
stunden endlich die von vielen ersehnte Aussprache an der Reihe. Hier
erhalten die Mitglieder für ihre Anliegen allerdings jeweils nur zwei
Minuten Sprechzeit. So werden ihre Belange ständig von einer Glocke
unterbrochen, die die Redezeit begrenzen soll. Das wirkt wie eine Zensur
insbesondere der kritischeren Beiträge, und ein intensiver Austausch ist
kaum möglich. Die versprochene transparente Aufarbeitung erscheint
so als Farce.

Kurios auch, dass plötzlich die meisten der zuvor eingereichten
Anträge als nicht fristgerecht eingegangen erklärt werden. Von den zahlreichen Eingaben werden die meisten auf diese Weise abgebügelt. Von
einer bereitwillig offenen und zuvorkommenden Auseinandersetzung
mit den Anliegen der Mitglieder kann also keine Rede sein. Ein Graben
durchzieht die Versammlung: Während die einen Kuntz und Co. folgen
und laut applaudieren, fühlen sich viele andere in ihrem Wunsch nach
Aufklärung übergangen.

So kommt es zu hitzigen Wortgefechten. Als Versammlungsleiter Koll etwa einen Antrag nicht zulassen möchte, der die Frage nach Vetternwirtschaft im Klub aufwirft, brodelt es im Saal. Die Mitglieder drängen auf eine Aussprache. Da erklimmt Ministerpräsident Beck unvermittelt das Podium und übernimmt vom verdutzten Koll das Wort. Der Landesvater springt Kuntz zur Seite. Eindringlich appelliert er an die Mitglieder, den Antrag zu verhindern. Das allerdings sorgt für noch mehr Verwirrung. Die Stimmung droht zu kippen. Einer ruft aufgebracht ins Mikrofon, dass diese Art der Versammlungsleitung „an Dilettantismus nicht zu überbieten" sei. Das Durcheinander ist groß, und über den Antrag wird letztlich gar nicht mehr diskutiert.

Auch als der ehemalige Aufsichtsratsvorsitzende Buchholz auftritt, kommt es zu Zwischenrufen. Er nimmt Bezug auf die Rede Grünewalts und zweifelt dessen Zahlenpräsentation an. Buchholz sieht sich davon persönlich angegriffen. „Das Altlastengeschwätz lasse ich mir nicht mehr bieten", sagt er und beginnt, Zahlen aufzuschlüsseln. Unter anderem geht es um die Buchung der Signing Fee, die aus seiner Sicht in der Bilanz 2008 hätte abgebildet werden müssen. Doch viele der Mitglieder können der Zahlendiskussion nicht folgen und werden ungeduldig. Der Ex-Funktionär muss irgendwann aggressive Buhrufe über sich ergehen lassen und zieht sich vom Mikrofon zurück.

Zu nächtlicher Stunde sind noch immer viele Fragen nicht besprochen. Vor allem fehlt es an einer klaren Strategie, wie es weitergehen soll mit dem FCK in der Zukunft. Ist, nachdem die Stadt in Sachen Stadionmiete bei der Lizenzierung aushelfen musste, die zweite Liga langfristig überhaupt zu stemmen? Was geschieht, wenn der direkte Aufstieg nicht klappt? Wie überlebensfähig ist der Klub? Sind strukturelle Einschnitte notwendig? Wie kann ein Zukunftskonzept für den Verein auch in der zweiten Liga aussehen? Welche Lösung gibt es in der nun drängenden Trainerfrage?

Vieles bleibt vage, denn eine kritisch-kontroverse Sachdebatte wird an dem wirren Abend übertönt von lautem Gejohle, emotionalen Reden, kampfeslustigen Parolen, ermüdend langen Vorträgen und dem hoffnungsvollen Versprechen einer Rückkehr in die 1. Bundesliga. Die Lesart aus Sicht des Vereins ist freilich eine andere. „Die FCK-Führung diskutiert offen mit den Mitgliedern", heißt es in einer offiziellen Verlautbarung. „Die Fragen wurden ausführlich und offen beantwortet."

KAPITEL DREI

Fritz-Walter-Stadl I – Possenspiel im Landtag

„Rheinland-Pfalz ist keine Bananenrepublik!"

Rückblick. Es ist der 5. Juni 2008. Die Debatte erreicht ihren Siedepunkt. Die hitzigen Zwischenrufe werden von der Glocke des Landtagspräsidenten übertönt. „Meine Damen und Herren", mahnt Joachim Mertes, „meine Damen und Herren, Rheinland-Pfalz ist ein Verfassungsstaat und keine Bananenrepublik!"

Der Streit der Parlamentarier im Mainzer Landtag spitzt sich zu. Die rheinland-pfälzische Landesregierung unter SPD-Ministerpräsident Kurt Beck ist unter Druck. Im Fokus steht insbesondere eine brisante Weisung des einstigen Innenministers Karl-Peter Bruch an die Kommunalaufsicht, die Zweifel an dem Stadionmodell angemeldet hatte. Es geht um die Bewertung des Stadionkaufs, seiner Risiken und um die Gründung der Fritz-Walter-Stadiongesellschaft. Das Innenministerium überging offenbar die Vorbehalte seiner Kontrollbehörde. Die CDU-Opposition im Parlament fühlt sich nicht adäquat informiert.

„So arbeiten Regierungen in Bananenrepubliken, und so etwas darf in einem Rechtsstaat nicht passieren", feuert CDU-Oppositionspolitiker Hans-Josef Bracht in Richtung der Regierungsbank an die Adresse Bruchs und des Finanzministers Ingolf Deubel. Die Abgeordneten der CDU johlen, aus Reihen der SPD kommen empörte Zwischenrufe. „Wie weit müssen Sie sinken?!?" Und Präsident Mertes greift zur Glocke. „Ich werde immer dafür eintreten, dass dieses Land nicht als Bananenrepublik desavouiert wird. Immer!"

Die Vorwürfe wiegen schwer. „Rechtsbeugung nach Gutsherrenart" hält die Opposition der Landesregierung vor. Diese weist die Anwürfe zurück. „Sie haben gesagt, wir hätten gegen Recht und Gesetz verstoßen – dies sollten Sie zurücknehmen", gibt sich Innenminister Bruch kämpferisch. CDU-Mann Bracht wiederholt seine Einschätzung der

Lage: „Was Sie vorgenommen haben, war ein Rechtsbruch. Ich bleibe dabei, dass Sie darüber den Landtag und den Haushalts- und Finanzausschuss nicht informiert haben." Streitpunkt ist laut CDU-Antrag die „Finanzierung des Fritz-Walter-Stadions".

Ursprung des Dilemmas ist die WM 2006. In Kaiserslautern, der kleinsten WM-Stadt der Republik, wurde das Ereignis ausgelassen gefeiert. Doch schon knapp zwei Jahre nach der Fußballparty herrscht politische Katerstimmung. Nachdem der 1. FC Kaiserslautern ausgerechnet im WM-Jahr 2006 in die 2. Bundesliga abgestiegen und 2008 gerade knapp dem Abstieg in die dritte Liga entronnen ist, wird eifrig darüber gestritten, ob das für die WM teuer ausgebaute Fritz-Walter-Stadion für Verein und Region überhaupt tragfähig ist.

Als im Januar 2001 der damalige FCK-Präsident Jürgen Friedrich Besuch von Bundeskanzler Gerhard Schröder auf dem Betzenberg erhielt, war das Verfahren für die Vergabe der WM-Spielorte im Gange. Der FCK wollte Austragungsstätte werden und hatte sich gemeinsam mit Stadt und Land darum beworben. Für das Weltereignis sollte das damals noch vereinseigene Stadion ausgebaut werden. Rund 100 Millionen D-Mark standen in Rede. „Es könnte nach meiner Vorstellung durchaus etwas weniger sein", sagte dazu SPD-Ministerpräsident Beck. Letztendlich wurde es mehr.

Stadt und Land beschlossen also, sich an der Finanzierung zu beteiligen. Aus einer Anfrage der grünen Landtagsabgeordneten Ise Thomas vom Januar 2003 geht hervor, dass für den Stadionausbau zur WM ursprünglich Landesmittel in Höhe von rund 15,3 Millionen Euro vorgesehen waren. Hinzu kommen rund 6,4 Millionen Euro aus dem Investitionsstock des Landes, die über die Stadt an den Verein fließen sollten. Darüber hinaus wollte die Stadt zusätzlich circa 7,7 Millionen Euro zuschießen.

Die Vereinbarung von 2001 sah vor, dass sich Verein, Stadt und Land die Ausbaukosten teilen. Dabei sollten die errechneten Anteile von Stadt und Land als Festzuschuss fließen. Das heißt, der Verein sollte das Risiko für mögliche Kostenerhöhungen tragen, wäre im Gegenzug bei günstigerer Abrechnung aber in den Genuss der Ersparnis gekommen.

Manch einer, der an der WM-Bewerbung beteiligt war, spricht noch heute von einem aus der damaligen Sicht schlüssigen Vorhaben: Stadt und Land gewähren dem Verein, für den bis dahin Spiele auf internationalem Parkett in UEFA-Cup oder Champions League nicht ungewöhnlich sind, für die Erweiterung seiner eigenen Arena eine großzügige Förderung. Damit kommt die WM nach Rheinland-Pfalz. Da die Fördermittel gedeckelt sind und eventuelle Mehrkosten beim Verein bleiben, scheint das Risiko für die öffentliche Hand begrenzt. So weit die Theorie. Doch man hatte die Rechnung weder mit der Pleite eines beauftragten Bauunternehmens gemacht noch mit dem wirtschaftlichen und sportlichen Niedergang des FCK.

Die WM als Finanz-Fiasko

„Schon der vom Land forcierte Ausbau zum WM-Stadion geriet zum Fiasko", schreibt der Bund der Steuerzahler in seinem Schwarzbuch. Wie es dazu kam: Der FCK geriet unter der Führung Friedrichs finanziell ins Straucheln. Der Steuerzahler-Bund prangert die „Misswirtschaft des FCK-Vorstands, zu dem seinerzeit auch ein beurlaubter Beamter der Mainzer Staatskanzlei von Ministerpräsident Kurt Beck gehörte", an.

„Der FCK war tot, wirtschaftlich tot", sagte der damalige Lauterer Oberbürgermeister Bernhard Deubig, der auch Mitglied des FCK-Aufsichtsrats war, einmal in die Kameras des SWR. „Nach Einschätzung des Vereins und der eingeschalteten Wirtschaftsprüfergesellschaft bestand akute Insolvenzgefahr. Und eine Bundesligalizenz für die darauffolgende Saison 2003/04 wäre ohne schnelle und nachhaltige Sanierung nicht erteilt worden, was wohl ebenfalls in die Insolvenz geführt hätte." So beschreibt es Finanzminister Deubel bei der Sitzung im Landtag.

Die WM-Pläne waren längst gemacht und das Stadion zu diesem Zeitpunkt schon im Umbau. Daher erschien ein Zurückrudern nicht mehr möglich. Dazu sagt Finanzminister Deubel im Landtag: „Bei einer Insolvenz wäre auf Stadt und Land fast zwingend zugekommen, aus der vorhandenen Baustelle wieder ein nutzbares Stadion zu machen. Ein Stadion, in dem allerdings weder ein Bundesligaverein spielt noch eine Fußballweltmeisterschaft stattgefunden hätte."

So gerieten Stadt und Land unter Zugzwang und begaben sich in einen Strudel, in dem eine kritische Entscheidung der nächsten folgen sollte. Unter hohem Zeitdruck – schließlich musste der Verein im Lizenzierungsverfahren der DFL seine Fristen einhalten – wurden vermeintliche Lösungsmodelle gezimmert. Am Ende stand der Kauf des Stadions samt Nachwuchszentrum Fröhnerhof durch eine am 3. Juni 2003 eigens dafür gegründete städtische Stadiongesellschaft. Der Kaufpreis für das Stadion, das zeitgleich mit öffentlichen Mitteln ausgebaut wurde, diente der Sanierung des Vereins. In seinem Schwarzbuch führt der Bund der Steuerzahler das Fritz-Walter-Stadion als „finanziellen Schrecken ohne Ende".

Zu dem Debakel trug das Wirtschaftsgebaren des FCK entscheidend bei. Es liefen Skandale um exorbitant teure Transfers und hohe Kosten für Spieleragenten sowie steuerliche Vergehen. Einige der damaligen Funktionäre sind heute rechtskräftig verurteilt. Aber nicht nur, dass der Verein selbstverschuldet in Finanznot geriet und damit das komplette WM-Projekt zu scheitern drohte. Was die Lage noch prekärer machte: Von der Kommunalaufsicht kam außerdem eine Schätzung, dass sich der Stadionbau entgegen ursprünglichen Plänen um circa 18 Millionen Euro verteuern könnte.

Die in Rede stehenden Größenordnungen sind schwindelerregend. Laut städtischem Beteiligungsbericht stiegen letztendlich die Kosten für den Stadionausbau von geplanten 48,3 Millionen auf über 70 Millionen Euro. Zwischen Land und Stadt wurde beschlossen, auch die Mehrkosten, die nach ursprünglicher Vereinbarung eigentlich der FCK getragen hätte, vom Verein zu übernehmen und im Verhältnis 2:1 zu schultern.

Hätte man spätestens zu diesem Zeitpunkt nicht vernünftigerweise die Reißleine ziehen, den überteuren Stadionausbau stoppen und das Abenteuer Weltmeisterschaft in der kleinsten WM-Stadt ad acta legen müssen? Oder war man dafür schon zu weit gegangen und stand zu viel auf dem Spiel? Wäre ein Fallenlassen des FCK und der WM-Pläne einem unvorhersehbaren Dominoeffekt gleichgekommen, mit einem Imageschaden für Stadt und Land, versenkten Steuermillionen, politischem Desaster und erschütterter Regierung? Es sollte nicht sein, was politisch nicht sein durfte: WM und Verein wurden gerettet. Koste es, was es wolle.

Das Fritz-Walter-Stadion sowie der Sportpark „Rote Teufel", Fröhnerhof, wurden 2003 von der städtischen Fritz-Walter-Stadion GmbH für 57,9 Millionen Euro gekauft. Davon fielen 51,8 Millionen Euro aufs Stadion und 6,1 Millionen Euro auf den Fröhnerhof. Zwischenzeitlich sprach der damalige FCK-Vorstandsvorstand René C. Jäggi von einem Sanierungsgewinn in Höhe von rund 17 Millionen Euro. An anderer Stelle wird er zitiert, das Stadion habe einen Buchwert von 33 Millionen Euro zum Zeitpunkt des Verkaufs gehabt. Welchen Verkehrswert die Arena tatsächlich hatte, ist mir unklar. Der damalige Oberbürgermeister Deubig sagte mir einmal, genau wie sein Nachfolger Klaus Weichel, dass man im Zuge der Stadionübernahme den Verein mit zusätzlichem „frischen Geld" ausgestattet habe.

Letztlich diente der Stadiondeal dazu, den Verein mit Steuergeldern in Millionenhöhe zu stützen, den Stadionbau zu realisieren und damit die WM am Standort Kaiserslautern zu halten. Um den Kaufpreis für die Arena zahlen zu können, verschuldete sich die Stadiongesellschaft. Es geht um Kreditlasten in der Größenordnung von 65 Millionen Euro.

Mieter im eigenen Stadion

Seit der Übernahme des Stadions und des Trainingszentrums durch die städtische Stadiongesellschaft ist der FCK nun Mieter des vormals eigenen Stadions. Vertraglich festgelegt ist im Grunde eine Pacht in Höhe von jährlich 3,2 Millionen Euro. Doch dem Finanzcrash und der Rettung des FCK auf Kosten der Steuerzahler folgen erneute Turbulenzen. Der Verein gleitet sportlich ab und kann die Klasse nicht halten. 2006, ausgerechnet im WM-Jahr, steigen die Roten Teufel in die zweite Liga ab. Schon zur Saison 2007/08 bitten sie um eine Reduzierung der Stadionpacht.

Der ehemalige Aufsichtsratsvorsitzende Dieter Buchholz räumt ein, dass der Verein 2008 „nicht in Geld geschwommen" sei. Doch er betont unter anderem mit Verweis auf Aufsichtsratsprotokolle, in denen Entsprechendes schriftlich vermerkt ist, dass der Klub zu diesem Zeitpunkt keineswegs vor einer Insolvenz gestanden habe. Zudem seien genügend Maßnahmen zur Absicherung vorbereitet gewesen, etwa Gespräche mit Sponsoren bezüglich einer Erhöhung ihres Engagements. Auch investierte Kuntz nach Amtsantritt 2008 und dem Klassenerhalt unmittelbar in zahlreiche Spielertransfers für die neue Runde – wie hätte das gehen sollen, wäre die Liquidität derart belastet gewesen?

Dennoch ist die Finanzlage des Klubs nicht rosig. Es laufen Gespräche mit der Stadt zur Senkung der Stadionpacht. Alt-Oberbürgermeister Deubig sagte einmal über die Konzeption des Stadiondeals: „Plan A war 1. Bundesliga, das war kein Problem. Plan B war ein möglicher Abstieg in eine zweite Liga. Da war klar: Das erste Jahr wird man ebenfalls noch schaffen können, das zweite mit Schwierigkeiten, und danach war kein Plan mehr."

Finanzminister Deubel hingehen behauptet im Parlament das Gegenteil: Man habe bei der Architektur des Stadionmodells jegliche Risikoszenarien berücksichtigt. „In den Risikoszenarien war selbstverständlich enthalten: erste Liga, zweite Liga oberer Bereich, zweite Liga unterer Bereich und Abstieg aus der zweiten Liga." Aus Sicht des Landes mag das stimmen, schließlich liegt nach Gründung der Stadiongesellschaft, deren alleiniger Gesellschafter die Stadt ist, das Risiko mittlerweile ausschließlich bei der Kommune. Nur: Wenn tatsächlich alle Szenarien bedacht worden wären, wie es Deubel behauptet – wieso diskutiert man dann 2008 um eine Mietreduzierung?

Im politischen Raum spitzt sich die Diskussion im Laufe der Zweitligasaison 2007/08 zu. Im Stadtrat wird um Mietreduzierungen gerungen. Letztlich kommt die Stadt dem Verein, wenige Jahre nachdem sie ihm zur Sanierung das Stadion abgekauft hatte, erneut entgegen. Die Pacht wird für die Saison 2007/08 um 1,4 Millionen Euro gesenkt. Das gleiche gilt für die Spielzeit 2008/09. Für Finanzminister Deubel ist dieser Einsatz öffentlicher Mittel eine richtige Entscheidung. Dabei malt er – entgegen den Beteuerungen Buchholz' – das Bild einer FCK-Insolvenz als Drohkulisse an die Wand, als er im Juni 2008 bei der Sitzung im Mainzer Landtag spricht.

„Die Insolvenz des Vereins hätte dazu geführt, dass die Stadt die gesamten Schulden der Stadiongesellschaft allein hätte bedienen müssen, und zwar ohne einen Cent Refinanzierung vom Verein", skizziert Deubel die Lage. Mit dem Mietnachlass habe man „wenigstens noch Teile der Kapitalbelastung der Stadiongesellschaft als Einnahme erzielt", meint Deubel. Doch dieses Verlustgeschäft ist ein nur dünner Strohhalm, an den sich die Politik klammert.

Alles in allem wird die prekäre Abhängigkeit von der sportlichen und finanziellen Situation des Vereins, in die sich Stadt und Stadiongesellschaft mit einer wenig krisensicheren Hoffnung auf eine prosperierende Entwicklung des FCK in der ersten Liga manövriert haben, immer deutlicher. „Die Gesellschaft ist von der Zahlung der Pacht und damit der wirtschaftlichen Lage des 1. FC Kaiserslautern abhängig", heißt es in einem Beteiligungsbericht der Stadiongesellschaft. Für die Stadion-GmbH sind die Mieteinnahmen in Höhe von 3,2 Millionen Euro existenziell, um allein die Zinsen für das Darlehen, das für den Stadionkauf aufgenommen wurde, bedienen zu können. Eine Tilgung ist darin nicht einmal vorgesehen.

Die Weisung an die ADD

Doch war das „Finanzfiasko" absehbar? Wurden Risiken übersehen? Lagen Warnungen vor? Wurden sie vertuscht? Diese Fragen treten nun im Landtag auf. Denn es wurde bekannt, dass die Kommunalaufsicht (Aufsichts- und Dienstleistungsdirektion, ADD) tatsächlich entsprechende Gefahren benannt haben soll – und zwar schon vor der Gründung der Stadiongesellschaft. Gegen das Gesellschaftsmodell und die Übernahme des Stadions durch die Stadt soll die Kommunalaufsicht schwerwiegende Vorbehalte deutlich gemacht haben. Im zuständigen Innenministerium trafen diese Warnungen allerdings offenbar nicht auf fruchtbaren Boden. Per Weisung wurden die Vorbehalte der ADD vom Tisch gewischt.

Diese Weisung ist nun Thema am 5. Juni 2008 beim Streit im Mainzer Parlament. Die CDU will wissen, „welchen fachlichen und politischen

Einfluss die Landesregierung auf die Errichtung der Stadiongesellschaft genommen" hat. Der Eindruck bestehe, die Beck-Regierung habe Vorbehalte der Kommunalaufsicht politisch unterdrückt, um den Stadiondeal durchzuwinken und die WM am Standort Kaiserslautern nicht zu gefährden. Rannte man sehenden Auges ins Desaster?

Selbst die Regierungsvertreter räumen die Umstände ein. Lediglich in der Bewertung gehen die Einschätzungen im Parlament zwischen Regierung und Opposition freilich auseinander. Minister Bruch verteidigt seine Linie als alternativlos. Man habe „Bedenken gewogen", doch sei letztendlich den Einwänden der ADD aus „übergeordneten Gründen des Gemeinwohls" nicht gefolgt.

Um ihr Vorgehen zu legitimieren, beschwören die Regierungsvertreter die überragende Bedeutung des Fußballs und der WM als Standortfaktor der Region. Der FCK sei Arbeitgeber, Steuerzahler und Impulsbringer für die Gastronomie. Auch bereits investierte Landesmittel drohten im Insolvenzfall des Klubs verloren zu gehen. „Vor diesem Hintergrund dürfen weder die Sanierung des Vereins noch der Ausbau des Stadions zu einem WM-Stadion in irgendeiner Weise gefährdet werden", sagt Minister Bruch rückblickend.

„Man muss einmal die Dinge zu Ende denken", mahnt Deubel. „Es ist undenkbar, dass in einer Stadt eine Sportbrache an einer solch exponierten Stelle steht und die Stadt und das Land die Schultern zucken und sagen: Das war eine Privatinsolvenz, damit haben Stadt und Land nichts zu tun." Was wäre die Konsequenz? „Nach der Insolvenz, nach dem Lizenzentzug, nachdem in Kaiserslautern kein Verein mehr in einer oberen Liga spielt, wäre es ein Skandal gewesen, dass mitten in der Stadt eine Baustelle besteht, um die sich niemand kümmert." Und nach dem Skandal käme ein weiterer: „Da es undenkbar ist, dass mitten in der Stadt an einer solch exponierten Stelle eine Baustelle verbleibt, hätten wir das Stadion zu Ende gebaut. Dann wäre der nächste Skandal gekommen: Es wird ein Stadion zu Ende gebaut, ohne dass es einen Verein gibt, der darin spielt, ohne dass darin eine Fußballweltmeisterschaft stattfindet, aber für das viele Millionen hätten ausgegeben werden müssen."

In dieser Situation sei die Weisung an die Kommunalaufsicht erfolgt. „Aus der Sicht der Stadt, des Landes und der Region wäre die Entscheidung, den FCK in die Insolvenz gehen zu lassen und eine Sportbrache herumstehen zu lassen, unverantwortlich gewesen", ist Deubel überzeugt. Es habe „nur die Alternative der Stadiongesellschaft" gegeben. „Damit wurde der Stadt zugelassen, die Stadiongesellschaft zu gründen, und der

Stadiongesellschaft wurde zugelassen, das Stadion zu übernehmen, so wie es in der Absichtserklärung von allen Beteiligten vorgesehen war."

Die ADD habe das alles nicht gesehen und lediglich „aus der isolierten Sicht ihrer Kommunalaufsichtsfunktion und des städtischen Haushalts heraus" die Risiken bewertet. „Jedem, der – ich formuliere es einmal ganz vorsichtig – nur halbwegs politisch denkt und Verantwortung für Stadt und Region trägt, musste klar sein, dass es völlig ausgeschlossen ist, dass der Verein in die Insolvenz geht."

Die Brisanz der Weisung zeigt sich nun allerdings im Nachhinein umso mehr. Spätestens als der Klub um eine Mietreduzierung bittet, treten die Risiken zutage. Schließlich brachte die Kommunalaufsicht eben solche Zweifel an dem Stadionkonstrukt an. Unter anderem befürchtete die Kommunalaufsicht zusätzliche hohe finanzielle Belastungen für den ohnehin angespannten Haushalt der Stadt. Zudem sah sie die Gefahr der Abhängigkeit der Stadiongesellschaft und der Stadt von ihrem einzigen Mieter FCK. Die Aufsichtsbehörde sei schon damals zu dem Ergebnis gekommen, „dass die Stadt Kaiserslautern nicht so leistungsfähig ist, dass sie zusätzliche Risiken übernehmen kann", muss Deubel im Parlament einräumen. Ohnehin sind die Lizenzierung eines Profiklubs und der Betrieb eines Stadions keine originären Aufgaben einer Kommune.

Eiertänze um die heilige Kuh

Allerdings gerät nicht nur die SPD-Regierung in die Defensive. Auch die Argumente der CDU-Opposition im Landtag haben einen Haken. Denn die Ausrichtung der WM war Konsens im Landesparlament. Selbst damalige CDU-Spitzenpolitiker sprachen sich einstmals geradezu euphorisch für das Fußballevent aus. Da fällt es nun schwer, im Nachgang grundsätzliche Kritik anzubringen. Außerdem weiß die CDU wohl um die Strahlkraft des Fußballs in Kaiserslautern und möchte es sich nicht mit dessen Anhängern verscherzen.

So klingt CDU-Mann Bracht stellenweise ambivalent und übertrieben pathetisch – fast als wolle er sich bei einem devoten Eiertanz um die heilige Kuh für seine Kritik schon im Vorfeld entschuldigen. „Ich will als erstes klarstellen: Wir alle in der CDU-Fraktion, zumindest fast alle, sind auch Fans des FCK. Wir haben bei den Erfolgen mitgefeiert. Wir haben bei Niederlagen mitgetrauert. Wir haben um den Klassenerhalt gezittert. Wir wissen um die wirtschaftliche und die symbolische Bedeutung des 1. FC Kaiserslautern für die Region und unser Land. Wir haben auch die WM gewollt."

Einzig die Grünen, die zwischen 2006 und 2011 nicht mehr im Landtag vertreten sind, kritisierten konsequent die WM- und Stadion-Entscheidungen. Die CDU hingegen war in Kaiserslautern sogar entscheidender WM-Akteur. CDU-Oberbürgermeister Deubig agierte in engem Zusammenwirken mit den SPD-Landesministern. Die SPD-Parlamentarier erinnern sich an diese Verquickung und stören während der Sitzung immer wieder, indem sie laut den Namen Deubigs rufen. Innenminister Bruch behauptet gar, Deubig habe ihn „gedrängt, die Weisung abzugeben".

So fällt es der CDU schwer, in der Sache eine glaubwürdige Haltung einzunehmen. Statt die WM-Entscheidung oder die Misswirtschaft beim 1. FC Kaiserslautern anzuprangern, verlagert sich die CDU also auf das Argument, die Landesregierung agiere intransparent. Bracht wendet sich direkt an Beck: „Herr Ministerpräsident, wir werfen Ihnen heute nicht vor, dass Sie gehandelt haben. Wir werfen Ihnen vor, dass Sie falsch gehandelt haben. Wir werfen Ihnen vor, dass Sie nicht nach einer rechtlich einwandfreien und wirtschaftlich tragfähigen Lösung gesucht und diese realisiert haben." Mit dem zweifelhaften Konstrukt der Stadiongesellschaft habe man lediglich „die ganze Last" auf die Stadt „abgewälzt".

Es sind gegenseitige Schuldzuweisungen und persönliche Angriffe, in die der politische Schlagabtausch im Landtag abgleitet. Eine strukturierte Lösung der Frage, wie das Geflecht zwischen FCK, Stadiongesellschaft und Stadt in ein Modell überführt werden kann, in dem das Risiko der öffentlichen Hand wieder sinkt, ist fern. Stattdessen muss Beck sich anhören, den FCK auf Kosten des Steuerzahlers zu seinem „Parteiverein" gemacht zu haben und sich nun vor der Verantwortung zu drücken.

Bracht wirft dem Ministerpräsidenten vor, einst einen „Herrn Herzog aus der Staatskanzlei als Geschäftsführer zum FCK geschickt" zu haben, um den Verein „im Sinne der Staatskanzlei zu steuern". Die Regierung Beck sei somit mitverantwortlich, „dass ein Herr Friedrich und ein Herr Wieschemann gemeinsam mit Herrn Herzog als Triumvirat installiert wurden, das mit Überheblichkeit, Selbstüberschätzung und gelegentlichem Größenwahn den FCK in den Ruin geführt hat", spielt Bracht auf die personelle Besetzung der früheren FCK-Führung an. Der tatsächliche politische Einfluss auf den Klub ist in Wirklichkeit jedoch umstritten.

Zudem habe die Landesregierung Parlament und Öffentlichkeit im Unklaren gelassen, „dass die ADD erhebliche rechtliche Bedenken, sogar Rechtsverstöße im Vertrag zur Übertragung des Stadions vom Verein auf die neu gegründete stadteigene Stadiongesellschaft festgestellt hat". Bracht spricht von „Täuschung" und bleibt bei seinem Vorwurf: „Diese Landesregierung hat Rechtsbeugung betrieben, indem sie ihre Mittelbehörde angewiesen hat, keine Bedenken wegen Rechtsverletzung zu erheben." Der CDU-Mann schließt seine Brandrede, indem er die Schuld für die Lage der SPD zuweist: „Meine Damen und Herren in der Regierung, hören Sie endlich auf, Einfluss auf diesen Verein zu nehmen! Hören Sie auf, ihn in Ihrem Interesse zu instrumentalisieren! Dann wird es dem Verein auch bald bessergehen."

Eines macht der emotionale Streit im Landtag deutlich: Politiker aller Couleur wirken mit der Sache überfordert. Eine Kette von kurzsichtigen politischen Entscheidungen, die auf der fehlerhaften Prämisse eines soliden Managements und einer sportlichen Stabilität beim FCK beruhte, hat die Stadt und ihre Stadiongesellschaft in eine unheilvolle Situation der Abhängigkeit manövriert. Das große politische Ziel, den FCK zu sanieren, um die WM zu halten, erschlug vernünftige Einwendungen. Doch keine der getroffenen Maßnahmen sorgte für langfristige Perspektiven und stabile Strukturen, sondern war immer nur eine kostspielige Symptombehandlung von kurzer Dauer mit der Hoffnung auf neuen fußballerischen Glanz. Dieses Muster soll auch zukünftig das Verhältnis zwischen dem Verein und der öffentlichen Hand prägen.

KAPITEL VIER

Fritz-Walter-Stadl II – Possenspiel im Stadtrat

„In den Händen des Fußballgotts"

Vorausgegangen war der hitzigen Debatte im Landtag am 5. Juni 2008 eine nicht weniger emotional diskutierte Entscheidung im Kaiserslauterer Stadtrat. Es ging darum, dass der FCK behauptete, Schwierigkeiten bei der Zahlung seiner jährlichen Stadionpacht zu haben. Also wurde über die Höhe der Miete und eine mögliche Pachtreduzierung verhandelt. Die Verhandlungen zogen sich über mehrere Monate und mündeten in einer Sitzung des Stadtrats am 21. April 2008.

Die Weichen, die dort gestellt wurden, bestimmen das Finanzverhältnis zwischen Stadt und Verein nachhaltig. Der Stadtrat entschied über eine Senkung der Stadionpacht in Höhe von mehreren Millionen Euro. Dafür erhielt die Stadt vom Verein jeweils Besserungsscheine, also das Versprechen auf Rückzahlung der gestundeten Summen, wenn es dem Klub einmal bessergehen sollte. Die Kommune, die ihren Verein erst wenige Jahre zuvor mit dem Stadionkauf rettete, kam dem FCK abermals entgegen.

Doch wie soll die Mietsenkung funktionieren? Schließlich gelingt es der Stadiongesellschaft gerade, mit den Mieteinnahmen vom FCK die Zinszahlungen für die Kredite zu leisten, die zum Kauf der Arena nötig waren, und ihre laufenden Kosten zu decken. An eine Tilgung ist dabei nicht einmal gedacht. Und um eine „mögliche insolvenzrechtliche Überschuldung der Gesellschaft abzuwenden", die aus jährlichen Abschreibungen auf die Immobilie entstehen könnte, muss sich die Stadt mit einer Patronatserklärung dazu verpflichten, für diese Abschreibungsbeträge geradezustehen. Ist es da überhaupt möglich, dem FCK in Sachen Miete entgegenzukommen?

Am 4. Dezember 2007 war das Schreiben des 1. FC Kaiserslautern, mit dem er die Reduzierung der Miete beantragt, bei der Stadiongesellschaft eingegangen. Der FCK befand sich zu diesem Zeitpunkt sportlich im freien Fall Richtung dritte Liga. Kann es sich die Stadtpolitik da erlauben, mit einer Mietsenkung noch weiter ins unkalkulierbare Risiko zu gehen, ohne zu wissen, in welcher Klasse der Verein in der nächsten Saison spielt? Oder ist sie nicht vielmehr in der Pflicht, dem Klub, ihrem Markenträger und Identifikationsfaktor, erneut zu helfen? Und was würde ein weiterer Finanzcrash beim FCK für die Stadiongesellschaft und deren Millionenverpflichtungen bedeuten?

Der sportliche Niedergang des FCK macht nun, zwei Jahre nach der Ausrichtung der Fußballweltmeisterschaft, das ganze Dilemma deutlich, in das sich die Kommune mit dem Stadionkauf und vor allem mit der schwelenden Kreditlast manövriert hat. In einem Beteiligungsbericht der Stadion-GmbH ist zu lesen, dass Verein und Stadiongesellschaft eine „Symbiose" bildeten. „Die weitere Entwicklung der Gesellschaft ist nach wie vor an den wirtschaftlichen Erfolg des 1. FC Kaiserslautern geknüpft. Nur wenn es dem Verein gelingt, sportlich in der Ersten Fußball-Bundesliga zu verbleiben, wird sich erst ein nachhaltiger wirtschaftlicher Erfolg einstellen." Die Stadiongesellschaft liegt also ganz in den Händen des Fußballgottes.

Im Stadtrat wird das Thema am 7. März 2008 besprochen. Offiziell bittet die Stadiongesellschaft um eine Kapitalzuführung in Höhe von 1,4 Millionen Euro aus dem städtischen Haushalt. So soll die Mietreduzierung finanziert werden. Am 21. April 2008 entscheidet der Stadtrat über diesen Vorschlag.

„Der Fluch der bösen Tat"

Benno Feth ist bekannt dafür, Klartext zu sprechen. An diesem Tag zitiert er Friedrich Schiller. „Das ist eben der Fluch der bösen Tat, dass sie fortzeugend immer Böses muss gebären." Feth ist ein Urgestein im Lauterer Stadtrat. Der ehemalige CDU-Mann führt nun die Freie Bürger Union (FBU), eine bürgerliche Splitterpartei, an. Als am 21. April 2008 im Stadtparlament die Beschlussfassung in Sachen Stadionmiete auf der Tagesordnung steht, macht er aus seinem Unmut keinen Hehl. „Es geht um die Übernahme des Stadions durch die Stadt, um die Gründung der Stadiongesellschaft, und es geht um das Festhalten an der Ausrichtung der Weltmeisterschaft. Es geht um alles, was wir uns nicht leisten konnten und was jetzt überdeutlich wird. Katzenjammer jetzt allerorten."

Feth spannt den Bogen bis ins Jahr 2003, als die Stadiongesellschaft zur Sanierung des FCK gegründet wurde. „Ein Konkurs des FCK damals wäre ein sauberer Schnitt gewesen. So hat man weiter vor sich hingepfuscht, Geld ist regelrecht verbrannt worden." Der Lokalpolitiker kommt in Fahrt. „Viele haben sich als Retter berufen gefühlt: Glücksritter, Wichtigtuer, entlassene Manager, abgehalfterte Politiker." Und heute? „Die böse Tat, die falsche Entscheidung, verfolgt uns, hat uns eingeholt, und zwar mit voller Wucht."

Als der Stadtrat über die Mietsenkung diskutiert, ist mit Stefan Kuntz gerade ein neuer Mann beim 1. FC Kaiserslautern an die Führung gekommen, der mit „Herzblut" die Region begeistert. Auf den Europameister von 1996 setzen die Stadtpolitiker ihre Hoffnung. „Wir müssen Vertrauen in die neue Führung haben, hoffentlich werden wir nicht wieder enttäuscht! Professionelles Management ist unverzichtbar, damit sich die Dinge noch zum Positiven wenden", sagt Feth. Ob Kuntz dafür der Richtige ist?

Die neuerlichen Millionensummen, die zur Unterstützung des Vereins in Rede stehen, sind dem Stadtpolitiker unheimlich. „Hier und heute soll der Rat wieder etwas richten, etwas abnicken, was uns andere leichtfertig bis kriminell eingebrockt haben. Absegnen unter Zeitdruck – wir kennen die Drohkulisse", ruft er. „Wenn die Stadt schon zahlen soll, dann hat sie auch das Recht, Kontrolle auszuüben! Das blinde Vertrauen ist dahin. Es muss gestern gewesen sein, dass einige nach Gutherrenmanier agieren konnten." Doch selbst Feth und die FBU erliegen dem Glauben an den Fußballgott. Gemeinsam mit der Mehrheit im Stadtrat stimmen sie der Beschlussvorlage zu.

Das Modell sieht so aus: Für die Pachtreduzierung in Höhe von 1,4 Millionen Euro erhält die Stadt einen Besserungsschein mit Rückzahlungsversprechen. Die Pachtreduzierung bezieht sich auf die Spielzeit 2007/08. Nach dem sensationellen Saisonausgang, bei dem der FCK buchstäblich am letzten Spieltag den Abstieg in die dritte Liga abwenden konnte, beschäftigt sich der Stadtrat am 16. Juni 2008 erneut mit der Sache. Und stimmt einer zweiten Pachtreduzierung unter gleichen Modalitäten für die anschließende Saison 2008/09 zu. Weitere folgen.

5,3 Millionen Euro auf Besserungsschein

Im Weltbild vieler Kaiserslauterer kann der Abstieg des großen Traditionsvereins nur ein Ausrutscher sein. Schließlich ist der FCK Gründungsmitglied der Bundesliga. Dort gehört er hin. Ebenso sympathisieren die meisten Entscheider im Lokalparlament mit dem bedeutenden Verein und Markenträger der Stadt. Wer will sich schon als dessen Totengräber brandmarken lassen? Anstatt sich gedanklich der Realität anzupassen, setzt man auch im Stadtrat alles auf den Wiederaufstieg.

Doch mit jeder politischen Entscheidung, die nicht durch einen Aufstieg gekrönt wird, und mit jedem Besserungsschein, der für eine Mietreduzierung ausgegeben wird, wächst der Einsatz um Millionensummen. Es türmen sich die Mietschulden auf. Nur: Was geschieht mit den Besserungsscheinen und all den offenen Millionenversprechen, wenn es mit dem Aufstieg nicht klappt? Offen diskutiert die Frage kaum einer. Über Parteigrenzen hinweg gibt es sogar einzelne Absprachen, das Thema der Stadionmiete aus Wahlkämpfen herauszuhalten.

Bis 2012 summieren sich die Pachtreduzierungen auf 5,3 Millionen Euro. Dafür erhält die Stadt einen Besserungsschein nach dem anderen. Zurückzuzahlen ist das Geld in unbestimmter Zeit also erst dann, wenn der FCK finanziell besser dastehen sollte. Zu den 5,3 Millionen Euro kommen außerdem Pachtzinsstundungen in Höhe von zusammen 1,2 Millionen Euro. Dieses Geld muss ab dem 1. Juli 2012 in Raten an die Stadiongesellschaft zurückgegeben werden.

Die Pachtreduzierungen setzen sich folgendermaßen zusammen:

- Für die Saison 2007/08 wird die Pacht um 1,4 Millionen Euro „gegen Besserungsschein" reduziert.
- Für die Saison 2008/09 wird die Pacht um 1,4 Millionen Euro „gegen Besserungsschein" reduziert.
- Für die Saison 2009/10 wird die Pacht um 1,3 Millionen Euro „gegen Besserungsschein" reduziert.
- Für die Saison 2010/11 wird die Pacht um 1,2 Millionen Euro „gegen Besserungsschein" reduziert.
- Für die Saison 2011/12 war ebenfalls eine Pachtreduzierung von 1,2 Millionen Euro vorgesehen, allerdings nur in der zweiten Liga. Aufgrund des zwischenzeitlichen Aufstiegs entfiel diese Regelung.
- Darüber hinaus wurde für die Spielzeiten 2010/11 und 2011/12 jeweils eine Pachtzinsstundung in Höhe von 600.000 Euro gewährt. Diese beiden Pachtzinsstundungen zusammen ergeben 1,2 Millionen Euro. Das Geld ist ab dem 1. Juli 2012 in Raten à 100.000 Euro zurückzuzahlen.

Die Stadt schießt die Mittel, die für die Pachtminderungen nötig sind, der Stadiongesellschaft zu. Aber ob das ganze Geld je wieder in den öffentlichen Haushalt zurückfließt? Wie nachhaltig sind diese Vereinbarungen?

Zeichen in Millionenhöhe

Wenn es nach der Vereinsführung geht, sind die Steuergelder beim Klub bestens aufgehoben. Um das argumentativ zu unterfüttern, beauftragt der 1. FC Kaiserslautern sogar an der Johannes-Gutenberg-Universität Mainz eine Studie. Auch FCK-Aufsichtsratsmitglied Gerhard Steinebach, Professor und Inhaber des Lehrstuhls Stadtplanung an der Technischen Universität Kaiserslautern, klinkt sich kurzerhand ein und publiziert eine Schrift zu den „Ökonomischen Auswirkungen und Imageeffekten des 1. FC Kaiserslautern für die Stadt Kaiserslautern".

Die Untersuchung umfasst allerdings gerade nicht oder nur bedingt eine Gewichtung der fußballspezifischen Aufwendungen der öffentlichen Hand – vom Stadionkauf und den Mietausfällen über Maßnahmen zum Ausbau der Verkehrswege und zusätzliche Belastungen der öffentlichen Infrastruktur bis hin zum Polizei- und Sicherheitseinsatz an Spieltagen. Vielmehr liegt der Fokus auf den unbestrittenen Impulskräften, die der Fußball in der Region freisetzt.

Natürlich gibt es Profiteure am Besucheraufkommen, und deren wissenschaftliche Betrachtung mag lohnend sein. Doch gleichzeitig berichten mir auch Händler bestimmter Branchen – etwa Mode oder Haushaltswaren – aus der Fußgängerzone, dass ihre Umsätze an Spieltagen rückläufig seien, da gerade einige ihrer Kunden die hohe Frequenz in der City an FCK-Spielen mieden. Ebenso scheiterte 2010 die Idee von Einzelhandel und Gastronomie, die Fußballfans per Park and Ride zwischen Innenstadt und Stadion zum Shoppen und Klönen zu bewegen. Und Sonderverkaufsöffnungen während der WM 2006 erwiesen sich teils als zu aufwendig und unrentabel. Derartige Erfahrungen dürften dazu geeignet sein, die zweifellos vorhandenen wirtschaftlichen Impulskräfte zu relativieren. Eine solche Differenzierung wäre überdies nötig, wollte man die Erkenntnisse der Studie argumentativ in der Diskussion um den Einsatz öffentlicher Mittel nutzen.

Doch dies bleibt aus. Dass das Ergebnis der vom Verein beauftragten und auf der eigenen Webseite propagierten Analyse den Klubverantwortlichen hingegen zupasskommt, ist nicht allzu überraschend: „Eine unabhängige Studie der Universität Mainz hat den ökonomischen Wert des 1. FC Kaiserslautern für die Region dokumentiert und die wirtschaftliche Bedeutung auf jährlich 18 Millionen Euro beziffert", sagt Vorstand Stefan Kuntz. Es sei damit belegt, dass „der 1. FC Kaiserslautern mit einem Jahresumsatz von 26 Millionen Euro ein mittelständischer Betrieb und Arbeitgeber in der Region ist". Der Verein bringe nicht nur 18 Millionen Euro und zwischen 500.000 und 600.000 Menschen pro Jahr nach Kaiserslautern. „Er gilt außerdem als weicher Standortfaktor, der das Sport- und Freizeitangebot der Region entscheidend prägt. Die reiche Fußballtradition des Vereins gilt nach außen als ein Aushängeschild der ganzen Region und strahlt zugleich nach innen einen mentalen Wert, eine Integrationskraft aus, schafft Identität."

In diesem Tenor sieht Kuntz die Unterstützung durch die öffentliche Hand als gerechtfertigt an. „Grundsätzlich gibt es wohl keinen Profiverein in Deutschland, der nicht durch städtische Tochterunternehmen oder eine Stadt unterstützt wird", behauptet er. Hier sehe er beim FCK durchaus noch Potenzial, etwa was das Sponsoring kommunaler Unternehmen wie Sparkassen oder Stadtwerke angehe. Aber hatten Stadt und Land nicht gerade erst den Verein durch den Stadionkauf gerettet? Würde das Sponsoring eines Unternehmens mit öffentlicher Beteiligung nicht auch zumindest indirekt einen Einsatz öffentlicher Mittel bedeuten? Und ist mit den Pfalzwerken, einem Energieversorger, der unter Beteiligung des Bezirksverbandes Pfalz steht, nicht längst ein von allen pfälzischen Kommunen getragener Player einer der größeren Sponsoren? Gehört Lotto nicht in weiterem Sinn zur öffentlichen Hand?

„Was die Frage nach der Stadionmiete angeht, ist daran zu erinnern, dass die aktuelle Situation inklusive Stadionumbau aus der Planungsphase zur Fußballweltmeisterschaft resultiert. Damals wollten alle Parteien, die Stadt, das Land und auch der Verein das Sportereignis in Kaiserslautern verankern", sagt Kuntz und leitet davon eine gemeinsame Verantwortung ab. „Alle haben davon profitiert. Doch alle haben auch den Fall eines Abstieges in die 2. Bundesliga nicht einkalkuliert. So ist nun aus der Entscheidung aller letztendlich dem Verein im sportlichen Wettkampf ein Wettbewerbsnachteil entstanden." Derjenige, der am meisten unter der WM leide, sei der FCK.

Ihre Rettungstat wird den Rettern nun also zum Verhängnis, weil der Gerettete sie in die Verantwortung für seine weitere Entwicklung nimmt. Und mit den Millionenschulden der Stadiongesellschaft, die von ihrem einzigen Mieter FCK abhängig ist, kann sich die Stadt dieser Verantwortung kaum entziehen. Kuntz weist außerdem darauf hin, dass der FCK ins städtische Stadion investiert habe. Als wir das Interview 2010 führen, geht es gerade wieder um eine Mietreduzierung. Obwohl der Stadtrat am Ende der Debatte erneut ein Entgegenkommen beschlossen hat, ist Kuntz damit nicht zufrieden. Es ist ihm zu wenig.

Eine Betriebsprüfung der Jahre 2000 bis 2003 habe gegenüber dem FCK „eine überraschend hohe Forderung" festgestellt, erklärt Kuntz sein Ansinnen. Es geht um einen Betrag von über drei Millionen Euro. „Daher haben wir eine Mietreduzierung in Höhe von zwei Millionen Euro angeregt." Kuntz mokiert sich: „Schließlich kam es zu einer Absichtserklärung der Fraktionsvorsitzenden der drei großen Parteien im Stadtrat, auf deren Basis wir mit einer um 1,8 Millionen Euro reduzierten Stadionmiete an der erfolgreichen Zukunft des Vereins hätten weiterarbeiten können." Am Ende wurden aber „nur" 1,2 Millionen Euro gegen Besserungsschein reduziert und 600.000 Euro gestundet, die zu einem bestimmten Zeitpunkt zurückzuzahlen sind.

Kuntz zeigt sich davon „enttäuscht, weil eine Chance vertan wurde, ein tolles Zeichen zu setzen". Ob es Aufgabe des Stadtrats ist, Zeichen in Millionenhöhe zu setzen, mag dahinstehen. „Wir haben die Möglichkeit, ein großes Ziel zu erreichen, was unsere junge Mannschaft ohne Hilfe von außen nicht schaffen kann", sagt Kuntz. „Ein solches Zeichen hätte auch gutgetan, weil es eben nicht aus der typischen Fangemeinde gekommen wäre, sondern ein Zeichen der Solidarität gewesen wäre." Nun rutsche man tiefer in die bilanzielle Überschuldung – schuld daran sei die „überraschende Entscheidung" des Stadtrats.

Gleichzeitig will Kuntz dem „Eindruck entgegenwirken, dass eine Reduzierung der Stadionmiete eine Unterstützung zu Lasten der Steuerzahler wäre". Es bestehe eine „grundsätzliche Problematik, dass der FCK für ein überdimensioniertes Stadion wesentlich zu hohe Pacht- und Betriebskosten abführt". Aber ist diese Situation letztlich nicht selbstverschuldet?

So schimmert hier eine merkwürdige Anspruchshaltung durch. Als verstehe man beim Verein die finanzielle Unterstützung durch Stadt und Land als Selbstverständlichkeit. Das klingt nicht nur nach einem fragwürdigen Verständnis vom Steuermitteleinsatz, sondern zeugt von geringer Wertschätzung des Engagements der öffentlichen Hand zur Rettung des Vereins wenige Jahre zuvor. Wie soll mit dieser Haltung ein tragfähiges Stadionmodell jemals seriös erarbeitet werden? Wie soll das Geld aus den Besserungsscheinen dem Steuerzahler jemals wieder zurückgegeben werden?

„Das Papier nicht wert, auf dem sie gedruckt wurden"

An der Beantwortung letzterer Frage versucht sich der Stadtrat im Frühjahr 2012. 5,3 Millionen Euro „auf Besserungsschein" reduzierte Stadionpacht, 1,2 Millionen Euro offene Mietstundung – dieser Schuldenberg hat sich bis dahin angehäuft.

Irgendwann wird man an eine Rückzahlung denken müssen, schließlich kann die Stadt nicht jede Saison einen neuen Besserungsschein ausstellen. Aber sie wird ihr Geld wohl nicht wiedersehen. Denn: „Besserungsscheine sind im Wirtschaftsleben in aller Regel Zahlungsversprechen, die das Papier nicht wert sind, auf das sie gedruckt wurden. Das können Ihnen Wirtschaftsprüfer und Bankfachleute bestätigen." Ich reibe mir erstaunt die Augen, als ich diese Zeilen lese. Das Zitat stammt wörtlich aus einer schriftlichen Korrespondenz mit den Geschäftsführern der Stadiongesellschaft.

Da bleiben zwei Alternativen: Entweder war von vorneherein schon klar, dass das Geld nie in die Stadtkasse wird zurückfließen können, und man versuchte, mit hoffnungsvollen Besserungsversprechen die Politiker im Stadtrat zu einer positiven Abstimmung zu bewegen. Oder innerhalb weniger Jahre der Geschäftsbeziehung zum 1. FC Kaiserslautern reifte die Erkenntnis, dass der FCK überhaupt nicht gewillt sei, seine Mietschulden jemals zurückzuzahlen. Wie auch immer: Beide Fälle werfen weder ein gutes Licht auf die Weitsicht der Entscheidungsträger in städtischen Gremien noch auf die Seriosität ihres Mieters FCK.

Spätestens jetzt, mit dieser Erkenntnis, dass die Besserungsscheine ihr Papier nicht wert sind, hätte man von Stadt und Stadiongesellschaft das Geschäftsgebaren des FCK-Vorstandsduos kritisch hinterfragen und gegebenenfalls gegenlenken müssen. Spätestens jetzt hätte man transparent darüber diskutieren müssen, welche Anstrengungen die Stadt noch bereit ist zu erbringen, um ihren Klub weiterhin zu unterstützen, oder ob die Kommune nicht schon längst die Grenzen des Vernünftigen überschritten hat.

Doch nichts von alledem geschieht. Stattdessen verhandelt man erneut um weitere Hilfen. Das Ergebnis ist ein recht verwirrendes und letztendlich ziemlich intransparentes Verrechnungsmodell, mit dem die Besserungsscheine „abgegolten" werden sollen. Für die Stadtkasse bedeutet dies in Wirklichkeit, dass eine Rückzahlung des meisten Geldes schlichtweg nicht stattfindet.

Nicht kurios genug: Sogar zur offiziellen Begründung dieses Modells wird ernsthaft angeführt, dass „der 1. FC Kaiserslautern eine Bilanzpolitik betreiben könnte, die für die Stadiongesellschaft negativ wäre. Es ist nämlich durchaus denkbar, dass der Verein seine Bilanz korrekterweise so gestaltet, dass Bilanzüberschüsse mit den damit verbundenen Rückzahlungen auf die Besserungsscheine nicht eintreten." Die Stadt könne froh sein, überhaupt in irgendeiner Weise zur Abgeltung der Zahlungsversprechen zu kommen. Das ist ein schwacher Trost, der im Übrigen nichts mit einer seriösen Bilanzpolitik und einer vertrauensvollen Geschäftsbeziehung zu tun hat.

„Bei dem Abgeltungsmodell zu den Besserungsscheinen ist zu berücksichtigen, dass der 1. FC Kaiserslautern die Besserungsscheine bedient, obwohl er vertraglich dazu nicht verpflichtet ist, weil die vereinbarten Voraussetzungen noch nicht vorliegen", heißt es in der

Beschlussvorlage des Stadtrats. Der Eintritt dieser Zahlungsverpflichtungen sei auch nicht absehbar, da der Klub „in die Zweite Fußball-Bundesliga absteigt und danach finanziell zu Zahlungen auf die Besserungsscheine voraussichtlich nicht mehr in der Lage ist". Dies alles liest sich wie das Eingeständnis einer langen Fehlerkette, die darin mündet, dass der Verein seine Schulden überhaupt nicht bezahlen kann oder will. Die verzweifelte Lokalpolitik ist dessen Geschäftsgebaren auf Gedeih und Verderb ausliefert.

Die Ablösung der Besserungsscheine

Am 7. Mai 2012 steht im Stadtrat die Entscheidung über den weiteren Umgang mit den Besserungsscheinen auf der Tagesordnung. Das Stadtparlament berät über das „Modell des 1. FC Kaiserslautern zur Ablösung der Besserungsscheine im Gesamtwert von 5,3 Millionen Euro". Verkauft wird dieses Abgeltungsmodell als intelligente Lösung. „Die Stadiongesellschaft ist froh darüber, Zahlungen aus den Papieren zu erhalten und werterhöhende Investitionen in das Stadion damit verrechnen zu können, obwohl ihr eine Leistung daraus nicht zusteht", erklärt ein Geschäftsführer der Stadiongesellschaft schriftlich.

Doch wie will der Verein, der in den vergangenen Jahren seine Miete nicht aufbringen konnte, nun ausgerechnet im Abstiegsjahr seine Schulden tilgen? Sollte es dem Klub etwa plötzlich so viel „besser" gehen? Woher kommt das Geld? Die Antwort zeigt sich mit Blick auf die Abgeltungsvorschläge, die im Stadtrat auf dem Tisch liegen: Zu einem großen Teil geht es überhaupt gar nicht darum, die Schulden mit Geld zurückzuzahlen. Vielmehr soll ein Großteil der Mietreduzierungen verrechnet werden. Mit Investitionen, die der FCK irgendwann einmal angeblich ins Stadion getätigt haben will. Um welche Investitionen es sich konkret handelt, ist bis heute auf mehrfache Nachfrage bei Stadt und Verein aber nicht herauszubringen. Genannt werden lediglich Allgemeinplätze wie „Gastronomie", „Fanshop" oder „Geschäftsräume".

Außerdem wird zeitgleich mit dem Abgeltungsmodell zweitens beschlossen, dass die beiden Pachtzinsstundungen in Höhe von zusammen 1,2 Millionen Euro auf Antrag des FCK hin um zwei Jahre verlängert werden. Das Geld soll erst am 30. Juni 2014 zurückgezahlt werden. „Beide Maßnahmen entsprechen den Forderungen der Deutschen Fußball Liga im Zusammenhang mit der dem 1. FC Kaiserslautern zwischenzeitlich erteilten Lizenz für die Zweite Fußball-Bundesliga", heißt es in der offiziellen Beschlussvorlage. Der Steuerzahler sorgt also für die Ligalizenz des FCK.

Derweil ist das Verrechnungsmodell der Besserungsscheine so kompliziert, dass mir selbst mancher Stadtpolitiker sagt, dessen Auswirkungen auf die Bilanz der Stadiongesellschaft in der zeitlichen Kürze überhaupt nicht vollends erfassen können zu haben. Die Hin-und-her-Verrechnung läuft über verschiedene Bilanzposten, sodass am Ende in der öffentlichen Diskussion der Eindruck erzeugt wird, man stelle den Besserungsscheinen werthaltige Investitionen des Vereins ins Stadion entgegen. Der Vorgang lässt sich aber auch so interpretieren, dass die Stadt das Geld der Mietreduzierungen nicht zurückbekommt, sondern der Mietnachlass mit einem komplizierten Verrechnungsmodell kaschiert wird.

In der offiziellen Beschlussvorlage im Stadtrat ist das Verrechnungsmodell folgendermaßen dargestellt:

Obwohl die Voraussetzungen für eine Rückzahlung der Pachtzinsausfälle aufgrund der Besserungsscheine zur Zeit weder ganz noch teilweise gegeben sind, will der 1. FC Kaiserslautern seine zukünftigen Verpflichtungen aus den Besserungsscheinen ablösen und schlägt zu diesem Zweck folgendes Abgeltungsmodell vor, das durch den Aufsichtsrat der Stadiongesellschaft modifiziert wurde:

1. Der Verein hat nach dem Stadionausbau 2006 auf eigene Rechnung in das Stadion und dessen Umfeld 3,4 Millionen Euro investiert. (Gastronomie, Rasenplatz, Fan-Shop-West, Geschäftsräume, Kartenservice, Clublounge, Kioske etc.). Von diesen Investitionskosten werden letzlich 1,8 Millionen Euro werterhöhend angerechnet.

2. Der 1. FC Kaiserslautern beabsichtigt, ein Energiesparprogramm für das Fritz-Walter-Stadion aufzulegen und dafür die Summe von 0,5 Millionen Euro in Energiesparmaßnahmen zu investieren. Die Summe ist nach den Ausführungen des Vereins bei den Besserungsscheinen zu berücksichtigen. Wird der Betrag von 0,5 Millionen Euro nicht bis zum 30. Juni 2013 für den vorgenannten Zweck investiert, so ist er als Geldzahlung an die Stadiongesellschaft zu entrichten.

3. Weiterhin beabsichtigt der 1. FCK, einen Betrag in Höhe von 1 Million Euro als Geldzahlung auf die Besserungsscheine im dritten Quartal 2012 zu leisten.

4. Darüber hinaus erklärt sich der 1. FCK bereit, der Stadiongesellschaft eine weitere Geldzahlung in Höhe von 0,5 Millionen Euro einzuräumen. Der Betrag ist nach Wiederaufstieg in die Erste Bundesliga zu zahlen, und zwar im zweiten Jahr der Zugehörigkeit zur Ersten Bundesliga.

5. Damit sollen aus den vorgenannten Positionen insgesamt 3,8 Millionen Euro auf die Besserungsscheine angerechnet werden.

6. Die Differenz zwischen 3,8 Millionen Euro und 5,3 Millionen Euro, nämlich 1,5 Millionen Euro, bleibt als Forderung aus den Besserungsscheinen bestehen und kann vom Verein auf künftige Investitionen angerechnet werden, soweit diese nach Prüfung als werthaltig anerkannt sind.

Sollte der Verein keine Investitionen tätigen, so ist nach drei Jahren Zugehörigkeit zur Ersten Bundesliga der Betrag in drei Jahresraten zu je 500.000 Euro zu zahlen. Voraussetzung ist ebenfalls die Zugehörigkeit zur Ersten Bundesliga.

Zusammengefasst: Mit den 5,3 Millionen Euro aus den Besserungsscheinen werden Investitionen in Höhe von 1,8 Millionen Euro, die der FCK angeblich ins Stadion getätigt hat, verrechnet. Zweitens wird ein Energiesparprogramm in Höhe von 500.000 Euro anerkannt, das zum Zeitpunkt der Verrechnung jedoch noch nicht realisiert ist. Drittens zahlt der FCK eine Million Euro. Viertens zahlt der FCK weitere 500.000 Euro – allerdings erst, wenn er in die erste Liga aufgestiegen ist, und dann im zweiten Jahr. Übrig bleiben Besserungsscheine in Höhe von 1,5 Millionen Euro, die entweder mit zukünftigen Investitionen ins Stadion zu verrechnen sind oder die zurückgezahlt werden müssen, und zwar bei Wiederaufstieg in die erste Liga nach drei Jahren in Jahresraten zu 500.000 Euro.

Ungereimtheiten und Zweifel

Das Abgeltungsmodell wirft viele Zweifel auf. Ein Großteil davon hat trotz mehrfacher Anfragen an Stadt und Stadiongesellschaft bis heute Bestand. Vor allem ist völlig unklar, in welche Stadionbauten der FCK konkret investiert haben will. Auf Nachfrage kommt lediglich die Antwort, dass es sich um werthaltige und geprüfte Maßnahmen handele. Nur welche? Es bleibt der Eindruck, dass eine öffentliche Diskussion über die Verrechnungen tunlichst vermieden werden soll.

Sogar der Trierer Kommunalaufsicht ADD ist das Thema unbehaglich. Auf eine Anfrage heißt es, man sehe „Aufklärungsbedarf" und habe daher die Stadt angeschrieben. Außerdem will die ADD wissen: „Soweit sich die Verrechnung von getätigten Investitionen als tragfähig erweisen sollte, stellt sich natürlich die Frage, inwieweit nicht eine Anpassung des Pachtzinses erforderlich ist, da das Pachtobjekt eine für den Nutzer vorteilhafte Wertsteigerung erfahren hat."

Über allem steht die Frage: Welchen Nutzen hat die Stadt überhaupt von dem Verrechnungsmodell? Wenn Pachtreduzierungen mit angeblichen Bauten im Stadion verrechnet werden und diese Bauten später bilanziellen Abschreibungen unterliegen – werden die Mietschulden dann somit nicht schlichtweg auch abgeschrieben? Welcher Vermieter würde sich im regulären Wirtschaftsleben auf solch eine für ihn unvorteilhafte Abrede einlassen? Wieso verzichtet die Stadt auf faktisch vereinbarte Zahlungsversprechen, indem sie Verrechnungstricks anwendet? Und wieso sollen aktuelle Pachtreduzierungen nachträglich mit irgendwelchen Bauten verrechnet werden, die in der Vergangenheit unter völlig anderen Vorzeichen stattfanden?

Das Abgeltungsmodell birgt zahlreiche Ungereimtheiten. Grotesk klingt etwa in der Beschlussvorlage die Begründung des Modells im Zusammenhang mit den 1,5 Millionen Euro, die der Verein tatsächlich an die Stadiongesellschaft zahlt. Diese Zahlung versetze, so heißt es in den offiziellen Papieren, „die Stadiongesellschaft in die Lage, bereits jetzt über Gelder zu verfügen, deren Eingang für die Zukunft völlig ungewiss ist. Regelmäßige Zinseinnahmen aus den Geldzahlungen von 1,5 Millionen Euro könnten zu einem verbesserten Status der Stadiongesellschaft beitragen und die Rückzahlungen des Darlehens in Höhe von 65 Millionen Euro erleichtern." Das hört sich verzweifelt an: Wie sollen Zinseinnahmen aus einer 1,5-Millionen-Euro-Anlage maßgeblich dazu beitragen, dass ein Darlehen in Höhe von 65 Millionen Euro bedient werden kann?

Ohnehin ist überraschend, dass nun ausgerechnet Investitionen des Vereins ins Fritz-Walter-Stadion mietmindernd angerechnet werden, obwohl dieser sich in der Vergangenheit nicht besonders investitionsfreudig zeigte. So erhielt der Verein gerade, resultierend aus der Zeit des Stadionverkaufs, noch die Gelder eines sogenannten Verkäuferdarlehens in Höhe von rund 2,8 Millionen Euro von der Stadt ausgezahlt, zu großen Teilen zweckgebunden zur Investition ins Stadion und in das Nachwuchsleistungszentrum (NLZ). Sichtbare Investitionen sind mit diesen Geldern allerdings bis dato nicht umgesetzt worden.

Ebenso habe ich vom Vorstoß eines Handwerkernetzwerks erfahren, einen noch unfertigen Logenturm im Stadion auszubauen – als Kompensation wollten die Handwerker den Turm vorübergehend nutzen. So hätte sich der Stadionwert erhöht, ohne dass es den Steuerzahler oder den Klub finanziell besonders belastet hätte. Das Geschäft allerdings platzte – vor allem weil der Verein die Vermarktbarkeit der Loge in der 2. Bundesliga bezweifelte, erklärte mir Finanzvorstand Grünewalt schriftlich seine Abwehrhaltung. So ließ man sich das kostengünstige Engagement regionaler Handwerksbetriebe entgehen. Wieso das, wenn man an anderer Stelle doch behauptet, ins Stadion baulich investiert zu haben und dies weiter tun zu wollen?

Diese und weitere Unklarheiten durchziehen das Abgeltungsmodell. Neue Irritationen treten sogar noch einige Zeit später zutage, nachdem das Modell im Stadtrat längst beschlossen wurde. Im Juli 2012 teilt mir die Stadiongesellschaft auf Anfrage mit, dass die Anerkennung der mit den Besserungsscheinen verrechneten Baumaßnahmen erst durch einen Wirtschaftsprüfer bestätigt werden müsse. Ein Ergebnis dieser Prüfung liege noch nicht vor. Doch wenn folglich im Juli 2012 noch überhaupt nicht final geprüft ist, ob das Verrechnungsmodell tatsächlich in Summe tragfähig sein würde – wie können die Stadtpolitiker dann zuvor im Mai 2012 darüber einen Beschluss fassen, der letztlich bei der Lizenzvergabe durch die DFL eine Rolle spielt?

Der Stadtrat stimmt also im Mai 2012 dem Abgeltungsmodell zu – bei neun Gegenstimmen und fünf Enthaltungen von 50 anwesenden Ratsmitgliedern. Zwei Parlamentarier fehlen. In der Beschlussvorlage heißt es, dass nun „der gesamte Komplex Besserungsscheine als abgeschlossen betrachtet werden kann und der beabsichtigte Kauf der Grundstücke Sportpark ‚Rote Teufel‘, Fröhnerhof, durch den 1. FCK sowie die vorgesehenen Investitionen in das Nachwuchsleistungszentrum damit nicht befrachtet beziehungsweise verknüpft werden können.“

Der FCK, der kein Geld hat, seine Miete zu bezahlen, beabsichtigt nun also sogar, Grundstücke zurückzukaufen und ins Nachwuchszentrum Fröhnerhof zu investieren? So deutet sich ein weiteres kurioses Kapitel an im unheilvollen Beziehungsgeflecht zwischen Stadt und Verein.

KAPITEL FÜNF

Die Betze-Anleihe

Ein Neuer mit Stallgeruch

„Marco Kurz ist der beste Trainer für den FCK." Die Worte des FCK-Aufsichtsratsvorsitzenden Dieter Rombach klingen noch nach. Das ist erst wenige Monate her. Natürlich ist auch Kurz-Nachfolger Krassimir Balakow nach dem Abstieg längst entlassen. Im Mai 2012 kommt dann der neue: Franco Foda. Ein weiterer „Spezi" des FCK-Vorstandsvorsitzenden Stefan Kuntz. Zusammen gewannen sie im FCK-Trikot 1990 den DFB-Pokal.

„Es ist ein gutes Omen, dass wir wieder einen Trainer mit Stallgeruch haben", sagt Aufsichtsratmitglied Ottmar Frenger bei der offiziellen Vorstellung Fodas. Der neue Trainer sei ein „Silberstreif am Horizont", ein „Hoffnungsträger", „ein Fußballfachmann aus unserem Stall, der das Betze-Feeling kennt", lobhudelt Frenger. Es wird eine „Aufbruchsstimmung" ausgerufen. Die Mission: Aufstieg in die 1. Bundesliga. Der Vertrag: zwei Jahre.

„Aufbruchsstimmung" mit einem „Hoffnungsträger": Franco Foda (zweiter von rechts) mit Stefan Kuntz, Gerald Ehrmann und Ottmar Frenger (von links).

Nach dem blamablen Abstieg aus der Bundesliga spricht man erneut vom personellen Umbruch. In der Kaderplanung lässt man sich aber erstaunlicherweise Zeit. „Wenn wir Spieler holen, müssen sie uns verbessern, das ist unser Ziel, deshalb werden wir Ruhe walten lassen", sagt der neue Coach. Gleichzeitig deutet sich eine Richtungskorrektur in Kuntz' Transferpolitik an. Hatte er in der Vergangenheit nicht selten Spieler ausgeliehen, befürchtet er nun einen Aderlass des eigenen Kaders, wenn diese Spieler zu ihren ursprünglichen Klubs zurückkehren. Also gilt: „Wir sind bemüht, dass die Spieler uns gehören." Zukünftig also eher Kauf statt Leihe.

Das Saisonziel Aufstieg sowie das Wiedersehen mit dem ehemaligen Publikumsliebling Foda, der an glänzende Zeiten erinnert, lassen kritische Stimmen leiser werden – als habe es den sportlichen Absturz nie gegeben. Die Vereinsführung weckt die Hoffnung auf neue Erfolge. Erwartungsfroh fiebern die Fans der Runde entgegen. Auch dass mit Foda zu diesem Zeitpunkt nach Kurz und Balakow, die alle mit längerfristigen Verträgen ausgestattet wurden, noch vor Anpfiff der Runde eigentlich schon der dritte Trainer für die Saison im Amt ist, trübt das allgemeine Stimmungsbild nicht.

Doch wie die Besetzung der Trainerbank werfen die weiteren Personalplanungen ähnliche Fragen auf. Nimmt man die Zugänge aus dem eigenen Nachwuchs wie Torwart Marius Müller, Hendrick Zuck oder Andrew Wooten hinzu, kommen zur Saison letztlich rund 20 Neuzugänge auf den Betzenberg. Dazu zählen der Stürmer Mohamadou Idrissou von Eintracht Frankfurt, Chris Löwe von Borussia Dortmund, Alexander Baumjohann von Schalke 04 und Markus Karl von Union Berlin. Mitchell Weiser wird von Bayern München ausgeliehen. Ähnlich viele verlassen den FCK. Mit jeder Spielzeit unter Kuntz scheint das Kommen und Gehen zuzunehmen. Im Zweitligakader des 1. FC Kaiserslautern stehen bei Saisonstart weit über 30 Spieler.

Dabei erweisen sich nicht alle Wechsel als sportlich sinnvoll, und der aufgeblähte Kader nährt Zweifel an dessen Wirtschaftlichkeit. Nach welchen Kriterien gehen Transfers vonstatten? Dazu befrage ich den Aufsichtsrat schriftlich per E-Mail. Während sich Rombach aufgrund einer Urlaubsreise nicht äußert, will auch Stellvertreter Frenger, der im Aufsichtsrat angeblich erster Ansprechpartner für sportliche Themen und Transfers ist, zur aktuellen sportlichen und finanziellen Situation keine Angaben machen. Er sehe die operative Ebene des Klubs bei derartigen Themenkomplexen in der Verantwortung. Schließlich habe man im Vorstand „gestandene Profis".

So bleiben von den obersten Vereinsverantwortlichen existenzielle Fragen bewusst unbeantwortet: Mit welchem Risiko geht der FCK in die Saison? Überlebt der Klub notfalls mehr als eine Runde in der zweiten Liga? Und gibt es eine Perspektive auch ohne einen Aufstieg 2013?

Die Betze-Anleihe und das Zukunftsmodell FCK

Es ist ein bedeutungsschwangeres Schreiben, dass der Sportvermarkter Sportfive Anfang Januar 2013 an Sponsoren und Förderer des 1. FC Kaiserslautern versendet. Darin ist die Rede von einer „Weichenstellung für die nahe und die weitere Zukunft des FCK". Etwas Großes wollen der Vorstandsvorsitzende Kuntz, Finanzvorstand Fritz Grünewalt und der Aufsichtsratsvorsitzende Rombach am Nachmittag des 29. Januar 2013 in einer „besonderen Pressekonferenz" vorstellen, zu der ein „ausgewählter Journalistenkreis" geladen ist. Ich gehöre nicht dazu.

„Einblicke in die Planungen des Vereins, die nun intensiv angegangen und zeitnah umgesetzt werden, um den FCK auch langfristig wettbewerbsfähig aufzustellen", soll es geben. Es geht um „die Zukunftsvision des FCK für das Nachwuchsleistungszentrum inklusive der geplanten Finanzierung". An diesem Tag wird das „Zukunftsmodell FCK" offiziell vorgestellt. Und die Öffentlichkeit erfährt durch auserlesene Pressevertreter erstmals etwas über die „Betze-Anleihe".

„Einmal Lautrer – Immer Lautrer." So lautet der Slogan, mit dem Rombach, Kuntz und Grünewalt vereint für das Projekt werben. Dabei scheint es auf den ersten Blick tatsächlich, als wollten die Vereinsverantwortlichen der Zukunft des Traditionsvereins eine neue Perspektive öffnen. „Sie wissen", holt Kuntz aus, „seit wir hier seit fünf Jahren zusammenarbeiten, haben wir den Verein in einer Situation übernommen, die sehr schwierig war." Er spannt den Bogen in die Historie, zum Stadionverkauf, als Stadt und Land den Klub retteten.

Kuntz kommt zur Gegenwart: „Wir haben uns Gedanken gemacht, wie es mit dem Verein weitergehen kann oder wie man so etwas eventuell vermeiden kann." Gemeint ist der Finanzcrash: „Es ist schon etwas länger her, da gab es im Verein Eigentum, sei es das Stadion oder sei es der Fröhnerhof. Damit konnte man einmal eine sehr starke Krise ausgleichen." Das Stadion wurde verkauft – „ab diesem Moment war man eigentlich nur noch vom sportlichen Ergebnis abhängig", erklärt Kuntz. Diese Abhängigkeit wolle man nun brechen.

„Fünf Jahre haben wir uns darum bemüht, den Verein wirtschaftlich auf gesunde Beine zu stellen." Dies sei nun gelungen, behauptet Kuntz. Er spricht von „positivem Eigenkapital" und „dass wir unsere Verbindlichkeiten um fast 70 Prozent runtergeschraubt haben". Finanzvorstand Grünewalt unterstreicht: „Wir haben unser Eigenkapital verbessert, wir haben positive Jahresergebnisse, wir haben eine gesunde Kostenstruktur entwickelt, und wir sind schuldenfrei." Die beiden stellen sich als Sanierer dar und zeichnen das Bild eines florierenden Klubs mit seriösem Management. „Auch haben wir in den letzten Jahren bewiesen, dass man der Vereinsführung das Geld anvertrauen kann", meint Grünewalt.

Nun sei das Ziel, den Klub langfristig stabil auszurichten, „sodass der Verein in Zukunft unabhängig ist von Personen, egal wer im Vorstand ist, egal wer im Aufsichtsrat sitzt, egal wer Trainer ist", so Kuntz. Hier kommt das „Zukunftsmodell FCK" ins Spiel: Der FCK möchte sein Trainingsgelände, den Fröhnerhof, von der Stadt zurückkaufen. Das Nachwuchsleistungszentrum soll ausgebaut und modernisiert werden. Die Logik: Eine starke Nachwuchsarbeit generiert Talente. „Gute Nachwuchsspieler helfen uns auf der einen Seite sportlich oder – wie jetzt bei Hendrick Zuck passiert – bei einem Verkauf wirtschaftlich", schreibt Kuntz. Neben der ersten Mannschaft sei eine erfolgreiche Nachwuchsarbeit ein „zweites Standbein".

Um den Ausbau des Nachwuchszentrums zu finanzieren, wird die „Betze-Anleihe" ins Leben gerufen: „Jetzt geht es darum, in einer seriösen und soliden Finanzplanung den Grundstein zu legen", stellt Finanzvorstand Grünewalt die „Drei-Säulen-Finanzierung" vor. Die erste Säule bestehe aus „Eigenkapital, das wir aus dem Verkäuferdarlehen beiseitegelegt haben". Rund 2,8 Millionen Euro hatte die Stadt dem Verein aus einem sogenannten Verkäuferdarlehen überwiesen, das noch aus der Zeit des Stadionverkaufs stammte. Das Geld floss zweckgebunden für Investitionen in Stadion und Fröhnerhof an den FCK. Nun soll es ein elementarer Baustein für die Entwicklung des Nachwuchszentrums sein.

Zweitens: „Das ergänzen wir durch die guten Ergebnisse, die wir in den letzten Jahren verzeichnen konnten." Demnach möchte der FCK einen sechsstelligen Betrag aus eigener Kraft beisteuern. „Als dritter Baustein kommt ein verzinstes Wertpapier, eine sogenannte Anleihe, dazu", erklärt Grünewalt. Die Anleihe wird mit sechs Millionen Euro aufgelegt. So sollen insgesamt über neun Millionen Euro für das Projekt Fröhnerhof zusammenkommen.

Die Betze-Anleihe hat eine Laufzeit von sechseinhalb Jahren – vom 1. Februar 2013 bis zum 31. Juli 2019. Dann müssen die sechs Millionen Euro den Anlegern zurückgezahlt werden. Der Zins liegt bei jährlich mindestens fünf Prozent und kann auf bis zu sieben Prozent anwachsen. Steigt der FCK in die erste Liga auf, kommt ein Prozent hinzu. Erreicht er im DFB-Pokal das Halbfinale, kommt ein halbes Prozent hinzu. Und haben FCK-Nachwuchsspieler mehr als 30 Einsätze in Jugendnational-mannschaften in einer Saison, gibt es ebenfalls ein halbes Prozent Bonus. „Hier sieht man eine Kombination aus einem seriösen Finanzprodukt und aus einer gewissen Fanleidenschaft", schwärmt Grünewalt.

Ebendiese Fanleidenschaft ist Teil des Konzepts. Denn mit der Zeichnung einer Betze-Anleihe erhält der Anleger eine „emotionale" Schmuckurkunde mit nostalgischen Bildern vom Vereinsidol Fritz Walter und weiteren FCK-Legenden. Einsteigen können Anleger mit 100, 500 und 1.900 Euro. Wer etwas Besonderes zeichnen will, kann 7.893 Euro investieren – der Betrag symbolisiert alle vier FCK-Meisterschafts-jahre zusammengezählt. „Wir wollen uns nicht mit irgendeiner Bank oder irgendeinem Investor in eine Abhängigkeit begeben", betont Grünewalt. Mit der Betze-Anleihe könnten sich die Fans aktiv an der Zukunftssi-cherung ihres FCK beteiligen, schwört Aufsichtsratschef Rombach ein.

Dazu zeigt ein Werbefilm mit einer beeindruckenden Animation in kontrastreichen Vorher-Nachher-Bildern des Geländes, wie „in ver-schiedenen Ausbaustufen der Grundstein für eine erfolgreiche Zukunft des FCK gelegt wird". In markigen Worten ist von „Visionen" die Rede, von „Gemeinschaftsgefühl", „Identifikation" und „optimaler Leistungs-förderung". Als „integraler Bestandteil" wird sogar der Bau einer Trai-ningshalle für die Wintermonate beschrieben. „Jederzeit perfekte Bedin-gungen" und „individuelle Förderung auf Top-Niveau" sind das Credo. Die Botschaft ist mitreißend: „Das Nachwuchsleistungszentrum ist unsere Bank für die Zukunft. Mit Ihrer Hilfe wird die Vision Realität. Zeichnen Sie jetzt die Betze-Anleihe!"

Zinsscheine auf Schmuckurkunden

Als sich der Marketingrauch legt, bleiben aber mehr Fragen als Antwor-ten: Handelt es sich beim „Zukunftsmodell FCK" tatsächlich um einen ernst gemeinten Versuch, die Abhängigkeit des Vereins und damit letzt-endlich auch des Steuerzahlers vom sportlichen Erfolg zu lösen? Findet hier tatsächlich ein Umdenken statt – hin zu mehr Nachhaltigkeit und betriebswirtschaftlicher Vernunft, weg von der fußballeuphorisierten Hoffnung auf kurzfristigen Erfolg mit Aufstieg in die Bundesliga? Oder geht es in Wirklichkeit um etwas ganz anderes: schlichtweg ums Geld-sammeln? Ist es schon so schlecht um den FCK bestellt, dass die sechs Millionen Euro eine klaffende Finanzlücke auffüllen müssen?

In jedem Fall liegt die Vermutung nahe, dass schon bei Ausgabe der Betze-Anleihe darauf spekuliert wird, dass die Anleger ihre Zinsen überhaupt nicht einlösen werden. Denn die Zinsscheine, mit denen das Geld bei den lokalen Sparkassen ausgezahlt wird, sind als Coupons auf die nostalgischen Schmuckurkunden gedruckt. Welcher Fan rahmt schon voller Stolz seine Urkunde – passende Rahmen gibt's übrigens auch für sieben Euro –, und zerschneidet das Dokument dann, um seine Zinsen einzulösen?

Doch das bliebe nur eine Randnotiz, ließen nicht noch weitere Zwischentöne aufhorchen. Denn wer im offiziellen Wertpapierprospekt blättert, liest lediglich von „beabsichtigten Investitionen in das Nachwuchsleistungszentrum". Eine Festlegung auf den Investitionszweck findet – entgegen den klaren Ansagen bei der Bewerbung des Zukunftsmodells – nicht statt. Irgendwo im „Kleingedruckten" ist unter den Risiken sogar zu lesen, dass dem Anleger ein „Totalverlust" drohen könnte. Ein gängiger Passus? Oder ein Hintertürchen für eine alternative Verwendung? Ist das gesamte „Zukunftsmodell FCK" gar nur ein leeres Versprechen?

Bereits bei der Pressekonferenz taucht die Frage nach der Mittelverwendung auf. „Das ist der große Unterschied zu den anderen Anleihen, die andere Vereine schon aufgelegt haben: Wir dürfen es nur zweckgebunden ins Nachwuchsleistungszentrum investieren", verspricht Kuntz. „Es wird nicht zum Löcherstopfen benutzt und auch nicht für Transfers oder Gehälter ausgegeben, dazu haben wir uns verpflichtet", beteuert er. „Das ist Teil des Rückzahlungsmodells, weil, wenn dann dort ein Gebäude steht, kann man es natürlich auch beleihen und das Geld nach sechseinhalb Jahren zurückgeben." Der Vorstandsvorsitzende legt sich fest: „Es war uns deshalb so wichtig, dass wir vorher schuldenfrei sind, dass derjenige, der die Betze-Anleihe zeichnet, hundert Prozent sicher sein kann, dieses Geld fließt in den Fröhnerhof." Schuldenfrei? Die Verbindlichkeiten des Vereins liegen in der Bilanz zum 30. Juni 2012 bei circa neun Millionen Euro.

Laut Wertpapierprospekt sollen ab der Saison 2015/16 jährlich 500.000 Euro angespart werden. In der „geplanten Ansparrücklage" sollen so zwei Millionen Euro zusammenkommen. „Damit ist die Wahrscheinlichkeit deutlich höher, dass wir das Geld genau zu dem Zeitpunkt, wenn es fällig wird, zurückbezahlen – egal wie die sportliche Entwicklung sein wird", meint Finanzvorstand Grünewalt. Aber: Um „sämtliche Ansprüche der Anleihegläubiger zu befriedigen", heißt es im Wertpapierprospekt, werden wohl „weitere Eigen- und Fremdmittel erforderlich". Schiebt man hier eine Schuldenbürde in die Zukunft?

Man wolle „nachhaltig in Substanz investieren", behauptet Grünewalt. „Ein Gebäude kann sich niemals den Fuß brechen, von daher ist die Betze-Anleihe auf Langlebigkeit ausgelegt." Kuntz: „Nach sechseinhalb Jahren steht ein Bau da, der beliehen werden kann, es ist ein Wert geschaffen – das ist die Sicherheit, die wir Fans zum jetzigen Zeitpunkt versprechen können."

Doch schnell zeigt sich: Das „Zukunftsmodell" ist alles andere als ausgegoren. Am 13. März 2013 verlautbart der Verein, in einer Aufsichtsratssitzung habe man im Zusammenhang mit dem „Zukunftsmodell FCK" einen Lenkungsausschuss gebildet. Darin vertreten seien neben dem FCK-Vorstand auch der Leiter des Nachwuchsleistungszentrums Konrad Fünfstück und Professor Gerhard Steinebach. Der Stadtplaner von der Technischen Universität Kaiserslautern ist Mitglied im FCK-Aufsichtsrat. Ein „Organigramm zu der Baumaßnahme" solle „in Kürze" folgen. Zudem seien „Handwerker-Gespräche" angelegt, um erste Maßnahmen zu realisieren. Man könnte meinen, die Bagger stünden längst bereit. Das ist aber weit gefehlt.

Denn fragt man bei Stadt und Stadiongesellschaft nach, ergibt sich ein völlig anderes Bild. Weder ist die Geländeübergabe geregelt, noch ist überhaupt ein Kaufpreis für das Areal bestimmt. Stadt und Stadiongesellschaft geben sich zu diesem Zeitpunkt diesbezüglich ahnungslos. Welchen Verkaufswert die Grundstücke am Fröhnerhof haben, „ist derzeit nicht bekannt", heißt es auf meine Anfrage. „Entsprechende Werte sind erst noch zu ermitteln." Offenbar ist nicht einmal klar, ob die Grundstücke an den Verein verkauft oder per Erbpachtmodell abgegeben werden. „Zur Zeit gibt es noch kein Modell über den Rückkauf." Aus dem Rathaus ist lediglich zu hören, es gebe „Facetten" an Realisierungsmöglichkeiten, die zu prüfen seien.

Doch wie lässt sich ein „Zukunftsmodell FCK" kalkulieren, wenn nicht einmal der Geländepreis bestimmt ist? Wieso bürdet sich der Verein eine Sechs-Millionen-Euro-Anleihe auf und zahlt Zinsen, wenn er noch nicht weiß, ob und wie er an das Gelände kommen kann, in das er investieren will? Wie lässt sich angesichts dieser nebulösen Situation mit Blick auf die Betze-Anleihe von einem „seriösen Finanzprodukt" sprechen? Die Frage ist unvermeidbar: Dient die Betze-Anleihe in Wirklichkeit einem ganz anderen Zweck, nämlich dem Geldsammeln und der Darstellung der nötigen Liquidität im Lizenzierungsverfahren der DFL?

Derartige Skepsis besteht von Beginn an. Es sei erstaunlich, dass in der öffentlichen Diskussion überhaupt der Glaube herrsche, dass ein Klub in der prekären Situation des FCK eine solche Anleihe samt Zinsen zurückzahlen könne, während er gleichzeitig mit dem Geld ein Leistungszentrum baue, erklärt mir ein Finanzexperte. Sein Urteil fällt vernichtend aus: Die Anleihe sei dilettantisch geplant. Wer baue schon ein Haus und zahle nach fünf Jahren sein Darlehen zuzüglich Zinsen komplett zurück?

„Ein Fass ohne Boden"

Auch der rheinland-pfälzische Steuerzahlerbund schaltet sich in die Diskussion ein. „Die Idee einer Fananleihe ist gut", lobt Steuerzahlerbund-Geschäftsführer René Quante. Aber von den wagemutigen Investitionsplänen hält er nichts. „Mit dem Geld sollte der FCK endlich die millionenschweren Besserungsscheine bei der Stadt Kaiserslautern so weit wie möglich ablösen", fordert Quante. „Über den Nutzen eines Jugendleistungszentrums kann man gewiss streiten, aber wie will der Fußballverein ein solches Zentrum auf Erbpacht langfristig betreiben, wenn das Geld nicht einmal für die Stadionmiete reicht?" Wie soll der Verein, der schon seine Pacht kaum zu zahlen in der Lage ist, plötzlich jährlich 500.000 Euro in eine Ansparrücklage geben?

Grundsätzlich vertritt Quante eine klare Haltung: „Profisport sollte sich finanziell selbst tragen und nicht vom Steuerzahler subventioniert werden." Das Beispiel Kaiserslautern sieht er besonders kritisch: „Was sich die Stadt Kaiserslautern beim FCK gegönnt hat, gehört zu den schlimmsten Auswüchsen an Steuergeldverschwendung im Sportbereich, die ich je gesehen habe. Bei einem Schuldenberg von über 800 Millionen Euro kann sich Kaiserslautern diese Art der Luxus-Subventionierung nicht leisten. Der FCK ist ein Fass ohne Boden."

Quante findet zugleich Anlass, mit dem Stadionkonstrukt hart ins Gericht zu gehen. „Wäre die städtische Stadion GmbH eine normale private Firma, so wäre sie längst ein Fall für den Insolvenzverwalter. Das Unternehmen ist überschuldet und fährt nur Defizite ein. Die Geschäftslage ist einfach nur grauenvoll. Dank massiver Hilfe der Steuerzahler konnte die Stadion GmbH bislang vor dem Aus bewahrt werden. Doch wie soll das Restdarlehen von rund 65 Millionen Euro für den einstigen Stadionausbau jemals getilgt werden?" Quante spricht von einem „ökonomischen Rätsel". Irgendwann werde die Stadt „gezwungen sein, die Schulden der dahinsiechenden Stadion GmbH direkt zu übernehmen. Das wäre haushaltspolitisch eine ehrlichere Lösung als der Status quo."

Eine ganze Stadt fieberte mit: Während die Roten Teufel im Fritz-Walter-Stadion in der Relegation um den Aufstieg spielten, versammelten sich Tausende beim Public Viewing in der City.

Dass die Stadt jemals die eingesetzten öffentlichen Mittel zurückerhalten wird, glaubt Quante nicht. „Für die Besserungsscheine des Fußballklubs fällt mir nur eine gute Verwendung ein. Man sollte sie einrahmen und gut sichtbar im Ratssaal aufhängen. Als ewige Mahnung für alle Ratspolitiker, sich gegen das erneute Verbrennen von Steuergeld im Profisport einzusetzen." Mit dem „Zukunftsmodell FCK" befürchtet er sogar eine weitere Zuspitzung der Situation. Quante warnt: „Wenn die Stadt sich darauf einlässt, wird sie in den nächsten Jahren wieder draufzahlen dürfen." Doch die Warnungen Quantes, über die Michael Ashelm in der F.A.Z. berichtet, verpuffen. Und damit erneut auch die Möglichkeit zu einer Grundsatzdebatte über das Finanzverhältnis zwischen Verein und öffentlicher Hand.

Ohnehin drängt derweil das furiose Saisonfinale derart kritische Finanzfragen in den Hintergrund. Der FCK spielt tatsächlich um den Aufstieg in die Bundesliga. Die Roten Teufel mit Trainer Foda erreichen den dritten Platz und stehen in der Relegation gegen die TSG Hoffenheim. Polarisierender könnte die Begegnung kaum sein: auf der einen Seite der durch Dietmar Hopps Investorenhilfe aufgebaute Bundesligist, auf der anderen Seite der sportlich wieder aufstrebende Traditionsverein, die Erben Fritz Walters. Das Duell wird von vielen zum Symbol des Spannungsfelds zwischen modernem Sportbusiness und traditionsreicher Fußballkultur stilisiert. Das schafft zusätzliche Brisanz.

Die Fans auf den Rängen des 1. FC Kaiserslautern sorgen im WM-Stadion für eine grandiose Kulisse und senden ein beeindruckendes Signal an alle Fußballnostalgiker der Republik. Selbst Minuten nach dem Abpfiff tauchen sie das Fritz-Walter-Stadion in die Vereinsfarben. Die Schlachtgesänge im Stadion sind noch weit darüber hinaus zu vernehmen und legen sich wie ein schwerer Klangteppich über die ganze Stadt. Es fühlt sich an wie zu besten Zeiten auf dem Betzenberg. Selbst wenn das Hinspiel in Hoffenheim 1:3 verloren geht und beim Rückspiel auf dem Betze das ersehnte Fußballwunder nach einer 1:2-Niederlage ausbleibt. Wer denkt da schon an Steuergeldverschwendung?

„Die sechs Millionen werden nicht angetastet"

Die Niederlage gegen Hoffenheim allerdings führt dazu, dass erneut das Saisonziel verpasst ist. Die Runde endet mit dem Verbleib in der zweiten Liga. Die schwelenden Finanzfragen sind dadurch nicht weniger geworden – im Gegenteil. Vor allem geht es um die Frage nach der Verwendung der Betze-Anleihe. Erste Vereinsmitglieder werden ungeduldig, da auf dem Fröhnerhof nichts Sichtbares passiert. Jeder verstrichene Tag lässt das „Zukunftsmodell FCK" mysteriöser erscheinen.

Im August lädt die örtliche Tageszeitung „Die Rheinpfalz" Kuntz zum Interview. Darin plaudert er über die hohe Bedeutung des Vereins als Imagefaktor für die Stadt. Dabei weist der Vorstandsvorsitzende aufkeimende Kritik zurück und hadert damit, dass beim FCK die positiven Leistungen nicht immer adäquat gewürdigt würden. Er wünscht sich eine objektive und gerechte Beurteilung. Zugleich stellt er einen baldigen Ausbau des Nachwuchsleistungszentrums in Aussicht. Zuvor müsse lediglich über Kauf oder Pacht des Geländes mit der Stadt verhandelt werden. Hätte man dies nicht längst tun müssen, bevor man sich sechs Millionen Euro leiht? Was geschieht in der Zwischenzeit eigentlich mit diesem Geld?

Längst kursiert, die Gelder der Betze-Anleihe seien bereits anderweitig „im Einsatz". Je näher die turnusgemäße Jahreshauptversammlung des Vereins rückt, umso mehr verdichten sich die Hinweise darauf. Wenige Tage vor der Versammlung, am 15. September 2013, ist Aufsichtsratschef Rombach zu Gast in der SWR-Sendung „Flutlicht". Moderator Holger Wienpahl spricht ihn offen auf die sechs Millionen

Euro und ihre Zweckbindung an: „Ist das immer noch komplett da für die Nachwuchsförderung, oder mussten Sie da jetzt schon rangehen?" Rombach antwortet:

Wenn ich nicht wüsste, dass die Frage im Umfeld gestellt würde, müsste ich Ihnen böse sein, weil da unterstellen Sie ja fast schon Untreue. Also, ich kann jedem Fan und jedem Mitglied versichern: Diese sechs Millionen werden nicht angetastet. Dafür stehe ich auch mit meinem Wort. Wir werden das bei der Jahreshauptversammlung wieder auch dokumentieren, und wir sind ja auch dabei, den Fröhnerhof jetzt so langsam in die Wege zu bekommen, da steht noch eine Entscheidung mit der Stadt über das Grundstück aus. Aber 2014 wird der Aufbau Fröhnerhof beginnen.

Seine Festlegung soll Rombach bald zu Rechtfertigungen veranlassen.

Missverständnis statt Lüge
Dementsprechend birgt die folgende Mitgliederversammlung Brisanz. Anfangs wird sie bestimmt durch zeitfüllende Ehrungen alter Recken. Kurt Beck und Ex-Präsident Norbert Thines werden mit dem Goldenen Ehrenring des Vereins ausgezeichnet. Die Führungsriege sonnt sich dabei in gegenseitiger Beweihräucherung, Bauchpinselei und Lobhudelei. Dem wenige Monate zuvor als Ministerpräsident zurückgetretenen Beck bereitet man beim FCK eine Bühne.

Rombach hält die Laudatio auf einen „langjährigen Fan und vorbehaltlosen Unterstützer des Vereins", der sich für die „Förderung des Sports und des Vereins" stark gemacht habe. Beck habe „über viele Jahre hinweg, insbesondere auch in kritischen Phasen, unseren Verein unter-

Ehrung für eine Vereinsikone: Ex-Präsident Norbert Thines (zweiter von links) erhielt den Goldenen Ehrenring. Auch Kurt Beck (Mitte) wurde ausgezeichnet, hier mit Stefan Kuntz, Dieter Rombach und Ottmar Frenger (von links).

stützt". Rombach erinnert unter anderem an die Investitionen zur WM. Manager anderer Vereine schauten neidvoll auf den FCK nach dem Motto: „Wenn wir doch von unserem Ministerpräsidenten mit annähernd so viel Herzblut unterstützt werden würden", meint Rombach. Dass Beck später auf den Vornamen seines Sohns Stefan verweist, ihn mit Kuntz in Verbindung bringt und ein Vater-Sohn-Verhältnis andeutet, sorgt für gefällige Lacher.

Nach so viel verklärender Vereinsmeierei fällt es manchen Mitgliedern später wohl schwer, sich wieder auf essenzielle Finanzthemen einzustimmen. Noch dazu, weil sich die Protagonisten zwar in langen Berichten verlieren, die Zeit für Redebeiträge jedoch wieder auf nur wenige Minuten begrenzt ist und manch kritischer Wortbeitrag unbeantwortet bleibt. Insbesondere die Frage, ob die Betze-Anleihe noch verfügbar sei, tritt immer wieder auf. Dabei erinnern Mitglieder an das SWR-Interview Rombachs, in dem er garantierte, das Geld werde „nicht angetastet".

Aber noch bevor es zu einer intensiven Auseinandersetzung darüber kommt, überrascht der Aufsichtsratsvorsitzende mit einer „Erklärung in eigener Sache". Er sagt: „Ich wurde nach meinem ,Flutlicht'-Interview der Lüge bezichtigt." Dass die sechs Millionen Euro der Fananleihe nicht angetastet würden? Das habe er nie behauptet. Zumindest nicht so. Vielleicht habe er sich „unter dem Druck der Livesendung missverständlich ausgedrückt". Natürlich habe er nie zum Ausdruck bringen wollen, dass die sechs Millionen Euro zu jedem Zeitpunkt vollumfänglich auf einem Girokonto verfügbar stünden. Vielmehr sei gewährleistet, dass die Mittel verfügbar wären, sofern sie für die Investitionen benötigt würden. Das bedeute jedoch nicht, dass das Geld stets da sei. Daher weist Rombach „in aller Deutlichkeit den Vorwurf der Lüge zurück". Es handele sich lediglich um ein Missverständnis.

Aber: Ist das Geld jetzt noch da oder nicht?

„PowerPoint-Karaoke" mit CMS

Die Vereinsführung verwirrt mit gewöhnungsbedürftigen Kalkulationen. Finanzvorstand Fritz Grünewalt startet seine „PowerPoint-Karaoke", wie es später ein Mitglied in einem süffisanten Internetkommentar schreibt, und befeuert das pfälzische Fußballpublikum mit betriebswirtschaftlichen Kennzahlen, Fachjargon und ausufernden Ausführungen. Der Jahresfehlbetrag wird mit 1,9 Millionen Euro ausgewiesen, für die kommende Saison plane man mit einem Jahresfehlbetrag von 1,8 Millionen Euro. Doch für Grünewalt ist das kein Problem: „Die Planzahlen sind bei der DFL eingereicht, geprüft und bestätigt."

Der Liquiditätsstand belaufe sich auf 6,5 Millionen Euro und solle mit einem Cash-Flow-Plus im nächsten Jahr auf 7,9 Millionen Euro anwachsen. Unter seiner Finanzführung befinde sich der Verein auf dem Weg zu neuer Prosperität. „Ein negatives Jahresergebnis heißt nicht Liquiditätsverlust", erklärt der Finanzmann. Einige Mitglieder staunen und reiben sich ungläubig die Augen.

Aber was ist denn nun mit der Betze-Anleihe? Tatsächlich räumt Grünewalt ein, dass die Gelder bereits in Verwendung seien – allerdings nicht für das Nachwuchszentrum. Ein unlauterer Griff in die Kasse der Anleihemittel? Nein, meint Grünewalt und führt einen Begriff ein, der neu auf dem Betzenberg ist: „Cash-Management-System", kurz CMS. Mit dem CMS sichere man die Anleihe ab. So sei gewährleistet, dass das Geld nicht „unwirtschaftlich und vermögensschädigend" auf der Seite liege, sondern im laufenden Geschäft zum Einsatz komme, um „unterjährige Schwankungen" der „Unternehmensbranche Fußball" auszugleichen.

Auf diese Weise vermeide man weitere Kreditaufnahmen. „Unsere Verantwortung ist es, seriös und wirtschaftlich mit dem Geld im Sinne der Anleger umzugehen." Eine „interne Absicherung mit werthaltigen TV-Forderungen" garantiere die Verfügbarkeit der Mittel. Gemeint sind damit zu erwartende TV-Geld-Raten, mit denen sich das Anleihekonto in Zukunft dann wieder füllen ließe. Banal gesprochen: Das Geld ist weg, kommt aber wieder.

Mit dem Zugriff auf die Mittel der Betze-Anleihe könne „bei einer positiven Cash-Entwicklung bis Bauprojekt-Ende jedes Jahr ein wirtschaftlicher Vorteil von 150.000 bis 300.000 Euro erreicht werden". Das heißt: Laut Grünewalt erwirtschaftet der FCK mit der Verwendung der Gelder aus der verzinsten Betze-Anleihe, die eigentlich für eine Investition ins Nachwuchszentrum gedacht sind, im Tagesgeschäft ein positives Ergebnis. Doch hätte man nicht vor wenigen Monaten bei Aufnahme der Anleihe von solchen „branchenspezifischen Schwankungen" wissen und dies den Anlegern mitteilen müssen, anstatt von „gesunder Kostenstruktur" und „Schuldenfreiheit" zu fabulieren?

Und was geschieht eigentlich, wenn das Anleihekonto einmal nicht aufgefüllt ist und das Risiko besteht, dass zukünftige Gelder, die es auffüllen könnten, ausbleiben? Auch dafür hat Grünewalt eine Rechnung parat: „Dann greift das TV-Geld als Absicherung." Die PowerPoint-Folien des Finanzvorstands erinnern an die Grafiken eines BWL-Grundkurses. „Sechs Millionen Euro werden aufgefüllt und eingefroren." Das TV-Geld als Absicherung – aber braucht der FCK dieses Geld denn nicht im laufenden Geschäft?

Hier sieht Grünewalt ebenfalls kein Problem. Falls es notwendig werde, sei vorgesorgt: „Der FCK geht dann an den Fremdkapitalmarkt, der hohe Zinsaufwand wird erst bei einer negativen Cash-Entwicklung in Kauf genommen." Eine weitere Kreditaufnahme also. Aber wenn es offenbar so einfach sein soll mit der Geldaufnahme am Fremdkapitalmarkt – wieso hat der Klub nicht von Anfang an den Ausbau seines Nachwuchszentrums einfach bei einer Bank finanziert?

Wenigstens der Aufsichtsrat fühlt sich durch das CMS bestens unterrichtet. Vorsitzender Rombach lobt die „extrem transparente Form" von Grünewalts „Reporting System" – wieder ein neuer Begriff, an den sich die pfälzischen Fußballfans erst gewöhnen müssen. Dieses „Reporting System" gebe jederzeit Aufschluss über die Finanzlage und „erleichtert die Aufsichtsfunktion dem Aufsichtsrat enorm", behauptet Romnach. Dabei schaffe der Vorstand den „Spagat zwischen Budgetsolidität und Wettbewerbsfähigkeit der Mannschaft". Die Lizenz von der DFL belege, dass die Finanzen „gut aufgestellt" seien und man „transparent" arbeite, betont Kuntz.

Zudem brüstet sich Grünewalt mit einem „Sanierungs- und Gesundungskonzept". Man habe Risiken „eliminiert", etwa Besserungsscheine bei der Stadt abgelöst oder Steuerzahlungen aus einer Betriebsprüfung der Jahre 2001 bis 2009 in Höhe von 1,7 Millionen Euro erledigt, Kostenstrukturen verbessert und sich neue Planungssicherheit erarbeitet. „Trotz des zweiten Jahres in der 2. Bundesliga ist der Risikoabbau fast komplett abgeschlossen. Der erste wichtige Baustein der Sanierung ist erreicht." Der Finanzvorstand spricht von der „Handlungsprämisse", das „Vereinsvermögen zu wahren und weiter auszubauen, die Investitionskraft zu sichern und Investitionen umzusetzen".

Grünewalt kommt zum nächsten Punkt auf der PowerPoint-Folie: „Baustein 3: Potentiale heben. Mit Investitionen Vermögen aufbauen." Gemeint ist der Fröhnerhof. In einer „konstruktiven Zusammenarbeit" mit Stadt und Stadiongesellschaft strebe man nach einem „gemeinsamen Ziel". Dieses laute: „Ein seriöses Pachtmodell mit Weitblick." Ebenso mündet Kuntz' Vortrag, der immer wieder mit Blick auf die strukturschwache Region einen „Standortnachteil" beschwört und mangelnde Unterstützung kommunaler Unternehmen bemängelt, in der Power-Point-Folie „Pachtreduzierungen 2. Liga". Also schon wieder eine Neuausrichtung der Stadionmiete?

Wenn alles geschafft sei, erwache der FCK zu neuer Stärke, verspricht Finanzvorstand Grünewalt. „Am Ende zählt nur das Ergebnis, genau daran lassen wir uns messen und genau daran wollen wir auch, dass unsere Arbeit gemessen wird." Die Vereinsbosse rufen zur Einigkeit auf. „Persönliche Eitelkeiten und Interessen müssen zurückstehen, der 1. FCK steht an allererster Stelle!" Applaus.

„Märchen" und „Gegaukel"

Doch nicht alle Mitglieder lassen sich von den Darstellungen überzeugen. Unter anderem hakt der einstige Aufsichtsratsvorsitzende Dieter Buchholz bei seinen Nachfolgern und dem Vorstand mehrfach schriftlich nach. Zu diesem Zeitpunkt sitzen neben Rombach und Frenger außerdem Steinebach, Gerhard Theis und Jürgen Kind im Aufsichtsrat. Sie sind in einige der Korrespondenzen, die teils postalisch, teils per E-Mail laufen, ebenfalls eingebunden. Die Schreiben kursieren im Kontrollgremium. Darin hinterfragt Buchholz die Bilanzzahlen.

„Ich sehe die Situation für den Verein absolut kritisch und beängstigend", warnt Buchholz. Ebenso überzeugen ihn die Beteuerungen nicht, das Geld der Betze-Anleihe sei jederzeit verfügbar. Die Vorträge Grünewalts bei der Jahreshauptversammlung seien „Märchen". Denn eine sogenannte interne Abtretung, mit dem die Gelder angeblich gesichert wären, sei „juristisch ein Nullum". Schließlich könne man sich ja nicht selbst etwas abtreten.

Gemeint sein könne also „lediglich ein interner Vorbehalt oder eine bloße Absicht, das geplünderte Konto, auf dem das Geld aus der Fananleihe war, wieder mit Einnahmen auffüllen zu wollen – also nichts anderes, als dass den jetzt bereits getätigten Ausgaben spätere Zuflüsse gegenüberstehen. Dies als Abtretung zu bezeichnen, ist nichts als Gegaukel", meint Buchholz. Es werde hier mit Begriffen der Kreditsicherheit hantiert, die aber überhaupt nicht passten und nur die wirkliche Lage vernebelten.

Buchholz gibt seine Analyse der Finanzzahlen wieder. Er befürchtet eine „Liquiditätslücke", die ohne die Mittel der Betze-Anleihe längst bedrohliche Ausmaße angenommen haben würde. Die Öffentlichkeit sowie die Vereinsmitglieder würden über diese brisante Situation mit unvollständigen Darstellungen aber getäuscht. „Alle in diesem Zusammenhang in der Hauptversammlung und auch im Mitgliederheft dargestellten Zahlen negieren gänzlich, dass die positiven Effekte allein durch die Mittel der Fananleihe zustande kamen."

Es ergebe sich vielmehr aus dem Zahlenwerk, dass die Anleihemittel keineswegs zur Verfügung stünden wie behauptet, sondern existenziell im operativen Geschäft gebunden seien. So würden keineswegs Investitionen, sondern der laufende Betrieb durch die Gelder finanziert. Sorgenvoll warnt Buchholz vor einem Finanzvakuum, insbesondere was die Liquidität der nächsten Spielzeiten betrifft, das im Augenblick lediglich durch die Gelder der Betze-Anleihe „kaschiert" werde. Er drängt auf ein Umlenken. Den „vom Vorstand eingeschlagenen Weg" sieht er nur in der 1. Bundesliga, „und auch dort nur sehr schwer, finanzierbar". Denn „die Mittel der Betze-Anleihe werden bald verbraucht sein". Und was dann?

Aber seine Vorhaltungen, Fragen und Befürchtungen, die er Vorständen und Aufsichtsräten vorbringt, bleiben ohne zufriedenstellende Antwort. Per E-Mail teilen Kuntz, Grünewalt und Rombach im Auftrag des Aufsichtsrats lediglich mit, dass für den Rückkauf und den Ausbau des Nachwuchszentrums am Fröhnerhof bei Bedarf jederzeit die erforderlichen Mittel verfügbar seien. Einzig die Verhandlungen mit der Stadt, Steuerfragen und die Ausschreibung stünden zuvor noch an. Das CMS überwache permanent die Liquidität, die aktuelle Situation werde dem Aufsichtsrat regelmäßig vorgestellt und durch die DFL überprüft. Der Verein werde wirtschaftlich solide geführt.

Gegenüber den Mitgliedern untermauert die Vereinsführung ebenfalls ihre Investitionsversprechungen. Im Mitgliederheft schreibt Rombach: „Gegenwärtig bereitet der Lenkungsausschuss, der unter Leitung von Professor Steinebach den Vorstand berät, eine Generalübernehmerausschreibung zur Realisierung des bei der Emission der Betze-Anleihe beschriebenen Gesamtkonzeptes vor. Bis zum Frühsommer 2014 soll die Vergabe erfolgen. Schon jetzt erfolgen im Sportpark ‚Rote Teufel' nach den Anforderungen der Zertifizierung Baumaßnahmen, die aus den Mitteln der Fananleihe finanziert werden. Hierzu möchte ich nochmals versichern, dass die Mittel der Betze-Anleihe, wie bei der Jahreshauptversammlung von unserem Vorstandsmitglied Fritz Grünewalt ausgeführt, vollumfänglich für den Ausbau des Nachwuchsleistungszentrums eingesetzt werden." Zudem hofft Rombach, „dass die gegenwärtig positive Lage des Vereins nicht durch anonyme Unruhestifter in Frage gestellt werden kann".

Solche Einlassungen sorgen bei Buchholz für Erstaunen. „Insgesamt sind jedoch zumindest die zentralen Aussagen beruhigend für mich, denn ich weiß nun, dass sich der Vorstand und der gesamte Aufsichtsrat regelmäßig mit der aktuellen Liquiditätssituation auseinandersetzen und auch die von mir aufgezeigten Risiken diskutiert werden." Sarkastisch schiebt er nach: „Sollte der Verein in existentielle Schwierigkeiten geraten, wäre deswegen wenigstens sichergestellt, dass eine gesamtschuldnerische Haftung greifen würde."

KAPITEL SECHS

Too big to fall

„Eilentscheidung" fürs neue Pachtmodell

Sportlich scheint die Roten Teufel zu Saisonbeginn zunächst das Glück verlassen zu haben. Die euphorische Stimmung in der Relegation gegen Hoffenheim vernebelt eine kritische Aufarbeitung des Saisonfinales. Ohnehin zieht Trainer Franco Foda schon länger die Skepsis journalistischer Beobachter auf sich. Aber anstatt nach den allzu deutlich misslungenen Relegationsspielen für eine klare Kurskorrektur zu sorgen, wird weitergewurstelt. Foda bleibt im Amt. Die absehbare Konsequenz: Der Mannschaft fehlt die nötige Spannung.

Nach einem Fehlstart wird Foda entlassen. Ihm folgt übergangsweise Oliver Schäfer. Dann übernimmt Kosta Runjaic den Trainerposten. Dem gelingt es tatsächlich, den FCK wieder auf Kurs zu bringen. Als Ziel ist erneut der Aufstieg in die Bundesliga ausgegeben. Das hören die Fans gerne. Zumindest im Rasenviereck scheinen die Dinge nun wieder ihre geregelte Bahn zu gehen.

Aber nicht nur die Unklarheiten um die Betze-Anleihe und die Finanzsituation sorgen immer wieder für Irritationen und Besorgnis in Mitgliederkreisen. Zudem löst ein neuer Vorstoß des FCK in Sachen Stadionmiete, der sich schon bei der Mitgliederversammlung angedeutet hatte, in den Fraktionszimmern der Stadtratsparteien ein Rumoren aus. Denn der 1. FC Kaiserslautern möchte in der zweiten Liga eine geringere Stadionpacht zahlen. Dies würde die ohnehin prekäre Lage der Stadiongesellschaft zuspitzen. Der Vorschlag des FCK sieht ein „Staffelmodell" vor, also eine Stafflung der Pachtzahlung nach Ligazugehörigkeit. Für die 2. Bundesliga bedeutet dies eine Reduzierung.

Von dem Vorstoß fühlen sich einige Stadtpolitiker überrumpelt. Denn wie genau das alles berechnet werden soll, ist selbst manchen, die über das Modell letztendlich zu entscheiden haben, sogar noch kurz vor der Abstimmung völlig unklar. Auch Stadt und Stadiongesellschaft zeigen kein allzu großes Interesse an einer differenzierten Darlegung. Vertreter von mindestens zwei Fraktionen erklären mir, nicht in die Vorschläge eingeweiht zu sein. Kann so ein ausgewogener parlamentarischer Entscheidungsprozess stattfinden?

Erst am Tag „direkt vor der Stadtratssitzung" sei man „von der Geschäftsführung der Stadiongesellschaft über die Einzelheiten der geplanten Änderungen beim Pachtvertrag zwischen Stadiongesellschaft und FCK informiert" worden, schreibt mir Gabriele Wollenweber, Vorsitzende der lokalen Freien-Wähler-Fraktion im Stadtrat. „Da unsere Fraktion nicht im Aufsichtsrat der Stadiongesellschaft vertreten ist, fehlen uns verlässliche Informationen über deren finanzielle Lage", schreibt sie noch zwei Tage vor der Abstimmung über das „Zukunftsmodell FCK". Darüber entscheiden soll sie trotzdem.

Auch der FDP-Fraktionsvorsitzende Frank Kennel, Mitglied im Aufsichtsrat der Stadiongesellschaft, deren Geschäftsführung er mir gegenüber in einem Interview schon einmal mangelnde Transparenz bescheinigt hatte, fordert einen Aufschub der Sitzung. Den Fraktionen sei das Modell erst kurz vor der Sitzung vorgestellt worden, das enge Zeitfenster komme einer „Eilentscheidung" gleich, bemängelt Kennel. „Dies wird der Komplexität des Pachtmodells nicht gerecht." Doch der Tagesordnungspunkt bleibt bestehen: Die Abstimmung zum Staffelmodell findet am 24. Februar 2014 im Stadtrat statt. In einer nichtöffentlichen Sitzung. Das Datum ist ein weiterer markanter Termin für die Beziehung zwischen Stadt und Verein.

„Defizitäre Jahresergebnisse"

Zu der entscheidenden Sitzung kommen auch die FCK-Vorstände Stefan Kuntz und Fritz Grünewalt. Aus der Beschlussvorlage im Stadtrat geht der mit „Zukunftsmodell FCK" überschriebene Staffelvorschlag hervor. „Aufgrund defizitärer Jahresergebnisse sowie bei einem Verbleib in der Zweiten Fußballbundesliga" könne der FCK „die vereinbarte Mindestpacht in Höhe von 3,2 Millionen Euro pro Jahr nicht mehr erwirtschaften", heißt es darin unverblümt. Bereits 2007 bis 2011 seien „Pachtzinsreduzierungen zur Vermeidung einer Insolvenz unabdingbar" gewesen. Diese Situation zeige sich nun erneut. „Gleichzeitig werden wiederum Probleme mit der Deutschen Fußball Liga bei der im März 2014 beginnenden Lizenzierung für die Saison 2014/15 entstehen."

Aus diesem Grund schlage der FCK das neue Pachtmodell vor. Dies setze „die Mindestpacht in der Ersten und Zweiten Fußballbundesliga, ähnlich wie in den Städten Köln, Mainz, Frankfurt, Berlin und Nürnberg, differenziert fest", heißt es in der Beschlussvorlage. Kurz: In der ersten Liga ist die Miete höher als in der zweiten. Diese scheinbar einfache Formel erweist sich bei genauerer Betrachtung jedoch als komplexe Vereinbarung, die gespickt ist mit Varianten, Eventualitäten, Risiken und sogar einem neuen irrwitzigen Grundstücksdeal.

Der FCK schlägt in seinem Staffelmodell für die zweite Liga eine Reduzierung der Jahrespacht um 800.000 Euro von 3,2 Millionen Euro auf 2,4 Millionen Euro vor. Finanziert werden soll die Mietminderung durch Zahlungen aus einem „Pachtzinspool". Sollte der Klub in die 1. Bundesliga aufsteigen, zeigt er sich bereit, jährlich 3,6 Millionen Euro an die Stadiongesellschaft zu überweisen. Die zusätzlichen 400.000 Euro sollen den Pool wieder aufstocken. Erfolgsabhängig könnte es weitere Zusatzzahlungen geben.

So sind „Erfolgspachten" vereinbart: Insgesamt 500.000 Euro sollen zusätzlich in den Pachtzinspool fließen, wenn die Roten Teufel bis ins Finale des DFB-Pokals vordringen; 250.000 Euro, wenn sie das Halb- oder Viertelfinale erreichen; 100.000 Euro im Achtelfinale. Weitere Sonderbeträge, verkürzt dargestellt: In der zweiten Liga fließen ab einer Zuschauerzahl von durchschnittlich 34.000 Stadionbesuchern zusätzlich 200.000 Euro an die Stadiongesellschaft; in der ersten Liga ab 40.000 Zuschauern 100.000 Euro, ab 42.000 Zuschauern 400.000 Euro. Insgesamt ist die Jahrespacht gedeckelt mit 4,1 Millionen Euro in der 1. Bundesliga.

In der zweiten Liga kommt der FCK nach dieser Rechnung nie über eine maximale Mietzahlung von 3,1 Millionen Euro hinaus (2,4 Millionen Euro Grundpacht plus 0,5 Millionen Euro Pokalfinale plus 0,2 Millionen Euro Zuschauerbonus). Das heißt: Bei Verbleib in der 2. Bundesliga liegen die Pachtzahlungen in jedem Fall unter der bislang gültigen Miete. Der Stadiongesellschaft droht gegenüber ihren jährlichen Verpflichtungen und dem Zinsdienst für die Stadionkredite eine Lücke. Lässt man die beschriebenen Erfolgspachten außer Acht, beträgt diese Lücke pro Saison 800.000 Euro. Die Stadiongesellschaft ist nach eigenen Angaben nicht in der Lage, diese Summe aus eigener Kraft voll auszugleichen.

Um das neue Pachtmodell und die Mietreduzierung dennoch zu finanzieren, kommen nun der „Pachtzinspool" und ein kurioser Geländeverkauf ins Spiel. Die Mittel aus dem Pachtzinspool werden verwendet, um die Mietminderung – im Falle des Verbleibs in der 2. Bundesliga also jährlich 800.000 Euro – abzufedern. Der Pachtzinspool wird zunächst mit 2,625 Millionen Euro ausgestattet. Dabei handelt es sich um das Geld, das der Verein vorher an die Stadiongesellschaft und damit in den Pachtzinspool zahlt.

Die Einlage zur Absicherung der Mietreduzierung geschieht jedoch nicht ohne Gegenleistung: Mit dem Auffüllen des Pachtzinspools erwirbt der FCK gleichzeitig das Gelände des Nachwuchsleistungszentrums Fröhnerhof zurück. Dazu heißt es in der Beschlussvorlage: „Der aus dem Verkauf des Grundstücks resultierende Verkaufserlös in Höhe von 2.625.000 Euro wird bei der Stadiongesellschaft einem gedachten Pachtzinspool zugeführt. Aus diesem Pool refinanziert die Gesellschaft die Pachtzinsausfälle bei Zugehörigkeit des 1. FCK zur Zweiten Fußballbundesliga."

Das „Zukunftsmodell FCK" im Überblick:
- Miete bisher: 3,2 Millionen Euro.
- Basismiete zukünftig zweite Liga: 2,4 Millionen Euro (800.000 Euro werden jährlich dem Pachtzinspool entnommen).
- Basismiete zukünftig erste Liga: 3,6 Millionen Euro (400.000 Euro werden dem Pachtzinspool zugeführt).
- Hinzu kommen mögliche „Erfolgspachten", etwa bei Erfolgen im DFB-Pokal, die dem Pachtzinspool zugeführt werden.
- Der Grundstock des Pachtzinspools speist sich aus dem Verkauf des Fröhnerhofs von Stadt an Verein für 2,625 Millionen Euro.

So setzt das Staffelmodell wieder ganz auf den sportlichen Erfolg. Gelingt dem FCK der Aufstieg, erweist es sich als stabil. Schließlich füllt sich dann der Pachtzinspool durch höhere Mietzahlungen und mögliche Erfolgspachten. Nur: Was geschieht, wenn dem FCK der Aufstieg in die 1. Bundesliga nicht gelingt? Dann läuft schließlich der Pachtzinspool aus. Und was dann?

Der Pachtzinspool und der Fröhnerhof-Deal

In der Beschlussvorlage steht: „Ist der Pool zu irgendeinem Zeitpunkt aufgebraucht und spielt der 1. FC Kaiserslautern weiter in der Zweiten Fußballbundesliga, so ergibt sich eine grundsätzliche Problematik, die unter den Parteien erneut verhandelt werden muss." Im Klartext: Dann ist der Pachtzinspool leer, das Fröhnerhof-Gelände ist aus kommunalem Vermögen verschwunden, der Verein hat auf Kosten des Steuerzahlers erneut Pachtreduzierungen in Höhe von 2,625 Millionen Euro erhalten, und keiner weiß, wie es weitergehen soll. Zudem springt die Miete wieder auf das bisherige Niveau: „Gibt es dabei keine Einigung, so gilt eine Mindestpacht von 3,2 Millionen Euro als vereinbart."

Da klingt es grotesk, dass die Beschlussvorlage von einem „für beide Vertragsparteien ausgewogenem Risiko" spricht. In Wirklichkeit liegt das Risiko vor allem bei der Stadt. Doch in der Fußballstadt Kaiserslautern rechnet man mit der Hoffnung auf neuen sportlichen Glanz anders. Zumindest laut städtischer Beschlussvorlage bestehen am Aufstieg des FCK in die erste Liga kaum Zweifel: „Finanzielle Problemstellungen des Vereins und die damit verbundenen Pachtzinsreduzierungen in der Zweiten Fußballbundesliga werden kompensiert durch höhere Pachtzinszahlungen bei Zugehörigkeit zur Ersten Fußballbundesliga." Und als wären der Geländewert des Fröhnerhofs sowie die 2,625 Millionen Euro des Pools nur eine beliebige Jongliermasse, heißt es: „Negative Verläufe finden ihre Grenze in der vollständigen Inanspruchnahme des Pachtzinspools, der zugleich die Risikobegrenzung der Gesellschaft darstellt."

Gleichzeitig dient der skurrile Deal einem weiteren gewöhnungsbedürftigen Zweck, nämlich als Reaktion auf die Kritik zur Abgeltung der Besserungsscheine. Schließlich fragte ja auch die Kommunalaufsicht bereits, ob – nachdem die Stadt Investitionen des Klubs ins Stadion mit den Besserungsscheinen verrechnet hatte – der Klub für einen höheren Stadionwert nicht auch eine höhere Pacht zu zahlen habe. Dem entgegnet man einfach, dass der Fröhnerhof nun aus dem Mietpaket „herausgekauft" sei. Diese Reduzierung des Mietpakets stehe der Wertsteigerung an anderer Stelle gegenüber. „Mit dem neuen Pachtzinsmodell sowie der Neufestsetzung des Pachtzinses sind die Pachtzinsreduzierungen aus dem Verkauf des Sportparks ‚Rote Teufel', Fröhnerhof, und die Pachtzinserhöhungen aus dem Erwerb der vom 1. FCK getätigten Investitionen im Rahmen der Abgeltung der Besserungsscheine gegenstandslos geworden."

„Erpressung" und „Veruntreuung"

Es wäre falsch zu behaupten, keiner der Stadtpolitiker hätte Skrupel, ein solch diffuses Modell zu verabschieden. Es ist eine zähe Sitzung. Mehrere Stunden wird um die Beschlussfassung gerungen. Lange steht das Staffelmodell auf der Kippe. In der kontroversen Debatte treten Streitpunkte und Risiken offen zutage, und die Diskussion verläuft viel zu hitzig, als dass diese Stimmen ungehört verhallen könnten.

Letztendlich stimmt der Stadtrat mit Stimmenmehrheit, getragen durch das Votum der SPD und der CDU, dennoch für die Beschlussvorlage. Die SPD-Fraktion heftet sich den Ratsbeschluss sogar als Erfolg an. „Ausschlaggebend für die Zustimmung des Stadtrates waren die Verhandlungen der SPD-Fraktion mit dem FCK-Vorstandsvorsitzenden Stefan Kuntz während einer Sitzungsunterbrechung", teilen die Sozialdemokraten später mit. „Die SPD-Stadtratsfraktion konnte den FCK-Chef davon überzeugen, dass der 1. FCK als Signal an die Stadiongesellschaft einen eigenen Beitrag zum neuen Pachtzinspool beiträgt."

Das politische Signal sieht folgendermaßen aus: Kuntz sagt zu, die geplante Zusatzpacht-Regelung bereits in der laufenden Saison anzuwenden. Denn kurz zuvor hat der FCK das Halbfinale des DFB-Pokals gegen den FC Bayern erreicht. Die Anwendung der Zusatzpacht-Regel bedeutet für den Pachtzinspool eine zusätzliche Einlage in Höhe von 250.000 Euro aus diesem Spiel.

Aber dieses „Signal" überzeugt nicht alle. Im Gegenteil: Stefan Glander von der Fraktion Die Linke wirft den Stadtpolitikern „Klüngelei" und fehlendes Augenmaß vor. „Für ein Zugeständnis in Höhe von 250.000 Euro, die locker durch die Mehreinnahmen des DFB-Pokals zu tragen sind, stimmt die SPD-Fraktion dem Modell zu", hadert er. „Dabei ist dies überhaupt nicht nachhaltig – der Betrag fließt in den Pachtzinspool und wird zukünftig bei Zweitligazugehörigkeit direkt wieder aufgebraucht." Es sei „unseriös und der Thematik nicht angemessen", dies als Verhandlungserfolg zu verkaufen. „Wie auf dem Basar um 250.000 Euro zu feilschen, das ganze Modell aber weder zukunftssicher noch nachhaltig zu gestalten, verstößt gegen die Interessen der Stadt und hilft auch dem FCK nicht weiter." Demgegenüber stünden Summen wie die der Stadionkredite in Höhe von rund 65 Millionen Euro.

Auch Glander fühlt sich von dem Vorschlag in der Sitzung überfahren. „Ein solches Modell sollte nicht in einer Mammutsitzung des Stadtrates durchgepeitscht werden, sondern langfristig verhandelt und offen mit beiden Vertragsparteien besprochen werden." Einen nach Ligazugehörigkeit gestaffelten Pachtzins lehnt er grundsätzlich zwar nicht ab. Aber: „Da bei dem vorgeschlagenen Modell in der zweiten Liga 800.000 Euro weniger Mindestpacht bezahlt werden, in der Bundesliga aber nur 400.000 Euro mehr, muss der 1. FCK zukünftig die doppelte Anzahl von Jahren in der Bundesliga spielen, damit sich das Modell rechnet." Dies sei „unrealistisch".

Außerdem macht Glander auf die Risiken aufmerksam, sollte der FCK nicht aufsteigen. „Im Falle der Zweitligazugehörigkeit trägt das neue Mietmodell gerade einmal drei Jahre, vielleicht ein wenig länger, sollte der FCK Erfolgspachten zahlen. Doch dann ist der Pachtzinspool aufgebraucht." Gelingt der Aufstieg in dieser Zeit nicht, sieht Glander erneut finanzielle Probleme auf den Verein zukommen und warnt gar vor dem Abgleiten in die dritte Liga. Darauf finde das „Zukunftsmodell" keine Antwort.

Insgesamt fehle eine belastbare Kalkulation. „Erschreckend ist, dass die städtischen Vertreter, die dieses Modell mitverhandelt haben, weder die Einnahmensituation des FCK pro Erreichen der verschiedenen DFB-Pokalrunden, obwohl dies einen Teil der Zusatzpacht ausmacht, noch die Berechnung der Fernsehgelder kannten. Wenn wir nicht wissen, um welche Größenordnungen es sich hier jeweils handelt, und keine Finanzplanung für den Erhalt der Bundesliga beziehungsweise den Aufstieg vorliegt, kann man kein seriöses Mietmodell vereinbaren", sagt Glander. „Der sportliche Erfolg ist natürlich nicht planbar, aber eine Finanzplanung, um diesen Erfolg überhaupt möglich zu machen, schon."

Die Grünen-Fraktion zeigt sich ebenfalls skeptisch: „Mit dem Verkauf des Fröhnerhofs macht die Stadt indirekt dem FCK ein Geschenk. Die 2,625 Millionen Verkaufserlös fließen nicht in die Stadiongesellschaft zur Schuldentilgung, sondern in einen virtuellen Pool, um den FCK in schlechten Zeiten wiederum abzusichern", kritisiert Grünen-Fraktionschefin Gilda Klein-Kocksch. Wieso soll die Stadt dem Verein ein Gelände verkaufen und mit dem Verkaufserlös eine Mietminderung querfinanzieren? „Dieses sogenannte neue Modell" könne man „rein betriebswirtschaftlich nicht mittragen", sagt sie. „Denn es steht in keinem fairen Risiko-Chancen-Verhältnis." Glander spricht sogar von „Veruntreuung städtischen Vermögens" – die hochverschuldete Stadt könne nicht bei öffentlichen Leistungen massiv einsparen „und auf der anderen Seite ein Grundstück im Wert von 2,625 Millionen Euro verschenken".

Einige Stadträte wollen die Entscheidung vertagen. Es bestehe „kein Zeitdruck, das neue Modell in so kurzer Zeit durchzudrücken", meint Glander und mutmaßt, dass beim Timing des FCK-Vorschlags „sicherlich die anstehende Kommunalwahl ein wichtiges Element" gewesen sei. Schließlich will in diesen Zeiten keine Partei die Missgunst der Fußballanhänger auf sich ziehen. Der Druck auf die Parlamentarier ist also umso höher. Auch die Grünen sehen „noch zahlreiche rechtliche Fragen offen". Klein-Kocksch sagt: „Mit dem Zeitdruck der Lizenzierung hat sich die Stadt wieder einmal vom FCK erpressen lassen."

„Ein großer Tag für den FCK"?
SPD-Oberbürgermeister Klaus Weichel weist derweil Kritik zurück. „Von einer Schenkung kann hier in keiner Weise gesprochen werden", betont er. „Die Zukunftsfähigkeit des Vereins muss sichergestellt werden. Davon profitiert auch die Stadt." Bei einem Verbleib des 1. FCK in der 2. Bundesliga müsse ohnehin immer wieder mit Anträgen auf Pachtminderung in Höhe von jährlich circa 1,2 bis 1,4 Millionen Euro gerechnet

werden. „Spielt der 1. FCK in der 2. Bundesliga, sind Stadt und Stadiongesellschaft immer wieder mit der Frage einer Pachtminderung konfrontiert. Mit dem Modell stellen wir eine gewisse Planbarkeit sicher." Es gebe nun „eine generelle Verfahrensregelung für die nächsten Jahre".

Insofern sei das Modell eine „nachhaltige Lösung", behauptet Weichel. „Die erforderlichen Entscheidungen wurden jetzt getroffen, da der 1. FCK für die Beantragung der Lizenz für die kommende Spielsaison der DFL ein tragfähiges Konzept vorlegen muss." Und SPD-Fraktionschef Andreas Rahm warnt: „Wenn die Stadiongesellschaft keinen Mieter mehr für das Stadion hätte und in die Insolvenz gehen müsste, würde sich das sofort auf den städtischen Haushalt durchschlagen." So ist in Zwischentönen selbst bei den lauten Befürwortern des „Zukunftsmodells" ein gewisses Unbehagen erkennbar.

Mit Stimmenmehrheit wird das „Zukunftsmodell" im Stadtrat angenommen und soll ab 1. Juli 2014 in Kraft treten. „Wir hatten die Wahl zwischen zwei Übeln und haben das kleinere gewählt", sagt Bernd Rosenberger, Fraktionsvorsitzender der Oppositionspartei CDU, die ebenfalls für das „Zukunftsmodell" stimmt. Er spricht vom „Prinzip Hoffnung". Die Hoffnung auf eine Rückkehr in die erste Liga.

In einer Pressemeldung feiert der FCK die Annahme seines Vorschlags: „Die Roten Teufel haben einen großen Schritt für Planungssicherheit und eine gesunde Zukunft getan." Ein Jahr nachdem die Betze-Anleihe aufgelegt wurde, scheint nun die Grundstücksfrage geklärt. „Damit ist der Weg für den Rückkauf des Grundstücks Fröhnerhof frei!", verlautbart der Verein. „Ein wirklich großer Tag für den FCK!"

„Eigentor mit Ansage"

Doch es kommt anders. Der Fröhnerhof-Verkauf beschäftigt die Stadtpolitik in den nächsten Monaten weitaus intensiver als erwartet. Die Ablehnung eines Antrags der FDP, die Beratungen auszusetzen, bis ein Rechtsgutachten zur EU-Beihilfeproblematik eingeholt sei, rächt sich nun. Es geht insbesondere um die Frage, ob das Staffelmodell und der Grundstücksdeal den Profifußball mithilfe öffentlicher Gelder über die Maßen unterstützten und wie diese mit dem europäischen Beihilferecht zu vereinbaren seien. Obwohl die FDP diese Frage noch während der Debatte um das Staffelmodell im Stadtrat einbrachte, lehnten andere Fraktionen, voran SPD und CDU, eine Erörterung ab.

Aber mit ihren Vorbehalten sollte die FDP recht behalten. Denn plötzlich schaltet sich die Kommunalaufsicht ein. Sie fordert eine Prüfung der EU-Konformität. Wenige Tage nachdem im Stadtrat über das Staffelmodell samt Pachtzinspool abgestimmt wurde, sieht sich Oberbürgermeister Weichel nun gezwungen, den Vorgang auszusetzen. Bis zur rechtlichen Klärung liegt das „Zukunftsmodell FCK" auf Eis. „Eigentor mit Ansage" – so bescheinigt FDP-Mann Kennel dem Stadtvorstand und den Ratsmitgliedern, ihre „Hausaufgaben nicht gemacht" und damit „einen unnötigen Imageschaden für Stadt und FCK verursacht" zu haben.

Tatsächlich ruft die Debatte ein nationales Medienecho hervor. Auch weil sich der rheinland-pfälzische Steuerzahlerbund zu Wort meldet. Dessen Geschäftsführer René Quante lässt am „Zukunftsmodell FCK" kein gutes Haar. Das befeuert zusätzlich die Berichterstattung. „Hat der FCK illegale Beihilfen kassiert?" Plötzlich beherrscht diese Frage bundesweit die Schlagzeilen. Das bringt letztlich sogar die Landesregierung von SPD-Ministerpräsidentin Malu Dreyer unter Rechtfertigungsdruck.

Quante zerpflückt das „Zukunftsmodell FCK". Im Blick steht nicht nur der Kaufpreis in Höhe von rund 2,6 Millionen Euro zum Erwerb des Trainingszentrums. Quante erinnert daran, dass zur Jahrtausendwende schon einmal rund 2,8 Millionen Euro an Landesmitteln zum Bau des Fröhnerhofs an den Verein geflossen waren. Im Zuge des Stadionverkaufs hatte die Stadiongesellschaft das Trainingsgelände 2003 dann für circa sechs Millionen Euro vom Verein gekauft. „Nun kauft der Verein die Immobilie für 2,6 Millionen Euro zurück. Das macht einen unbegreiflichen Wertverlust von über 50 Prozent", rechnet Quante. „Wurde der Fröhnerhof damals zu einem Mondscheinpreis gekauft, oder wird die Immobilie jetzt zu einem Spottpreis verschleudert?"

Quante fällt ein vernichtendes Urteil: „Im Endeffekt wurden über 3,4 Millionen Euro an Steuergeld an den Verein verschenkt. Das spottet allen Grundsätzen zum sparsamen und wirtschaftlichen Handeln. Kein privates Unternehmen würde solch verlustreiche Deals abschließen und lange überleben." Zweitens kritisiert der Steuerzahlerbund-Geschäftsführer die neue Pachtvereinbarung als „völlig verfehlt". Schließlich „reichen die Einnahmen doch bereits jetzt nicht aus, um die überschuldete Stadiongesellschaft aus der finanziellen Misere zu führen. Wie soll das dann erst gelingen, wenn die Pachteinnahmen an den wechselhaften sportlichen Erfolg des 1. FCK gekoppelt werden?"

Es bahne sich ein Finanzcrash an. „Egal, ob der Verein in der ersten oder zweiten Liga spielt, der Schuldendienst der Stadiongesellschaft bleibt davon unberührt. Wenn der sportliche Erfolg ausbleibt, heißt das nichts anderes, als dass der Steuerzahler zum Ausgleich zur Kasse gebeten wird." Dass der Kaufpreis für das Gelände Fröhnerhof auch noch in einen Pachtzinspool fließen und damit Mietreduzierungen abfedern soll, ist für Quante „nichts anderes als finanzieller Selbstbetrug. Dieses Geld gehört schließlich bereits der Stadiongesellschaft und hat mit den Pachten nichts zu tun. Mit dieser Konstruktion sollen nur die niedrigen Pachteinnahmen verschleiert werden."

Der Steuerzahlerbund-Geschäftsführer prangert „unwirtschaftliche Pachtverträge, großzügiges Stunden offener Forderungen und windige Immobiliendeals" an, die er als „indirekte Subventionen" bezeichnet. „Im Ergebnis wäre es dasselbe gewesen, wenn der 1. FCK das Stadion und den Fröhnerhof behalten, dafür aber die Stadt Jahr für Jahr direkt Millionenbeträge an den Verein überwiesen hätte." Zudem hegt er den Verdacht, „dass die undurchsichtige Konstruktion zwischen der Stadt Kaiserslautern, der Stadiongesellschaft und dem 1. FCK in den Bereich der illegalen Beihilfen" fallen könnte, und fordert ebenfalls eine EU-Prüfung. Quante spricht aus, was sonst keiner wagt: „Seit über zehn Jahren fließt Steuergeld direkt oder indirekt zugunsten dieses Vereins, und wir sind der Meinung: Das muss aufhören. Wenn man sich die vergangenen zehn Jahre anschaut, dann habe ich doch den klaren Eindruck, dass die Fußballbegeisterung jede finanzpolitische Vernunft besiegt hat – und ich denke, es reicht."

Die „Vorwürfe des Herrn R. Quante"

Die Kritik des Steuerzahlerbundes sorgt für einen medialen Aufschrei. Das „Zukunftsmodell FCK", das bislang vorwiegend hinter den verschlossenen Türen der Fraktionszimmer verhandelt wurde, wird nun bundesweit sichtbar. Obwohl sich Quantes Kritik naturgemäß an die öffentliche Hand, also die Stadt Kaiserslautern, richtet, schaltet sich der FCK ein. „Die Verantwortlichen sehen keinen Angriffspunkt", längst habe man das EU-Thema berücksichtigt, auch in der Lizenzierung, heißt es in einer Verlautbarung zu den „Vorwürfen des Herrn R. Quante". Man nehme „mit Befremdnis (sic) zur Kenntnis, dass sich mit dem Geschäftsführer Herr R. Quante jemand ohne Sachkenntnis öffentlich zu Wort meldet und durch rein populistische Aussagen versucht, Aufmerksamkeit zu erregen und dem 1. FC Kaiserslautern einen Imageschaden zuzufügen". Weiter wolle sich die Vereinsführung nicht einlassen.

Doch der Druck wird offenbar so groß, dass sich am nächsten Tag Vorstand Kuntz selbst zu Wort meldet und die Stadiongesellschaft ebenfalls eine Stellungnahme abgibt. In einem Beitrag des SWR äußert sich später sogar der ehemalige DFB-Präsident Theo Zwanziger. Der Tenor ist überall ähnlich: Die öffentliche Kritik schade dem FCK und dem Fußball. Nostalgisch erinnert Zwanziger an das „Sommermärchen", die

WM 2006, in deren Kontext das Fritz-Walter-Stadion ausgebaut wurde. Nun dürfe man den Verein nicht allein lassen, denn dann würde man ein Stück des Geistes der WM verraten, sagt er. „Das sollten wir nicht machen, und das sollte auch der Bund der Steuerzahler sein lassen." Derart emotionale Statements lassen keine Bereitschaft für eine sachliche, rationale Auseinandersetzung mit Quantes Argumenten erkennen.

Im Gegenteil keift Kuntz zurück und wirft Quante vor, „aufgeblasene Zahlen" zu verbreiten. „Wir können uns des Eindrucks nicht erwehren, dass möglichst alles vermischt wurde ohne genaue Vertragskenntnis, ohne genaue Kenntnis der Sachlage. Alles wird in einen Topf geworfen, um eine möglichst hohe Summe zu erreichen, zum Nachteil vom 1. FC Kaiserslautern, zum Schaden des 1. FC Kaiserslautern", beschwert sich der Vorstandsvorsitzende. Es sei mitnichten der Fall, „dass der FCK von irgendjemandem Geld möchte", noch dazu öffentliche Mittel. Schließlich wolle man ja Geld ausgeben, damit das Trainingsgelände von der Stadt zurückkaufen und das Nachwuchszentrum ausbauen. „Dazu haben wir die Betze-Anleihe aufgelegt", unterstreicht Kuntz.

„In diesem Zusammenhang ist dann auch klar, dass, wenn man aus einem Mietobjekt einen gewissen Teil zurückkauft, dann die Miete reduziert werden müsste", sagt Kuntz aufgebracht. All diese Aspekte habe man abgewogen und daraus das „Zukunftsmodell FCK" geformt. Dabei verweist er auf „tatsächliche Zahlen aus den letzten vier Jahren": Hätte da das Staffelmodell mit seinen Sonderpachten und den Erstliga-Spielzeiten schon Anwendung gefunden, „hätte die Stadt mittlerweile ein Plus von 300.000 Euro". Allerdings ist die Wahl dieses Zeitraums recht beliebig – bei der Betrachtung einer anderen Periode könnten die Zahlen genauso ein Minus ergeben.

Den rasanten Wertverlust des Fröhnerhofs von rund 3,4 Millionen Euro in wenigen Jahren erklären Klub und Stadt mit Abschreibungen auf das Areal und seine Bauten. In einem Sachstandbericht der Stadiongesellschaft an den rheinland-pfälzischen Landtag erläutert die Stadiongesellschaft, der Verkaufspreis des Fröhnerhofs in Höhe von 2,625 Millionen Euro orientiere sich am aktuellen Buchwert des Grundstücks. „Der Wertverlust gegenüber dem Grundstück im Jahre 2003 erklärt sich durch die bisher vorgenommenen Abschreibungen. Dabei liegt der Schwerpunkt auf den Sportplätzen, die eine Nutzungszeit von zehn Jahren haben und demzufolge in diesem Zeitraum abzuschreiben sind."

Die „mehr als populistische Aussage" des Steuerzahlerbundes, es seien in den vergangenen Jahren rund 100 Millionen Euro an Steuergeld zum Betzenberg geflossen, „können wir auch nicht ansatzweise nachvollziehen und widersprechen den Äußerungen ganz entschieden", erklären die Geschäftsführer der Stadiongesellschaft, Erwin Saile und Klaus Wenzel. „Es ist unseriös, ohne Fakten zu nennen, derartige Anschuldigungen zu verbreiten und die Betroffenen in ihrer Reputation zu beschädigen." Es gebe „keine undurchsichtige Konstruktion zwischen Stadt, Stadiongesellschaft und dem 1. FC Kaiserslautern. Alle geschäftlichen Beziehungen basieren auf entsprechenden Vereinbarungen, Verträgen und Beschlüssen der zuständigen Gremien."

Oberbürgermeister Weichel allerdings ringt im SWR-Interview durchaus mit dem Status quo. Die enge Verzahnung zwischen Stadt und Verein sei „eine Belastung für Stadt und Stadiongesellschaft", räumt er ein. Dass diese Verbindung nicht so eng wäre, „wünsche ich mir schon", sagt Weichel. Dabei wird deutlich, dass selbst der Oberbürgermeister mit der getroffenen Vereinbarung nicht glücklich ist: „Wo bleibt da die Alternative? Die gibt es nicht. Wir müssen zusehen, dass alle drei Partner – Stadt, Stadiongesellschaft und Verein – überleben", sagt er mit entwaffnender Offenheit. „Wenn der FCK es nun mal nicht schafft, in der zweiten Liga die volle Pacht zu bezahlen, wo ist da der Ermessensspielraum?" Der Oberbürgermeister ist der Situation ausgeliefert: „Natürlich ist es eine Art Spiel, wenn Sie es so wollen, es hängt vom sportlichen Erfolg ab."

Kuntz weiß um die missliche Lage der Stadtpolitiker: „Ist doch logisch, dass die eines im Hinterkopf haben, dass sie möglichst lange möglichst viel und möglichst sicher Miete bekommen vom 1. FC Kaiserslautern", sagt der Vorstandsvorsitzende gegenüber dem SWR. Er nutzt die emotionale Kraft der Marke FCK und das Drohpotenzial in der Stadionfrage: „Wenn Sie überlegen, wenn wir den FCK jetzt kaputt machen, dann geht's los mit richtiger Verschwendung von Steuergeldern." Denn dann stünde die Stadt allein da mit dem Stadion und dessen Millionenkrediten. Das könne doch niemand wollen.

Kuntz erinnert ebenfalls an die WM: Als deren Resultat habe der FCK ein „überdimensioniertes Stadion hier stehen", das den Verein mehr belaste, als dass es ihm nutze. So weist er der Stadt- und der Landespolitik eine Verantwortung an der misslichen Lage zu. Da keiner schuld sein will an einem Millionengrab für den Steuerzahler, bleiben in der Politik die Reihen geschlossen. Keiner tritt hervor und positioniert sich mit Kritik am Gebaren des Klubs und dessen Managements. Es ist ein Tabu, sich bezüglich des FCK allzu kritisch einzulassen. Damit schwelt das Problem nur weiter. Doch die Lage wird immer prekärer, obwohl dies öffentlich kaum einer zugeben will. Die E-Mail-Korrespondenz eines Aufsichtsratsmitglieds der Stadiongesellschaft, die mir schriftlich vorliegt, bestätigt das Dilemma.

[…] Ich habe mir die Sache nochmals durch den Kopf gehen lassen: Natürlich ist es für den Laien suspekt, z.B. ein Gelände zu kaufen, es nach ein paar Jahren mit einem Verlust von rd. 4 Millionen wieder zurückzuverkaufen und den Kaufpreis auf eine Miete anzurechnen, die sowieso gezahlt werden muss und dann auch noch diese Pacht in einem windigen Verfahren zu kürzen und an einen Erstliga-Aufstieg zu koppeln. Das riecht nach Beihilfe und Intransparenz, ist klar. Anders, als wir gedacht haben, ist es dem Oberbürgermeister aber nicht möglich, Geld einfach aus dem Fenster zu werfen, das wäre Veruntreuung von ihm anvertrauten Geldern. Er muss es also dem FCK auf eine Weise schenken, die rechtlich in Ordnung ist. Als einfache, klare Subvention funktioniert es nicht, ist nicht zulässig. Der FCK steht allerdings finanziell mit dem Rücken zur Wand. Ohne die Pachtminderung mit allem Drumherum wäre er wohl zahlungsunfähig. Dann würde gar keine Pachteinnahme mehr fließen. Das Stadion anders zu vermarkten ist nicht möglich. Die Frage ist halt, was den Steuerzahler am Ende teurer kommt. Und ob es politisch zu überleben ist, den FCK in den Konkurs zu führen. Andererseits ist es natürlich nicht sicher, ob der FCK durch ein Kürzen der Gehälter auch hätte das Geld anderweitig sparen können. Was da auch im Vorstand abgesahnt wird, entzieht sich meiner Kenntnis. […]

„Beruhigungspillen" und „Vuvuzelas"

Zur Groteske verkommt die Debatte im Mainzer Landtag, der sich in diesen Tagen mehrfach mit dem FCK und der EU-Frage nach möglichen illegalen Beihilfen beschäftigt. Dies tun die Landtagsabgeordneten aber wieder nur bedingt im Sinne einer Lösungsfindung; stattdessen nutzen sie das Thema für politische Schlachten. „Nürburgring, Betzenberg, Hahn – Rot-Grüne Landesregierung in Erklärungsnot" lautet der Titel eines Antrags, den die CDU-Opposition im März 2014, als parallel im Kaiserslauterer Stadtrat das Staffelmodell besprochen wird, im Landtag stellt. Die Ausbauten der Rennstrecke Nürburgring und des Flughafens Hahn, Prestigeprojekte der SPD-geführten Landesregierung, gerieten zum Fiasko – Gleiches drohe am Betzenberg, meint die CDU.

Schon bevor der Antrag das Parlament erreicht, schlagen die Wellen hoch. Sogar Steuerzahlerbund-Geschäftsführer Quante, der ja nun am wenigsten ursächlich ist für die Verquickung von Stadt, Stadiongesellschaft und Verein, sondern lediglich mit Kritik am Steuermittel-Einsatz hervortrat, sieht sich plötzlich persönlichen Angriffen ausgesetzt. „Rettet das Land vor dieser CDU!", poltert der rheinland-pfälzische SPD-Generalsekretär Jens Guth und legt nach: „Es ist klar, aus welcher Richtung der Wind weht, wenn der Chef des Steuerzahlerbundes, früher ein überaus aktives Mitglied der Jungen Union und ehemaliger Mitarbeiter bei einem CDU-Bundestagsabgeordneten, kurz vor den Kommunalwahlen dieses Thema wieder hinter dem Ofen hervorzerrt."

Guth schwingt die Lokalpatriotismuskeule: „Zuallererst schaden solche Schlagzeilen dem Ansehen des 1. FC Kaiserslautern." Die CDU besudele damit das Land und den Verein. „Aber die CDU spielt nicht nur gegen die Landesregierung, sondern auch direkt gegen den FCK, gegen die Pfalz und gegen ihre eigenen Parteifreunde im Stadtrat von Kaiserslautern – die CDU macht nicht mal davor halt, das dem einzigen Ehrenbürger unseres Landes und Ehrenspielführer der deutschen Fußballnationalmannschaft, Fritz Walter, gewidmete Museum in den Schmutz zu ziehen." Unlängst wurde im Fritz-Walter-Stadion das Museum eingerichtet, das ebenfalls zum Politikum wurde. Der Landesrechnungshof hinterfragte die diesbezügliche Förderung durch Stadt und Land.

Aus Reihen der CDU keilt Hans-Josef Bracht, Parlamentarischer Geschäftsführer, in gleichem Tenor zurück. „Rettet den 1. FCK vor der Landesregierung!" Die SPD-Regierung habe Rheinland-Pfalz mit einer Reihe „gescheiterter Großprojekte" zum „Skandalland" gemacht. Nun sei die Landesregierung verantwortlich dafür, die Finanzströme beim FCK unverzüglich offenzulegen und auf eine europarechtlich einwandfreie Grundlage zu stellen. „Nur so ist der 1. FCK als Infrastrukturprojekt für die Region zu retten." Dabei sieht Bracht die rot-grüne Landesregierung sogar in der Pflicht, mit der Stadt ein Stadionkonzept zu entwickeln, das dem FCK einen „sicheren Verbleib im Profifußball" ermögliche.

Ganz stringent ist die Argumentation der CDU jedoch nicht. Denn andererseits prangert sie doch gerade einen vermeintlich zu großen Einfluss der Landesregierung auf den Verein an. Im Landtag läuft die Debatte am 26. März 2014. CDU-Frontfrau Julia Klöckner geht in die Offensive. Direkt greift sie Ministerpräsidentin Dreyer an, die das Amt vom zurückgetretenen Kurt Beck übernommen hatte. „Eigentlich hatten wir gehofft, Sie beenden das System Beck. Aber nun stellen wir fest, Sie setzen das System Beck genauso fort. Genau wie Ihr Vorgänger verteilen Sie Beruhigungspillen an Bürger, Parlament und Journalisten. Ob am Nürburgring oder am Hahn, um Ihre Regierungsleuchttürme ist es ziemlich dunkel geworden", poltert Klöckner. „Beim Tarnen und beim

Schönreden werden Sie nun noch assistiert von den Grünen, und der rote Filz wird immer grüner."

Millionen Euro an Steuergeldern seien „verbrannt" worden, „und immer und immer und immer und immer war es ein SPD-Netzwerk, das uns diese Misere eingebrockt hat", meint Klöckner. Das umstrittene Modell der Stadiongesellschaft sei in Mainz entwickelt worden. „Es war der ehemalige Finanzminister von Herrn Beck, nämlich Herr Deubel. Die SPD hat sich massiv eingemischt." Ähnlich wie bei den missratenen Ausbauprojekten des Flughafens Hahn und der Rennstrecke Nürburgring seien dabei EU-Regeln offenbar in beihilferechtlichen Fragen nicht ausreichend berücksichtigt worden.

Dreyer hingegen wirft Klöckner wiederum eine „Skandalisierung" aus niederen, parteitaktischen Motiven vor. „Sie setzen auf die schnelle Schlagzeile im Gegensatz zur seriösen Politik." Die CDU vermische Projekte – die Ausbauten des Flughafens Hahn, der Rennstrecke Nürburgring sowie des Fritz-Walter-Stadions –, die keineswegs miteinander vergleichbar seien. Gerade was das Fritz-Walter-Stadion betreffe, gebe es „eigentlich fast überhaupt kein Projekt in Rheinland-Pfalz, das auf einem so breiten politischen Konsens gelaufen ist", betont Dreyer.

Der Grünen-Fraktionsvorsitzende Daniel Köbler gibt die Vorwürfe ebenfalls zurück. Schon immer seien die Grünen bezüglich des Steuermitteleinsatzes im Profifußball skeptisch gewesen und hätten dies in ihrem Abstimmungsverhalten zum Ausdruck gebracht. Unter anderem verweist Köbler auf das jüngste Votum zum Staffelmodell. „Die Grünen-Kollegen im Kaiserslauterer Stadtrat haben auch nicht zugestimmt, im Gegensatz zur CDU, bei der sogar ein Spitzenkandidat, der sich kritisch geäußert und diesen Dingen nicht zugestimmt hatte, zurückgezogen wurde." Tatsächlich verlor die Kaiserslauterer CDU-Fraktion kurz zuvor ihren Kandidaten für die anstehende Oberbürgermeisterwahl.

Wie weit das Niveau der parlamentarischen Auseinandersetzung von der Sachebene abgleitet, zeigt sich auch in den folgenden Sitzungen, als sich etwa der stellvertretende Vorsitzende der CDU-Fraktion Christian Baldauf bemüßigt sieht, seine FCK-Kompetenz damit zu untermauern, dass er „seit über 30 Jahren eine Dauerkarte auf diesem Berg" habe. Dagegen habe er SPD-Ministerpräsidentin Dreyer im „letzten halben Jahr nicht auf dem Betzenberg gesehen". Als täte das etwas zur Sache. Der Grüne Nils Wiechmann hält Baldauf daraufhin populistische Effekthascherei vor sowie, „sich wieder als Vuvuzela der rheinland-pfälzischen CDU" zu generieren, „laut, schräg und manchmal ganz schön nervig". Und SPD-Innenminister Roger Lewentz redet, als sei er von der FCK-

Presseabteilung entsandt, weist auf die wirtschaftliche Bedeutung des FCK für die Region hin, zitiert das Gutachten der Mainzer Universität und behauptet, die CDU sei verantwortlich für „negative Berichterstattung" und wolle den „Traditionsverein kaputtreden".

Das eigentliche Thema, die Frage der EU-Beihilfe, kommt im Gezanke nur vergleichsweise kurz zur Sprache. Bei der Sitzung im März 2014 erinnert der SPD-Fraktionsvorsitzende Hendrik Hering daran, dass in den Zuwendungsbescheiden des Innenministeriums an die Stadt stets geregelt gewesen sei, „dass beihilferechtliche Fragen von der Stadt zu klären sind". Grundsätzlich bestünden die relevanten Rechtsbeziehungen zwischen der Stadt und dem Verein. An deren Konzeption sei die damalige CDU-Stadtführung beteiligt gewesen. Die Verantwortung des Landes sei hier also höchstens begrenzt. So zieht sich die Landesregierung mit Formalitäten aus der Affäre und delegiert die Betroffenheit an die Stadt. Dieses Argumentationsmuster wird sich in Zukunft wiederholen.

Dennoch habe die Landesregierung die Stadt keineswegs alleine gelassen, auch nicht in der Beihilfefrage. 2007 habe die Stadt „auf Vermittlung und mit der Unterstützung der Landesregierung beim Bundeswirtschaftsministerium die Frage der beihilferechtlichen Relevanz angesprochen". Das Bundeswirtschaftsministerium sei damals von CSU-Mann Michael Glos geführt gewesen. „Wir haben nicht in Zweifel gezogen, dass diese Frage unter der Unionsführung des Wirtschaftsministeriums ordnungsgemäß und angemessen geprüft wird und eben nicht die Empfehlung ausgesprochen wurde, eine Notifizierung [Anmerkung des Autors: eine „Anmeldung" der möglichen Subvention bei der EU-Kommission] vorzunehmen", sagt Hering.

Wie aus einem Landtagsprotokoll hervorgeht, soll in der Vergangenheit das Bundeswirtschaftsministerium sogar eindringlich von weiterer Schritten abgeraten und darauf hingewiesen haben, dass es die Notifizierung des Ausbaus nur einer WM-Spielstätte in Deutschland als äußerst problematisch ansehe. Demnach hatte die Stadt zuvor offenbar sogar bereits eine Anwaltskanzlei eingeschaltet, doch auf Abraten des Bundeswirtschaftsministeriums dann konkretere Maßnahmen zur Notifizierung unterlassen.

Gibt es da etwa noch mehr schlafende Beihilfe-Hunde auch in anderen deutschen Städten, die man lieber nicht wecken und daher einen Präzedenzfall vermeiden möchte? Diesen Gedanken wirft zumindest mir gegenüber ein führender Stadtpolitiker in einem vertraulichen Gespräch auf. Das Bundeswirtschaftsministerium gibt sich auf meine

Anfrage hingegen wortkarg und weist darauf hin, „dass über das Vorliegen oder Nichtvorliegen einer Beihilfe letztlich nur die Kommission rechtsverbindlich entscheiden kann".

Insgesamt zeugen lediglich wenige Zwischentöne im politischen Raum von einer differenzierten, kritischen Auseinandersetzung mit der Causa FCK. Im rheinland-pfälzischen Innenausschusses vom 10. April 2014 etwa nennt der SPD-Abgeordnete Martin Haller nicht den WM-Ausbau des Stadions als ursächlich für die aktuelle Problematik, sondern erachtet die Lage als vom Verein selbst mitverursacht. Er erinnert an die rechtskräftige Verurteilung ehemaliger Vereinsfunktionäre. Der FCK habe allein rund 8,9 Millionen Euro Lohnsteuer nachzahlen müssen. Viele der Probleme seien hausgemacht. Man hätte beim FCK vielleicht auch besser daran getan, keine Spielerverpflichtungen über dubiose Kanäle vorzunehmen. Solche Themen kämen in der Diskussion aber zu kurz. Es werde immer so dargestellt, als hätten Land und Stadt dem Klub das WM-Stadion aufgenötigt.

Im emotionalen Rausch der Debatte gehen derartige Anmerkungen unter. Gegen den FCK, so sieht es aus, will sich in Rheinland-Pfalz niemand mit allzu deutlichen Worten versündigen. Von der FDP, die zu diesem Zeitpunkt nicht im Landtag vertreten ist, kommt folgende Analyse: „Die Nähe von Politik und Verein scheint bei einigen zu der Einstellung geführt zu haben, der FCK sei für die Region systemrelevant oder gar too big to fall (sic)", schreibt FDP-Mann Volker Wissing in einer E-Mail.

KAPITEL SIEBEN

Eine „EU-Prüfung" als Absolution

Der „Philosophiewandel"

Es ist ein Unbehagen rund um den Betzenberg spürbar. Etwas stimmt nicht mit dem Verein. Allerorts sind die Roten Teufel Thema, überall in der Stadt spricht man über die missliche Lage. Das Ringen im Stadtrat, das politische Poltern im Landtag, das „Zukunftsmodell FCK" auf Eis, die EU-Prüfung, die wiederkehrende Rede vom drohenden Ruin des Vereins und der Stadiongesellschaft, der Streit mit dem Steuerzahlerbund und die Gefahr, dass Steuermittel vielleicht illegal gewährt wurden und dann zurückzuzahlen wären mit nicht absehbaren Folgen – all das drückt die Stimmung.

Über allem steht jedoch die sportliche Situation. Denn Tore sorgen nicht nur für gute Laune, sondern geben im Zweifel auch den handelnden Personen recht. In diesen Tagen läuft es aber nicht einmal mehr auf dem Rasen. Während der 1. FC Köln, der 2012 mit dem FCK den Gang in die Zweitklassigkeit antreten musste, als Spitzenreiter ins Oberhaus zurückkehrt, bleibt den Pfälzern nur Tabellenrang vier. Zum dritten Mal in Folge verpasst der Klub sein Saisonziel, zum zweiten Mal knapp. Wieder steht ein personeller Umbruch bevor.

Im Sommer 2014 dreht sich das Personalkarussell rasant weiter. Die Namen im Kader wechseln so schnell, dass vielen Fans die Identifikation mit Spielern und Mannschaft immer schwerer fällt. Mittlerweile sind in den wenigen Jahren der Ära Kuntz über 200 Spieler gegangen und gekommen. Mohamadou Idrissou, Olivier Occéan, Albert Bunjaku und Florian Dick verlassen den Klub genauso wie die Leihspieler Amin Younes und Kerem Demirbay. Simon Zoller sorgt für ein kräftiges Transferplus: Medienberichten zufolge wechselt er für rund drei Millionen Euro plus Erfolgsprämien zum 1. FC Köln. Erst eine Saison zuvor kam er für kleines Geld vom VfL Osnabrück auf den Betzenberg und konnte sich in dieser Zeit beim FCK in den Blickpunkt spielen, erzielte 16 Treffer in der Liga und zwei im DFB-Pokal. Unter den zahlreichen Spielerwechseln gibt es durchaus auch Glücksgriffe wie ihn.

Gefüllt werden die personellen Lücken allerdings weniger mit Neuzugängen, sondern zu großen Teilen mit Spielern aus dem eigenen Nachwuchs. Darunter sind einige Talente der U21-Nationalmannschaft, etwa Dominique Heintz, Willi Orban, Sebastian Jacob oder Jean Zimmer. Als „Philosophiewandel" bezeichnen die Verantwortlichen den Einsatz der Nachwuchsgarde. Doch handelt es sich tatsächlich um eine sportliche Strategie? Oder ist die plötzliche Entdeckung der eigenen Jugend nur eine Ausgeburt finanzieller Nöte, weil man es sich schlicht nicht leisten kann, die erfahrenen und teureren Spieler im Kader zu halten? Es scheint, als sei manches Transferverhalten durch wirtschaftliche Zwänge bedingt.

Bereits in einem Wirtschaftsprüferbericht zu den Finanzzahlen der Geschäftsperiode 2009/10 ist zu lesen: „Der Verein ist zum 30. Juni 2010 in Höhe von 5.162.000 Euro bilanziell überschuldet. Dem stehen jedoch höhere stille Reserven in Spielervermögen gegenüber. Darüber hinaus geht der Vorstand davon aus, dass die Fortführung des Vereins den Umständen nach überwiegend wahrscheinlich ist." Betrachtet man die Personalentwicklung, so scheint es, als kämen ebendiese stillen Reserven nun zum Einsatz. Gemeint sind Jugendspieler, deren Transferwert sich nicht in der Bilanz findet, da sie ja nicht gekauft und „gebucht" sind, sondern aus dem eigenen Nachwuchs stammen und sich somit erst bei einem Verkauf in positiven Zahlen niederschlagen. Bedeutet der „Philosophiewandel" also nichts anderes, als dass nun die Nachwuchstalente „aktiviert" werden müssen? Droht damit langfristig ein Ausverkauf der sportlichen Qualität?

Ein weiteres Indiz dafür ist der merkwürdige Umgang mit dem Kapitänsamt, der Zweifel an einer sportlichen Strategie im Zusammenhang mit den vielen Transferbewegungen weckt. Zu Beginn der Saison 2014/15 übernimmt Marc Torrejón die Kapitänsbinde. Nachdem er als Abwehrstabilisator in die Runde gestartet ist, wird nur kurz danach sein Wechsel zum SC Freiburg bekannt. Stattdessen kehrt Stürmer Srdjan Lakic nach eher glücklosen Stationen in Wolfsburg, Hoffenheim und Frankfurt zurück auf den Betzenberg. Der Heimkehrer wird zum Kapitän ernannt. Aber auch er verlässt den Betzenberg rasch wieder, wechselt in der Saisonhalbzeit nach Paderborn. Dritter Kapitän der Runde wird der junge Abwehrrecke Orban.

In Fankreisen trifft der Begriff „Philosophiewandel" allerdings auf Zustimmung. Schließlich weckt er den Eindruck, die Vereinsführung widme sich einem langfristigen Aufbau mit jungen Spielern aus den eigenen Reihen. Dies hat zudem den Effekt einer höheren Identifikationskraft der Mannschaft und der Spieler. Dass nur wenige Monate später Heintz, Orban, Jacob oder Zimmer ebenfalls verkauft sein werden, ist zu diesem Zeitpunkt noch nicht klar. Es überwiegt eine positive Erwartungshaltung.

Tatsächlich scheint sich der „Philosophiewandel" zumindest anfangs auszuzahlen. Die Jugendnationalspieler in der Truppe um Trainer Kosta Runjaic ergreifen ihre Chance. Bereits im ersten Saisonspiel bringen sie den Betzenberg zum Beben. Nach einem 0:2-Rückstand drehen sie die Partie furios und feiern einen 3:2-Auftaktsieg vor heimischer Kulisse gegen 1860 München. Die Liga blickt erstaunt auf die „Jungen Wilden" vom Betzenberg, wie sie von Fernsehreportern genannt werden. Damit bleiben Fragen um den wirtschaftlichen Zustand des Klubs im Hintergrund. Zumal knapp zum Saisonstart mit dem Internet-Bezahldienst „Paysafecard" ein neuer Hauptsponsor präsentiert wird, der nun auch die leere Trikotbrust mit seinem Logo ausfüllt.

Blühende Zukunft oder Feigenblatt?

Dennoch muss Vorstand Stefan Kuntz, nachdem er in sportlichen Glanzzeiten die Erfolge für sich reklamieren konnte, angesichts der Stagnation in der zweiten Liga auf wachsende Kritik an seinem Management reagieren. Das Saisonziel wurde zum dritten Mal in Folge verpasst. Vielleicht ist das auch der Grund für die Suche nach einem Sportdirektor. Kuntz behauptete noch im Abstiegsjahr 2012 unter anderem gegenüber dem „kicker", die Einstellung eines Sportdirektors sei in der zweiten Liga für den Klub nicht finanzierbar. Nun soll mit Markus Schupp ein neues Amt beim FCK installiert werden. Der Sportdirektor als kostspieliges Feigenblatt für den Vorstandsvorsitzenden, falls die sportliche Stagnation anhält?

Nicht nur die Einstellung des neuen Sportdirektors wirft Fragen auf. Überraschender kommt für viele die vorzeitige Verlängerung des Vertrags mit dem Vorstandsvorsitzenden Kuntz, der noch bis 2015 läuft, um zwei weitere Jahre bis 2017. So schafft der Aufsichtsrat um Dieter Rombach nur wenige Wochen vor der Mitgliederversammlung, bei der zugleich Neuwahlen für das Kontrollgremium anstehen, Tatsachen. Auch dieser Vorgang zementiert den Eindruck der Kontrolleure als Abnicker im „Dienste" des Vorstands. Denn die frühzeitige Vertragsverlängerung nimmt dem bei der anstehenden Wahl möglicherweise neu zusammengesetzten Aufsichtsrat Handlungsspielräume bei der personellen Ausrichtung des Vorstands.

Rombach hingegen spricht von notwendiger Kontinuität – und mahnt zur Ruhe. „Wir Mitglieder und Fans müssen Geduld mit dieser verjüngten Mannschaft haben und ihr den Rücken bedingungslos stärken. Der Betze muss – gemeinsam – wieder zu einer Festung werden." Genauso bedingungslos stellt sich Rombach an die Seite von Kuntz. Auf eine Nachfrage antwortete er einst schriftlich: „Mir ist kein konkreter Vorwurf der Misswirtschaft durch unseren Vorstand bekannt. Wir stehen auf gesunden Beinen und arbeiten seriös. Wenn hier irgendetwas nicht legal abliefe, würde ich sofort die Konsequenzen ziehen und mein Amt zur Verfügung stellen."

Der Aufsichtsratsvorsitzende lässt keine Zweifel zu. Vielmehr beschreibt er etwa die Einstellung des Sportdirektors als weiteren Baustein für eine blühende Zukunft. „All unsere Bemühungen sind darauf ausgerichtet, in den nächsten Jahren wieder erste Liga zu spielen", verspricht er den Mitgliedern. Erneut nennt er die Erteilung der Lizenz durch die DFL als Beleg für einen erfolgreichen Kurs: „Wie das Lizenzierungsverfahren zeigt, ist der FCK heute solide aufgestellt." Wenn erst einmal der Rückkauf des Fröhnerhofs umgesetzt sei, „dann ist der FCK nachhaltig mit Spielräumen" ausgestattet, um das große Ziel, die erste Liga, zu erreichen.

Wer Kuntz und Rombach auf der einen Seite schwärmen und Steuerzahlerbund-Geschäftsführer René Quante auf der anderen Seite rechnen hört, der könnte meinen, es sei von zwei unterschiedlichen Vereinen die Rede. „Für den Rückkauf des Fröhnerhofs, für einen neuen Sportdirektor und für Transfergeschäfte hat der FCK viel Geld übrig. Wenn es dagegen an der Zeit ist, den Steuerzahlern ihre Pacht zukommen zu lassen, sind die Taschen der Roten Teufel plötzlich wieder leer. Für solche Praktiken habe ich kein Verständnis", schüttelt Quante den Kopf.

„Ehrenwort" versus „Griff in die Kasse"

Das Loblied auf ihre Finanztaten singen Rombach und Kuntz auch in der örtlichen Presse. „FCK schließt mit Liquidität von mehr als sechs Millionen" – so titelt das Lokalblatt „Die Rheinpfalz", als sich Kuntz für die „Sommerredaktion" in launigem Plauderton befragen und bei einer Tasse Kaffee auf einer Hollywoodschaukel ablichten lässt. Kuntz erzählt vom heimischen Rasenmähen als Stressabbau. Beinahe beiläufig kommt der Artikel auf die Vereinsfinanzen zu sprechen. Zum Ende des Geschäftsjahrs sei eine entsprechende Summe auf dem FCK-Konto verfügbar. Damit sei die komplette Betze-Anleihe für den geplanten Ausbau des Nachwuchsleistungszentrums vorhanden.

Aber: Wenn nun Liquidität in Höhe von sechs Millionen Euro vorhanden ist, wäre der FCK dann ohne die Mittel der Fananleihe in Wirklichkeit nicht eigentlich pleite? Und was ist mit den 2,8 Millionen Euro aus dem ebenfalls zweckgebundenen Verkäuferdarlehen von der Stadt, die man ins Nachwuchszentrum investieren wollte? Würde man die Summen abziehen, käme wohl ein dickes Minus in der Liquiditätsbetrachtung zustande.

Ungeachtet dieser essenziellen Frage heißt es weiterhin, dass die Mittel der Anleihe für ihre Zweckbestimmung verfügbar seien. Im Mitgliedermagazin wiederholt Rombach sein Versprechen: „Ich darf Euch allen mit meinem Ehrenwort versichern, dass die gesamte Fananleihe in diesen Ausbau investiert werden wird." Skepsis bezüglich der Wirtschaftslage wehrt er ab und betont, „dass die finanziellen Voraussetzungen für die kommende Saison gegeben sind". Dabei schwört er die Mitglieder auf Zusammenhalt ein. „Es liegt mir besonders am Herzen, dass wir uns als Mitglieder und Fans nicht durch Hetzkampagnen in der Presse entzweien lassen", sagt er. „Insbesondere sollten wir uns bei aller notwendigen Kritik immer davon leiten lassen, Schaden von unserem geliebten FCK abzuwenden."

Doch nicht alle Mitglieder lassen sich mit blumigen Verlautbarungen beruhigen. Insbesondere was die Verwendung der Betze-Anleihe angeht, wird das Unbehagen größer. Im Oktober 2014 geht auf der FCK-Geschäftsstelle ein fünfseitiges Schreiben ein, das an die Rechnungsprüfer gerichtet ist. Darin wendet sich ein gewisser Jochen Grotepaß als „kleiner Anteilseigner der Betze-Anleihe" an das Kontrollgremium mit der Bitte, „die ordnungsgemäße Verwendung der Anleihe zu überprüfen und in diesem Zusammenhang einmal festzustellen, ob nicht Anleihegelder für Zwecke verwendet wurden, die dem Wertpapierprospekt entgegenstehen".

Der Anleger zeigt sich „in Sorge um den Verein" und irritiert von der Aussage des Finanzvorstands Fritz Grünewalt, die Gelder würden im Sinne eines modernen Cash-Management-Systems im laufenden Betrieb eingesetzt. „An keiner Stelle im Wertpapierprospekt wird die, wenn auch vorübergehende, Nutzung des Emissionserlöses zur Deckung von Liquiditätsengpässen erwähnt." Zudem bestünden „ernsthafte Sorgen, dass unser Verein im Jahre 2019, wenn die Rückzahlung der Betze-Anleihe fällig wird, nicht dazu in der Lage sein könnte". Der Anleger sieht den FCK „in seiner finanziellen Lage gefährdet".

Grotepaß verweist auf die Bilanz 2012/13, die zwar einen Kassenbestand ausweist, der etwa der Höhe der Betze-Anleihe entspricht, während aber ein Bankkonto um eine Million Euro überzogen ist. Zudem waren zeitgleich bereits Gelder aus dem Dauerkartenverkauf eingezogen, die ja eigentlich zur zukünftigen Liquiditätsplanung gehörten und damit nicht durch eine Zweckbindung bereits „belastet" sein sollten. „Außer Acht gelassen werden darf außerdem nicht das Verkäuferdarlehen", das von der Stadt an den Verein zweckgebunden für Investitionen in Stadion und Fröhnerhof in Höhe von 2,8 Millionen Euro zur Verfügung gestellt wurde und – sofern diese Investitionen nicht erfolgen – verzinst am 30. Juni 2028 zurückgezahlt werden muss.

Der Anleger kommt zu dem Schluss: „Bei einer ordentlichen Haushaltsführung hätte zum 30. Juni 2013 weitaus mehr Geld auf dem Konto des 1. FC Kaiserslautern liegen müssen." Er rechnet mit einer Größenordnung von über zehn Millionen Euro. Behaupte der Vorstand hingegen, die Anleihemittel seien im Kassenbestand vorhanden, gaukele er den Mitgliedern irrige Annahmen vor. Zumindest auf Basis der Bilanzzahlen ließ sich dies nicht nachvollziehen. Grotepaß, der zugleich ein überaus rühriges Vereinsmitglied ist, befürchtet sogar, dass die Betze-Anleihe von Beginn an zur Liquiditätssicherung verwendet wurde.

Daher fordert er die Rechnungsprüfer dazu auf, ihrer Kontrollpflicht Genüge zu tun. Er bittet in seinem Schreiben um Aufklärung, „ob und in welchem Umfang die Gelder der Betze-Anleihe seit dem Emissionsbeginn im Februar 2013 zur Deckung von Liquiditätsengpässen eingesetzt und wann diese wieder ausgeglichen wurden". Hier werde vom Aufsichtsrat offensichtlich ein „Griff in die Kasse" gebilligt. „Wie soll jemals eine Rückzahlung geschehen, wenn wir heute schon die Betze-Anleihe für das Begleichen der laufenden Rechnungen verwenden?" Wie soll der Ausbau des Nachwuchszentrums finanziert werden? Und wie soll zukünftig die Liquidität zur Erteilung der Lizenz dargestellt werden, wenn – wie im Wertpapierprospekt vorgesehen – ab der Saison 2015/16 jährlich 500.000 Euro zur Tilgung zurückgelegt werden sollen?

Wenige Wochen später schreiben die Rechnungsprüfer Günter Klingkowski, Gerhard Ultes und Fritz Kuby lapidar zurück, dass sie die „Ausführungen mit großem Interesse zur Kenntnis genommen" hätten. Doch an der Stelle erklären sie sich schlichtweg für nicht zuständig: „Klarstellend möchten wir auf die satzungsrechtliche Regelung hinweisen, wonach die bilanzielle Behandlung der in Ihrem Schreiben aufgerufenen Posten wie zum Beispiel Verkäuferdarlehen, Dauerkartenerlöse, Erlöse aus der Betze-Anleihe im Zuständigkeitsbereich von Vorstand oder Aufsichtsrat sowie Wirtschaftsprüfern liegt."

„Nebulöse Unkerei" und „Wichtigtuerei"

Zwischenzeitlich wird die Distanz zwischen wesentlichen Teilen der Mitgliederbasis und den Funktionären immer größer. Zu offensichtlich sind die Management-Baustellen und zu klar die Diskrepanzen zu den Verlautbarungen der Bosse. Das Gemeinschaftsgefühl, das es Kuntz bei seinem Amtsantritt mit der „Herzblut"-Kampagne zu entfachen gelang, suchen viele vergeblich. Der Dialog mit den Mitgliedern leidet. Zudem treten mögliche Satzungsbrüche zutage, auf die einzelne Mitglieder in E-Mails an die Vereinsführung und den Ehrenrat immer wieder hinweisen. Doch sogar diesen klaren Hinweisen wird über Jahre nicht nachgegangen.

Dazu gehört etwa das konstante Fehlen einer satzungsgemäßen Abteilungsordnung für die Vereinsabteilung Fußball. Ebenso fehlt es an einer demokratischen Wahl des dortigen Abteilungsleiters. Außerdem hat der Aufsichtsratsvorsitzende laut Satzung quartalsweise einen Zwischenbericht über die wirtschaftliche Situation des Vereins im Mitgliedermagazin zu veröffentlichen. Die lässigen Interview-Statements Rombachs im Mitgliederheft sind allerdings kaum dazu geeignet, den Anspruch auf einen fundierten und umfassenden Finanzbericht zu erfüllen. Welche Instanz achtet eigentlich auf die Einhaltung einer Vereinssatzung?

Nicht einmal Aktivisten, die ein Konzept zur Mitgliedergewinnung anregen und Ideen zur Einführung einer eigenen „Fanabteilung" haben, finden einen fruchtbaren Boden für ihr Engagement. Auf sie muss die Haltung der Vereinsführung ignorant wirken. Unter ihnen herrscht der Eindruck, kreative Ideen seien nicht willkommen, und ehrenamtlicher Einsatz werde gar als störend empfunden. Dies sorgt für Spaltungstendenzen: Mit der „Perspektive FCK" gründet sich ein eigener Verein, der FCK-Sympathisanten eine Plattform für ihr Engagement eröffnen möchte – fernab von „denen da oben". Ohne nennenswertes Zutun der Vereinsoberen organisiert sich die „Perspektive FCK" immer schlagkräftiger und gestaltet öffentlichkeitswirksame Aktionen wie etwa den Nachbau der Meisterschale von 1998.

Die merkwürdige Haltung bezüglich demokratischer Vereinsstrukturen, die die Klubführung an den Tag legt, zeigt sich unter anderem an den Geschehnissen in den vereinsöffentlichen Sitzungen des sogenannten Satzungsausschusses. Das ehrenamtlich getragene Gremium wurde bei einer Mitgliederversammlung gewählt, um an einer Aktualisierung der Vereinssatzung zu arbeiten. Doch aus den regelmäßigen Sitzungen werden immer wieder Streitigkeiten, Differenzen und Wortgefechte zwischen den gewählten Abgeordneten des Gremiums und Funktionären überliefert.

Die Klubbosse tragen die Differenzen sogar in die Öffentlichkeit und stellen die Ausschussmitglieder an den Pranger. In einer Vereinspublikation bemängelt Rombach bei „einigen Satzungsausschussmitgliedern", dass sie angeblich „von ihnen selbst vorgeschlagene Beschlüsse infrage" stellten und „damit für eine lange Diskussion" sorgten. Er fordert eine „einheitliche Vertretung nach außen" und „Vertraulichkeit". Die Ausschussmitglieder sollten sich „in Zukunft gemeinsamen Regeln zum Wohle unseres Vereins unterordnen". Dabei übersieht er jedoch, dass die Mitgliederversammlung doch gerade das Gremium gewählt hat, um eine offene Diskussion um die Neuausrichtung der Vereinssatzung anzustoßen – mit allem Für und Wider.

Ohnehin hätte die Ausschussarbeit nicht zu einem einheitlichen Beschluss führen müssen, sondern Optionen aufzeigen können, über die abzustimmen letztendlich eine Aufgabe des höchsten Vereinsorgans, der Mitgliederversammlung, gewesen wäre. Eine stromlinienförmige Einheitlichkeit war also gar nicht Sinn der Sache. Doch auch Kuntz unterstellt bei gegenläufigen Meinungen in diesem Fall eine unlautere Motivation, nämlich das Vorantreiben „persönlicher Ansichten und Ziele". Dies könne „natürlich nicht Sinn und Zweck eines solchen Gremiums sein, und unter diesen Umständen kann man sicherlich über den Sinn des Satzungsausschusses nachdenken", sagt er.

Der Bereitschaft vieler Mitglieder zum kritischen Diskurs steht offenbar die Erwartung der Kluboberen gegenüber, sich dem von ihnen bestimmten vermeintlichen „Wohle unseres Vereins" unterzuordnen. Schon im Grundverständnis des Satzungsausschusses ist somit Konfliktpotenzial angelegt. Die Differenzen gipfeln in einer kuriosen Presseverlautbarung, die wohl die Ausschussmitglieder unter Druck setzen soll. Den Vertretern ihres durch die eigene Mitgliederversammlung demokratisch besetzten Gremiums wirft die Klubführung darin handwerkliche Fehler vor und kündigt an, die Ausschussarbeit durch externe Experten prüfen zu lassen. Das ist umso kurioser, da unter den Ausschussmitgliedern selbst Juristen und Vereinsrechtsexperten sind wie der ehemalige Direktor des Kaiserslauterer Amtsgerichts, Klaus Knecht.

Das Unterstellen unlauterer Absichten hat offenbar Methode. Immer wieder tragen mir engagierte FCK-Aktivisten zu, sich „ständiger Verdächtigungen und Unterstellungen erwehren" zu müssen – insbesondere dann, wenn sie eine Meinung vertreten oder Ideen einbringen, die nicht auf Linie der Klubführung liegen. Darunter sind sogar Mitglieder des Aufsichtsrats. Regelrecht intrigant klingen deren Schilderungen von

Versuchen, kritische Vorstöße intern abzubügeln. Das Beispiel des Satzungsausschusses deutet ebenfalls darauf hin.

Im Mitgliedermagazin wird etwa das Ausschussmitglied Grotepaß, der bei Klubversammlungen regelmäßig kritische Fragen stellt, sogar öffentlich als Synonym für Differenzen mit der Führung vorgeführt. Seinen Antrag bei der vorherigen Versammlung, der Verein solle sich von der Zusammenarbeit mit der in Fankreisen umstrittenen Ticketplattform Viagogo zurückziehen, trägt die Mehrheit der Mitglieder. Dies erfordert von der Klubführung eine Kurskorrektur. Damit bringt er Kuntz gegen sich auf. Das Mehrheitsvotum in der Sache richte sich „klar gegen die Interessen des FCK" und schade dem Verein finanziell. „Auf diese Entwicklung sollten wir alle ein kritisches Auge werfen", sagt Kuntz über Grotepaß' Antrag, dem demokratisch von den Mitgliedern zugestimmt wurde.

Auf diese Weise entstehen innerhalb des 1. FC Kaiserslautern immer neue Spannungen. Auch die Presseverlautbarung bezüglich der Arbeit des Satzungsausschusses bleibt nicht ohne Reaktion. In einer Replik, die er über die Internetseite der „Perspektive FCK" veröffentlicht, bezeichnet der ehemalige Amtsgerichtsdirektor Knecht die Aussagen der Vereinsführung als „irreführend und unzutreffend". Bei den in der Pressemeldung beschriebenen „handwerklichen Fehlern" handele es sich lediglich um einen Zahlendreher in einem Satzungsentwurf, der im Übrigen weder der FCK-Verwaltung noch den anwaltlichen Beratern der Vereinsführung aufgefallen sei.

Letztlich sei in der „Pressemitteilung eine falsche Darstellung verbreitet" worden, gegen die Knecht sich zur Wehr setzt. Es handele sich um „nebulöse Unkerei" und „Wichtigtuerei" von Leuten, „die vom Fach nichts verstehen". Für ihn sei es eine „unerklärliche Tendenz, den Satzungsausschuss zu diskreditieren und ihm durch die Unterstellung ‚handwerklicher Fehler' die Existenzberechtigung zu entziehen". Daraufhin kündigt der ehemalige Gerichtspräsident seine Mitgliedschaft im Ausschuss und im Verein. Der FCK verliert damit nicht nur einen kritischen Geist und ein honoriges Mitglied, sondern auch ehrenamtlich eingebrachte Kompetenz. „Es war eine Frage der Ehre", schreibt Knecht.

„Polarisierung" und „Augenwischerei"

In ähnlicher Form deuten sich Zerwürfnisse mit Sponsoren und Partnern an. Der langjährige Hauptsponsor des Vereins, die Deutsche Vermögensberatung, hielt dem Klub seit den 1990er Jahren auch in schweren Zeiten die Treue. Dessen millionenschweres Engagement gilt als

Gilt als FCK-Enthusiast: der ehemalige Aufsichtsratsboss Dieter Buchholz; hier 2016 bei einer von ihm initiierten Gedenkstunde zur WM 1954 und zum Sommermärchen 2006. Anlass war der zehnte Geburtstag jener Skulptur, die seit der WM 2006 an die fünf Lauterer 54er-Helden um Fritz Walter erinnert.

eine der längsten Sponsoringpartnerschaften im deutschen Profifußball. Doch nicht nur die DVAG lässt ihre Zusammenarbeit mit dem FCK auslaufen, auch der Nachfolger, die Firma Dr. Theiss Naturwaren mit der Marke „Allgäuer Latschenkiefer", zieht sich vom Trikot zurück. Seit der Saison 2010/11 war das Unternehmen als Hauptsponsor präsent, beendet die Kooperation aber nach der Saison 2013/14.

Ebenso finde ich immer weniger Logos weiterer, langjähriger Partner auf den Banden im Stadion und im Anzeigenteil des Stadionhefts. Dazu zählt der Buchholz Fachinformationsdienst bfd, die Firma des ehemaligen Aufsichtsratsvorsitzenden Dieter Buchholz. Der Alt-Funktionär gilt als Kritiker der aktuellen Vereinsführung, jedoch gleichsam als bedingungsloser Unterstützer des Vereins. Wie aus einem internen Schreiben von Buchholz an die Aufsichtsräte hervorgeht, soll ihm sogar Kuntz selbst den Ausstieg nahegelegt haben – damit geht dem Klub jährlich ein sechsstelliger Betrag verloren.

In diesen Tenor fügt sich ein besonderes Kuriosum, nämlich der öffentlich ausgetragene Streit mit der Firma Layenberger. Das Unternehmen, das diätische Lebensmittel und Fitnessnahrung produziert, hat seinen Firmensitz im Landkreis Kaiserslautern. Firmengründer Harald Layenberger fühlt sich seit seiner Kindheit als Fan: „Meine persönliche Affinität zum 1. FCK, verbunden mit dem Wunsch, dem Verein in einer schweren Zeit mit unseren begrenzten Mitteln zu helfen und Herrn Kuntz bei seinem Vorhaben, den Verein zu retten, zu unterstützen, war Grund dafür, dass wir nach der katastrophalen Saison 2007/08 das Engagement mit dem 1. FCK begonnen haben", erklärt er. „Seither haben wir unser Engagement in jeder Saison erhöht und, wo immer es ging, den Verein unterstützt. Gerade im Abstiegsjahr, zurück in die zweite Liga, haben wir als Zeichen für andere unser Engagement mehr als verdoppelt."

115

Damit ist nun aber Schluss. Recht unvermittelt platziert Layenberger auf seiner Facebookseite die Meldung, dass das Unternehmen seine „Betze-Partnerschaft" beende. Auch das Videoformat „Layenberger Nachspielzeit" rund um den FCK, das Layenberger zu den Heimspielen selbst entwickelt und produziert hatte, wird eingestellt. Als Grund dafür werden „unterschiedliche Ansichten über Partnerschaft zwischen der Vereinsführung des 1. FCK und unserer Firmenleitung" angegeben. Ursprünglich sei man von einer Verlängerung des Engagements ausgegangen. Unerwartet sei von Seiten des Vereins nach dem ersten Heimspiel der Saison gegen 1860 München allerdings eine weitere Forderung an das Unternehmen herangetragen worden. „Die Art und Weise, wie das geschah, hat uns sehr verunsichert und verärgert."

Erstaunlicherweise sucht der FCK daraufhin ebenfalls die Öffentlichkeit und prangert den ziehenden Werbekunden regelrecht an. In einer Pressemeldung wird behauptet, der FCK habe sich selbst „gegen eine Vertragsverlängerung mit Layenberger entschieden". Dabei werden vermeintliche Inhalte aus Vertragsgesprächen veröffentlicht: Layenberger habe für die Saison 2014/15 ein „um circa 25 Prozent reduziertes Sponsoringpaket als Betze-Partner unter der Bedingung abschließen wollen, gleichbleibende Rabattkonditionen und Zusatzleistungen ohne Berechnung zu erhalten". Dem FCK seien durch die Beendigung der Partnerschaft keine finanziellen Nachteile entstanden.

Daraufhin entbrennt ein Streit um die Darstellung der Verhandlungen zwischen dem Klub und einem Sponsor mit nationalem Wirkungskreis im Sportmarketing – dieser Streit ist keineswegs ein förderliches Marketing für den FCK. Denn die Darstellung des Vereins veranlasst wiederum Layenberger zu einem offenen Brief an die Vereinsführung des 1. FC Kaiserslautern. „Erstaunt sind wir über die medienwirksame prominente Darstellung und plötzliche Aufmerksamkeit, die wir als bisheriger ‚kleiner Sponsor' an dieser Stelle vom 1. FCK erhalten. Stark verärgert sind wir über die mehr als realitätsferne Darlegung der Inhalte von vielfach geführten Gesprächen."

Layenberger wirft der Vereinsführung vor, „lediglich Fragmente des wesentlich umfassenderen Entscheidungsprozesses zur Meinungs- und Stimmungsmache" und „zur Verzerrung der Realität zu missbrauchen". Das Unternehmen legt Wert darauf zu betonen, dass Layenberger selbst die Entscheidung zur Beendigung des Engagements getroffen und dies dem Finanzvorstand Grünewalt – der im Übrigen fast eine Stunde zu spät zur entscheidenden Verhandlungsrunde erschienen sei – mitgeteilt habe.

Auch den Vorwurf, für Leistungen nicht bezahlen zu wollen, weist das Unternehmen zurück: „Wir haben weder Leistungen vom Verein gratis gefordert, noch wollten wir für vereinbarte Leistungen weniger Geld bezahlen." Man habe lediglich ausgepreiste Leistungen im Sponsoringpaket – unter anderem die Juniorbande im Familienblock, Werbespots auf der Videowall oder das Presenting des Live-Tickers auf der FCK-Homepage – reduzieren wollen. „Somit ergab sich eine um 20.000 Euro geringere Sponsorenleistung. Damit hätten wir den Verein aber immer noch mit einer hohen fünfstelligen Summe weiterhin unterstützt."

Dabei übt Layenberger deutliche Kritik an der Seriosität des Geschäftsgebarens der Klubführung: „Da aus unserer bisherigen Erfahrung heraus die Verträge mit dem 1. FC Kaiserslautern nicht vor Beginn einer neuen Saison zur Unterschrift vorliegen, haben wir uns in gutem Glauben auf die mündliche Zusage verlassen. Erst nach dem ersten Spiel der neuen Saison gegen 1860 München wurde uns von Seiten des Vermarkters Sportfive eröffnet, dass der Verein von uns für das leicht veränderte, aber im Vorfeld der Verhandlungen vorgestellte Konzept der Layenberger Nachspielzeit mehr Geld haben möchte. Dieses ‚mehr an Geld' wurde bis heute nicht beziffert. Zu dem zur Klärung des Sachverhaltes eigens angesetzten Meeting ist kein Vereinsvertreter erschienen." Layenberger wirft der Klubführung „fehlenden Stil" vor. Der Verein betreibe eine „Polarisierung" und „Augenwischerei" und erzeuge „absichtlich ein nicht gerechtfertigt schlechtes Bild unseres Engagements beim 1. FCK in der Öffentlichkeit".

Letztlich prallen unterschiedliche Sichtweisen der Vorgänge aufeinander, die sich von Beobachtern nicht detailscharf rekonstruieren lassen. Doch was auch immer sich an den Verhandlungstischen zutrug – zumindest die öffentlichen Scharmützel deuten auf eine miserable Kommunikationspolitik sowie mangelhaftes Verhandlungsgeschick der Klubvorstände und daraus resultierende, besorgniserregende Risse zwischen dem Verein und seinem Partner hin. Mit Layenberger zieht nicht nur irgendein beliebiger Sponsor vom Betzenberg, sondern ein im Umfeld des FCK regional verwurzeltes Unternehmen. Sicher trägt der öffentliche Austausch gegenseitiger Vorhaltungen nicht dazu bei, die Attraktivität des Klubs für neue Sponsoren zu steigern. Später wird Layenberger Sponsor im Deutschen Volleyball-Verband und Hauptsponsor des FCK-Ligakonkurrenten Union Berlin.

Auch im Gespräch mit regionalen Unternehmern erfahre ich gegenüber dem FCK, der in der Pfalz eigentlich ein bedeutender Werbeträger ist, erstaunlicherweise immer größer werdenden Missmut. Dies betrifft nicht nur große Sponsoren, sondern auch kleinere Betriebe, die eher sporadisch werblich im Umfeld des FCK auftreten, sowie Dienstleister und Partner aus der Region, die lange Jahre mit dem Klub zusammenarbeiten und nun von zermürbenden Verhandlungen berichten. Ein stadtbedeutender Unternehmer teilt mir seine Einschätzung bezüglich des Geschäftsgebarens unter Kuntz und Grünewalt aus eigener Erfahrung schriftlich mit:

Der 1. FC Kaiserslautern stellt sich nach außen gerne als großer Wirtschaftsfaktor für Stadt und Land hin. Regionale Verbundenheit mit der Stadt Kaiserslautern, Herzblut für die Pfalz sind Begriffe, die der FCK gerne benutzt …, wenn er etwas haben will. Doch wenn man einmal kritisch hinterfragt, wo denn die Zuwendungen von Stadt und Land hinfließen, so bekommt man schnell ein anderes Bild. Waren vor Jahren noch zahlreiche Kaiserslauterer Unternehmen oder wenigstens rheinland-pfälzische Unternehmen im Stadion für den Verein tätig, so muss man heute schon danach suchen. Viele Firmen haben dem FCK den Rücken zugewandt, weil die Preise, die der FCK zahlen wollte, einfach zu niedrig waren. Auch wurden Aufträge immer wieder von Sponsoringmaßnahmen abhängig gemacht. Viele Firmen haben gemerkt, dass sie unterm Strich noch Geld mitbringen müssen, wenn sie für den FCK arbeiten wollten. So wurden mittlerweile fast alle größeren Dienstleistungsaufträge an Firmen außerhalb von Kaiserslautern bzw. Rheinland-Pfalz gegeben. Wo bleiben hier das Herzblut für die Pfalz und die regionale Verbundenheit?

(Es folgt eine Liste mit ehemals Kaiserslauterer Firmen, die nun durch Dienstleister aus Heidelberg, Saarbrücken, Frankfurt, Ludwigshafen oder Homburg ersetzt sind.)

Wie groß das Misstrauen gegenüber der Klubführung stellenweise sein muss, erfahre ich aus einer Wirtschaftsprüfungsgesellschaft mit besten Verbindungen in die Liga. Aus einer vertraulichen, schriftlichen Korrespondenz geht hervor, dass ein Mandant, der nicht nur finanziell überaus potent sei, sondern zugleich auch über ein herausragendes Standing in hochrangigen deutschen Fußballkreisen verfüge, ernsthaft Interesse gezeigt habe, mit einem siebenstelligen Betrag beim FCK einzusteigen. Die Pläne seien schon sehr klar durchdacht gewesen. Die beabsichtigte Investition wäre bestenfalls im Zusammenhang mit einer Ausgliederung des Profibetriebs in eine Kapitalgesellschaft gelaufen. Eine wesentliche Voraussetzung dafür sei allerdings absolute wirtschaftliche Transparenz gewesen. Hier habe die Idee aber schnell ein Ende gefunden: Denn auf-

grund eines mangelnden Vertrauens in die Performance des Führungs-
duos Kuntz-Grünewalt sei dieses Vorhaben zurückgestellt worden, noch
bevor konkrete Schritte und Verhandlungen eingeleitet worden seien.
Die Öffentlichkeit erfuhr von dieser verpassten Chance nichts.

Sündenbock Quante

Im Internetforum www.der-betze-brennt.de ist derweil ablesbar, wie
sich die FCK-Gemeinde zusehends spaltet. Die Kommentare teilen sich
in diejenigen, die die Geschehnisse am Berg zunehmend kritisch beäu-
gen, und diejenigen, die meinen, „ihren" Klub und dessen Protagonisten
gegen jedwede Kritik verteidigen zu müssen. Letztere Verteidigungsstra-
tegie artet bisweilen in irrationale Schuldzuweisungen aus. Die betref-
fen unter anderem den Steuerzahlerbund-Geschäftsführer Quante, der
sich sogar persönlichen Verbalattacken und Drohungen ausgesetzt sieht.
Quante, der als einer der wenigen öffentlich mit Kritik auftritt, wird für
viele zum Feindbild.

Die Klubverantwortlichen greifen diese Stimmung auf, die durchaus
dazu geeignet ist, von der eigenen Unfähigkeit zur Lösungsfindung in
der Stadionfrage abzulenken. Kuntz bezeichnet den FCK in einem Interview als „politisches Opfer", und auch Rombach holt im Mitgliedermagazin wortgewaltig aus. Er distanziere sich „von dem politisch motivier-
ten Wahlkampf auf Kosten des 1. FC Kaiserslautern" – so beschreibt er
die Kritik des Steuerzahlerbundes. „Hier wird bewusst zum politischen
Vorteil die Schädigung dieses Traditionsvereins in Kauf genommen."

Der Aufsichtsratsvorsitzende wittert gar eine große „Hetzkampa-
gne" in den Medien: Er sei „verwundert, wie sehr sich einige Presse-
organe sowie der Steuerzahlerbund hier politisch instrumentalisieren
lassen und ohne seriöse Recherchen Gerüchte weiter verbreiten". Selbstverständlich stelle man sich „gerne aller konstruktiven Kritik – aber
bitte auf der Basis von Fakten, und nicht auf der Basis von Halb- und
Unwahrheiten". Und Kuntz klingt, als habe er seine Argumente bei der
Landes-SPD abgeschrieben oder umgekehrt: „Wir werden mit dem Flug-
hafen Hahn und dem Nürburgring in einen Topf geschmissen. Wir werden daran gehindert, den Verein weiterzuentwickeln."

Schuld an der misslichen Lage und den hitzigen Debatten ist in dieser Lesart natürlich nicht das eigene Versäumnis, die EU-Konformität
im Vorfeld der politischen Entscheidungen ungeklärt gelassen zu haben,
worauf sogar im FDP-Antrag vor der Stadtratsentscheidung hingewiesen
wurde, sondern derjenige, der darauf aufmerksam macht. Quante muss
herhalten – er personifiziert die Kritik am Verein in Sachen EU-Prüfung,

Stadionrückkauf, Pachtreduzierungen, Fröhnerhof-Deal und letztlich die schlechte Stimmung allgemein.

Es zeigen sich Unterstellungen und Diskreditierungen als Methode in der Auseinandersetzung. Dem Steuerzahlerbund-Geschäftsführer wird eine politische Motivation unterstellt – und die FCK-Verantwortlichen müssen sich mindestens vorhalten lassen, dass sie diesen persönlichen Angriffen zuschauen. Damit lassen sie groteskerweise genau das zu, was sie vermeintlich in Quantes Kritik zu sehen meinen: Gerüchte, Verleumdungen und Hetze bar jeder Faktenlage. Denn über den Steuerzahlerbund-Geschäftsführer ergießt sich ein regelrechter Shitstorm.

Im Internet macht ein Foto die Runde. Das Bild zeigt angeblich Quante in der närrischen Fankluft des rheinland-pfälzischen Erzrivalen Mainz 05. Auch Lokalpolitiker springen darauf an und teilen die Fotografie über soziale Medien. Führende Stadträte der SPD versehen den Schnappschuss mit Kommentaren: „Das ist der Hr. Quante vom Steuerzahlerbund, der gerade Propaganda gegen FCK, SPD-Landesregierung und SPD-OB übt." Es handele sich um „ein CDU-Netzwerk, welches dem FCK schaden will!". Und in Bezug auf den Fanschal von Mainz 05: „Das sagt ja einiges aus!!!! Jetzt leuchtet einem ein, was Hr. Quante so bewirken will!! Pfui!!" Nur: Das Foto zeigt zwar einen Mainz-Fan. Um Quante, dessen Konterfei der breiten FCK-Öffentlichkeit bis dato unbekannt ist, handelt es sich jedoch nicht.

Der rheinland-pfälzische SPD-Generalsekretär Jens Guth spricht Quante sogar die Landeszugehörigkeit ab. „Am fehlenden Fingerspitzengefühl für die Bedeutung des Vereins für Stadt und Region merkt man, dass Quante kein Rheinland-Pfälzer ist", schreibt er in einer offiziellen Presseverlautbarung der Partei. In eingefleischten Fankreisen reicht allein der Mainz-05-Schal auf dem Foto aus, um Quantes Anliegen zu diskreditieren. Es ist für viele eben leichter, die Motivation eines ungeliebten Kritikers anzuzweifeln und durch Fußballrivalität zu begründen, als sich differenziert mit dessen Argumenten zu beschäftigen. In Fanforen wird Quante mit Anfeindungen überschüttet.

Man solle ihm die „Fresse polieren", schreibt einer, ein anderer will ihn auf seine „Pfeilwurfscheibe" spannen, und rät jedem Betze-Fan, das Gleiche zu tun. Das sind noch die harmloseren Kommentare. Wieder andere wünschen „diesem Idioten alle tödlichen Krankheiten an den Hals" und sprechen unverblümt Drohungen aus, überlegen, wo er wohne, um ihm aufzulauern. „Es erfüllt mich mit großer Sorge, was für wilde Verschwörungstheorien über mich in Umlauf gebracht werden – egal, ob in FCK-Blogs oder im Landtag", sagt Quante in einem Interview.

„Hier wird blanker Hass bei den Fans geschürt, der nur von den Problemen ablenken soll."

Tatsächlich kokettiert Kuntz mit diesen Stimmungen. „Was ganz genau bei Herrn Quante dahinten dran liegt, kann ich nicht beantworten. Wir haben nur gesagt, es wäre hilfreich gewesen, bevor man falsche Tatsachen oder falsche Anschuldigungen erwirkt, dass man vielleicht Rücksprache hätte halten können mit dem FCK", sagt er gönnerhaft in einem Interview. Quante nimmt den Vorschlag an: Nicht nur an die Stadiongesellschaft schickt er einen umfangreichen Fragenkatalog, auch an den FCK sendet er Dutzende Fragen in einem mehrseitigem Papier, die sich sowohl um den früheren Stadionkauf als auch die zahlreichen Mietverrechnungen und das aktuelle Staffelmodell drehen. „FCK und Stadiongesellschaft haben beide zugesagt, unsere Fragen zu beantworten. Nach der von der Stadt Kaiserslautern betriebenen Politik des Schweigens ist das ein echter Fortschritt", lobt Quante.

„Ein Subventionsfass ohne Boden"

Wenn es sich bei seiner Fragestellung um Gerüchte, Halb- und Unwahrheiten handelt, wie Kuntz und Rombach sagen, dann sollte die Kritik doch eigentlich leicht auszuräumen sein. Doch alles andere ist der Fall: Stadt und Klub tun sich äußerst schwer, ihre Zusage der Beantwortung einzuhalten. Mehrere Wochen bleiben Quantes Fragen offen. Mehrfach lässt der Steuerzahlerbund wissen, dass man um mehr Zeit gebeten worden sei. Es kommen keine Antworten.

Quante bekommt zusätzlichen Auftrieb, als bekannt wird, dass der FCK gestundete Pachten in Höhe von 1,2 Millionen Euro, die bereits aufgeschoben wurden und nun im Juni endlich zurückgezahlt werden sollten, erneut nicht begleicht. Wieder wird um zwei weitere Jahre gestundet. „Bereits der bisherige Umgang mit den offenen Pachten des FCK über die Ausgabe von Besserungsscheinen und die Verrechnung von Investitionen stellen mögliche illegale Beihilfen dar. Dennoch werden von der Stadt Kaiserslautern keine Schritte unternommen, der EU-Kommission diese Fälle nachträglich zur Prüfung vorzulegen", kritisiert Quante. „Dasselbe gilt für die Pachtstundungsvereinbarung aus dem Jahr 2010, die an Brüssel vorbei beschlossen und nun verlängert wurde. Denn faktisch liegt hier eine Kreditvergabe mit sechs Jahren Laufzeit vor."

Wieder sorgt die Einschaltung Quantes bezüglich der gestundeten 1,2 Millionen Euro für ein gehöriges Medienecho. Seitens der Stadt und des Vereins ist man bemüht, die erneute Mietstundung als gängiges Finanzgeschäft darzustellen. Oberbürgermeister Klaus Weichel spricht im SWR-Interview gar von einem vorteilhaften Invest: „Wir verzinsen das zu sehr guten Konditionen. Im Grunde genommen ist das für uns eine Geldanlage." Nachdem der Betrag zunächst mit vier Prozent verzinst war, liegt der Zinssatz laut städtischem Beteiligungsbericht später bei acht Prozent.

Ähnlich argumentiert der FCK-Finanzvorstand. Die Stadt verdiene schließlich an der Verzinsung mit üblichen Zweijahres-Festgeldkonditionen. „Für uns bedeutet die Stundung höhere Wettbewerbsfähigkeit, die langfristig auch dem Verpächter zugutekommt", erklärt Grünewalt der lokalen Tageszeitung. Demgegenüber gibt Quante einen pragmatischen Finanztipp: „Wenn der FCK sich unbedingt fremdfinanzieren will, sollte ein Bankkredit aufgenommen und damit die Stadiongesellschaft ausgezahlt werden. Dann hätte sich hier auch die Beihilfe-Frage erledigt. Sollte ein Bankkredit nicht möglich sein, zeigt das nur, dass die Roten Teufel entweder nicht kreditwürdig oder die mit der Stadiongesellschaft vereinbarten Konditionen nicht marktüblich sind."

Außerdem nimmt Quante das Land Rheinland-Pfalz in die Pflicht: „Im Zuge eines mit der Stadt Kaiserslautern geschlossenen Beistandspaktes flossen von 2009 bis 2011 insgesamt rund 1,6 Millionen Euro aus der Landeskasse. Damit sollte die Stadt für Pachtreduzierungen zugunsten des FCK teilweise kompensiert werden. Eine Beihilfeprüfung durch die EU-Kommission hat es jedoch nicht gegeben", meint Quante. „Da das Land faktisch einen Teil der Pacht für den FCK bezahlte, ergibt sich auch hier der Verdacht der illegalen Beihilfe. Wir haben das Land gebeten, entweder eine nachträgliche Beihilfeprüfung einzuleiten oder das Geld von der Stadt zurückzufordern. Doch bislang wurde hier nicht reagiert."

Wie groß die Anspannung in Wirklichkeit ist, macht Weichel deutlich, als er im Herbst 2014 im Zuge der Berichterstattung zum Wahlkampf zur Oberbürgermeisterwahl von der örtlichen Tageszeitung zum FCK befragt wird. Da lässt er sich zu der Aussage hinreißen, dass er – wenn der FCK ein Spiel verliere – regelrecht „zittere, weil es dann für die Finanzierung des Stadions Probleme geben könnte".

In dieser Wunde rührt der Steuerzahlerbund erneut. Er nimmt den Betzenberg in sein Schwarzbuch der Steuergeldverschwendung auf. „Der 1. FC Kaiserslautern ist ein Subventionsfass ohne Boden", heißt es da. „In der Politik muss der 1. FC Kaiserslautern viele Fans haben. Das Einstehen für eine Baukostenexplosion, merkwürdige Immobiliendeals, unwirtschaftliche Pachtverträge, großzügige Pachtstundungen, Verrechnungen ungeklärter Investitionen – viele Wege wurden bereits genutzt, um auf Kosten der Steuerzahler die Vereinskasse zu schonen."

Erfolgsnachricht aus Brüssel?

Als zum Jahresende die Klubversammlung näherrückt, sind Erfolgsmeldungen für die Vereinsoberen rar. Insbesondere Fragen zum Umgang mit der Betze-Anleihe drängen in den Fokus. Da bei der Mitgliederversammlung turnusgemäß der Aufsichtsrat neu gewählt wird, ist die Anspannung noch einmal größer. Außer Gerhard Steinebach, der – wie Rombach verlautbart – aufgrund eines Interessenskonfliktes mit seiner Involvierung in den Plänen des Fröhnerhof-Ausbaus nicht mehr zur Wahl antritt, kandidieren alle Mitglieder des Kontrollgremiums für eine weitere Amtszeit. Das bedeutet zugleich, dass im Hinblick auf die Wahl für sie ein gewisser Handlungsbedarf besteht, was die Stimmungslage im Verein betrifft.

Einen positiven Akzent könnte hier eine Meldung setzen, die am 30. Oktober 2014 überraschend in die E-Mail-Postfächer der Presseredaktionen flattert. Der 1. FC Kaiserslautern teilt mit: „EU gibt grünes Licht für Zukunftsmodell des FCK". Das klingt zwar reichlich früh für den Abschluss einer umfassenden EU-Prüfung, aber für den FCK immerhin nach einer echten Erfolgsnachricht, nachdem es zuvor einige Wochen still um das Thema war. Ist es nicht ein glücklicher Zufall, dass die EU das Pachtmodell gerade noch pünktlich zur Mitgliederversammlung einer Prüfung unterzogen hat?

Offensiv treten die FCK-Verantwortlichen auf: „Die Europäische Kommission hat bestätigt, dass das geplante Zukunftsmodell des 1. FC Kaiserslautern mit dem europäischen Beihilferecht vereinbar ist und keiner weiteren Genehmigung bedarf", heißt es in der Pressemitteilung. „Dies betrifft sowohl das neue Pachtmodell für das Fritz-Walter-Stadion als auch den Ankauf des Trainingszentrums am Fröhnerhof. Beide Vorhaben können nun wie geplant durchgeführt werden."

Der FCK bezieht sich auf eine „Abstimmung mit der Stadiongesellschaft und der Stadt Kaiserslautern", zudem habe man das „Zukunftsmodell dem Land Rheinland-Pfalz vorgestellt und dann über die Bundesregierung der Europäischen Kommission die vertraglichen Einzelheiten offengelegt". So soll kein Zweifel bleiben: „Die Europäische Kommission hat nach Prüfung der vorgelegten Unterlagen inklusive der Historie festgestellt, dass der neue Pacht- und Betreibervertrag für das Fritz-Walter-Stadion auf keine EU-rechtlichen Bedenken stößt." Weiterer Genehmigungen bedürfe es nicht.

Finanzvorstand Grünewalt interpretiert die Meldung als Bestätigung des eingeschlagenen Kurses: „Erstens sind auf dem Weg zur wirtschaftlichen Gesundung des FCK die Weichen jetzt richtig gestellt, und zweitens zeigt das Ergebnis auch, wie sorgfältig der 1. FC Kaiserslautern und die Stadiongesellschaft ihre Vereinbarungen getroffen haben. Die flexible Stadionpacht ist absolut marktkonform ausgestaltet und entspricht dem, was auch andere Vereine vergleichbarer Größe bezahlen. Hier haben wir kaufmännisches Fairplay auf beiden Seiten."

Vorstand Kuntz holt aus zum Rundumschlag: Die „positive Entscheidung aus Brüssel" sei „für den FCK ein wichtiger Beweis, absolut seriös zu handeln", und „eine klare Absage an all diejenigen, die den FCK immer wieder versuchen zu verunglimpfen, indem sie faktenlose Behauptungen in Umlauf bringen". Dem geplanten Ankauf des Trainingszentrums mit den Mitteln der Fananleihe und dem Beginn der Baumaßnahmen stehe nichts mehr entgegen. Kuntz spricht von einem „bedeutenden Meilenstein in der Geschichte unseres Vereins".

Doch schon wenige Stunden später tauchen erste Unstimmigkeiten auf. Die Stadiongesellschaft gibt ebenfalls eine Pressemeldung heraus. Hier heißt es ähnlich: Das neue Pachtmodell und der Fröhnerhof-Verkauf seien mit europäischem Beihilferecht vereinbar. Doch die Nachricht kommt weitaus defensiver daher, keineswegs ist von einer umfassenden „Prüfung" die Rede. Die Stadt habe lediglich „mit der Europäischen Kommission vorsorglich die Einzelheiten des neuen Pachtmodells besprochen". Ebenso seien „die Bedingungen für den geplanten Verkauf des Fröhnerhofs vorgelegt" worden. „Durch ein unabhängiges Verkehrswertgutachten eines vereidigten Sachverständigen konnte belegt werden, dass der vorgesehene Kaufpreis mindestens dem Marktpreis entspricht." Was heißt das nun?

Kurz darauf meldet sich Quante zu Wort: „Wir haben auf die Europäische Kommission gehofft, um den drohenden Schaden an den Steuerzahlern in Kaiserslautern abwenden zu können. Nach den ersten Mitteilungen der Stadt und des FCK scheint sich diese Hoffnung leider nicht erfüllt zu haben." Aber noch völlig unklar sei, was überhaupt geprüft worden sei. Daher habe man bei der Stadt entsprechende Unterlagen angefordert. „Zudem sind alle Fragen zu den Vorfällen vor 2014 offen geblieben. Wie es scheint, haben der Stadt und dem FCK der Mut gefehlt, vergangene Beihilfen der EU zur Prüfung vorzulegen." Mit der Vergangenheit sowie den ständigen Mietstundungen und -verrechnungen habe man sich offenbar überhaupt nicht beschäftigt – dabei waren doch gerade die ein wesentlicher Bestandteil der Kritik.

An den Reaktionen der Vereinsführung und der Erleichterung der Stadtspitze lässt Quante kein gutes Haar: „Der FCK-Vorstand mag euphorisch jubeln und sich über die kommende wirtschaftliche Gesundung der Roten Teufel freuen. Ehrlicherweise hätte noch erklärt werden sollen, wer diese Gesundung bezahlt – es sind nämlich am Ende die Steuerzahler der Stadt Kaiserslautern." Selbst wenn sich herausstellen sollte, dass das „Zukunftsmodell" EU-beihilferechtlich nicht zu beanstanden sei, handele es sich aus seiner Sicht dennoch um Verschwendung von Steuergeld.

„Die meisten Steuerverschwendungen in Deutschland sind legal", bleibt Quante bei seiner Kritik. „Ohne das Geld der Steuerzahler wäre die Stadiongesellschaft wohl schon längst gegen die Wand gefahren. Das ist eine Art von kostspieliger Liebhaberei, die sich das hochverschuldete Kaiserslautern nicht leisten dürfte." Die mehrmals verlängerte Frist für die Beantwortung seiner Fragen an Stadt und Verein läuft am 31. Oktober 2014 aus. „Natürlich erwarten wir weiterhin, dass unsere Fragen wie vereinbart beantwortet werden."

„Informelle Gespräche" statt Prüfung?

Die Vereinsführung spult derweil ihr Programm vor der Mitgliederversammlung ab. Rombach und Kuntz treten wechselnd in Interviews auf. „Der EU-Entscheid gibt uns die Möglichkeit zum Grundstücksrückkauf am Fröhnerhof. Damit können wir wieder Anlagevermögen schaffen", brüstet sich Kuntz im Interview mit der örtlichen Tageszeitung „Die Rheinpfalz". „Wenn man sieht, wo wir 2008 gestartet sind, ist das ein tolles Ergebnis professioneller Arbeit." Der Verein sei auf gutem Weg. „Mit jedem Stück mehr Planungssicherheit können wir uns professioneller aufstellen. Deshalb war die Einstellung eines Sportdirektors die logische Konsequenz, vor allem nachdem die wichtigen Themen für den FCK wie Pachtmodell, EU-Prüfung, Vermarktervertrag und Ausbau Trainingszentrum vom Vorstand mehr Zeit und Konzentration gefordert haben." Am Fröhnerhof gehe es voran. „Wenn es gut läuft, beginnen Ende 2015 die ersten Baumaßnahmen."

Auch Rombach lobt im Fußballmagazin „kicker" den Vorstand. „Die EU-Genehmigung ermöglicht, das geplante Zukunftskonzept umzusetzen. Das ermutigt mich, für eine dritte Amtsperiode zu kandidieren." Er setze auf Nachhaltigkeit. „Kontinuität ist Voraussetzung für Erfolg. Das haben wir bei Stefan Kuntz gesehen und deshalb den Vertrag verlängert." Die Vertragsverlängerung habe auch signalisieren sollen, dass in der Führung Stabilität herrsche. Kuntz gibt die Lorbeeren zurück. „Kontinuität, auch im Aufsichtsrat, hilft dem FCK."

Im Internetforum www.der-betze-brennt.de erklärt Rombach die Motivation seiner Kandidatur. Den Mitgliedern verspricht er, dass er

„weiterhin mit ganzem Herzen ausschließlich im Interesse des Vereins – ohne jegliche finanzielle oder sonstige Kickbacks – arbeiten werde". Der Aufsichtsrat unter seiner Führung agiere hervorragend. So tritt er der Frage mangelhafter Kontrolle entgegen: „Die gegenwärtigen Mitglieder des Aufsichtsrates sind beruflich sehr erfolgreich und haben eine Reputation zu verlieren. Dementsprechend kann man davon ausgehen, dass sie nicht so dumm wären, Entscheidungen ohne kritische Beurteilung ‚abzunicken', um dann eventuell in Regress genommen zu werden."

Kontinuität, Geduld und Ruhe als Schlüssel des Erfolgs – das sind Schlagworte, die man von der Vereinsführung hinsichtlich der nahenden Jahresversammlung oft hört. Hinzu kommt das Einschwören auf Zusammenhalt. Rombach warnt im Mitgliedermagazin vor „anonymen Unruhestiftern", die „die gegenwärtig positive Lage des Vereins" infrage stellen könnten. Dagegen sei „es wichtig, dass auch die schweigende Mehrheit der Mitglieder Stellung bezieht".

Doch die Tage vor der Jahreshauptversammlung bringen genau diese Unruhe: Die „Frankfurter Allgemeine Zeitung" zieht die EU-Prüfung in Zweifel. Der Journalist Michael Ashelm hält in seinem Artikel „Pfälzer Wahrheiten" den FCK-Verantwortlichen vor, die Öffentlichkeit diesbezüglich zu täuschen, und bezweifelt, dass die Gelder der Betze-Anleihe überhaupt noch verfügbar seien. Außerdem lässt er die Bombe platzen: Es habe überhaupt keine EU-Zusage gegeben. „Einen positiven Bescheid mit amtlicher Wirkung gab es nie", schreibt Ashelm. Nach seiner Recherche hätten lediglich „informelle Gespräche" mit der EU-Kommission stattgefunden.

Pöbeleien gegen Michael Ashelm und die F.A.Z.

Man kann nicht behaupten, die FCK-Führung habe Kosten und Mühen für die Planung der Mitgliederversammlung gescheut. Findet die Zusammenkunft gewöhnlich in der Fanhalle des Stadions statt, hat man nun vor dem Stadion eigens ein Zelt samt kompletter Eventinfrastruktur und Veranstaltungstechnik aufgebaut. Wie später bekannt wird, kostet der Abend im Zelt sage und schreibe circa 180.000 Euro. Das rund achtstündige Mammutprogramm soll dem Aufwand auch in Sachen Denkwürdigkeit gerecht werden.

Die Veranstaltung startet schon mit einem Aufreger: Der ehemalige Aufsichtsratsvorsitzende Dieter Buchholz tritt ans Mikrofon. Er sehe den Verein nach Kriterien eines ordentlichen Kaufmanns „kurz vor einer Insolvenz", sagt Buchholz, und ein Raunen geht durchs Zelt. Seit der vergangenen Mitgliederversammlung stelle er Fragen zur Bilanz

Die neue Führungsriege eines Topklubs im „Weltmeisterland": Stefan Kuntz, Nikolai Riesenkampff, Gerhard Theis, Mathias Abel, Ottmar Frenger, Dieter Rombach und Fritz Grünewalt (von links).

und der Finanzsituation des Klubs. Einige dieser Schreiben, die im FCK-Aufsichtsrat und Vorstand kursieren, liegen mir vor. Doch bislang seien seine Fragen nicht ausreichend beantwortet worden, bemängelt Buchholz. Auch zu dieser Versammlung legt er schriftlich ein Fragenbündel vor, das sich insbesondere mit der Betze-Anleihe beschäftigt.

Die Stimmung ist gereizt, doch Grünewalt biegt ab: Später, im Laufe der Veranstaltung, wolle man ausführlich antworten, sagt er. „Es ist nicht sinnvoll, die 16 Fragen aus dem Zusammenhang zu reißen." Buchholz lässt sich die Verschiebung seines Anliegens auf einen späteren Zeitpunkt gefallen. So übernimmt die Vereinsführung wieder das Heft.

Eingangs spricht der Aufsichtsratsvorsitzende Rombach vom respektvollen Miteinander. Doch es folgen schrille Töne vom Podium: Journalisten und Kritiker werden mit Hetztiraden übergossen. Im Grunde geht es um Zweifel an der Verfügbarkeit der Fananleihe und der EU-Entscheidung. Als Projektionsfläche muss Ashelm herhalten, der an diesem Abend am Pressetisch sitzt. Auch für Quante und den Steuerzahlerbund finden die Vereinsverantwortlichen schmähende Worte.

Der Aufsichtsratsvorsitzende Rombach redet von einer „EU-Entscheidung", einer „Freigabe aus Brüssel" und verspricht einen Baubeginn am Fröhnerhof spätestens Ende 2015. Die angeblich haltlose Anschuldigung der Steuergeldverschwendung sei nun „offiziell durch die EU-Entscheidung entkräftet". Die Gelder der Fananleihe seien „jederzeit verfügbar". Demgegenüber müsse er sich immer wieder gegen „unnötige Querschüsse" sowie „falsche und ehrenrührige" Vorwürfe wehren –

„trotz vielfältiger Dementi und Gegendarstellungen". Zweiflern wirft er vor, dem Verein schaden, Sponsoren und Mitglieder verunsichern zu wollen – „das haben die allertreuesten Fans wirklich nicht verdient".

Rombach kommt in Rage, spricht von einer „öffentlichen Kampagne" des Steuerzahlerbundes und „sogenannter seriöser Medien". Gemeint sind wohl der anwesende Ashelm und die F.A.Z. Rombach beschreibt ein aus seiner Sicht „besonderes Beispiel von Niederträchtigkeit in der Presse" und fragt: „Wo bleibt die journalistische Verantwortung?"

Wieder tritt er dem Vorwurf mangelhafter Kontrolle des Vorstands durch den Aufsichtsrat entgegen: „Letztlich stehen wir in der Haftung", ruft er, selbstverständlich nehme man die Kontrollaufgaben ernst. Die frühzeitige Vertragsverlängerung mit Kuntz, die auch an dem Abend von Mitgliedern kritisiert wird, schaffe Kontinuität in der Führung als Voraussetzung für Vertrauen und Erfolg. „Oder wollt ihr, dass wir uns genauso verhalten wie Politiker, die ein Jahr vor der Wahl keine Entscheidungen mehr treffen?" Hitzige Diskussionen in Internetforen seien zum „Fremdschämen", poltert der Informatikprofessor: „Ich schäme mich für diejenigen, die so etwas ins Internet stellen: Schämt euch!"

Den Anwurf, beim FCK setze man Kritiker unter Druck, wirft Rombach rigoros zurück. „Darüber kann ich wirklich nur noch lachen." Als sich ein Mitglied einschaltet und fordert, dem anwesenden Ashelm Hausverbot zu erteilen, stellt Rombach offen die Überlegung an, beim nächsten Mal bestimmte „Presseleute" auszuschließen. Als Grünewalt redet, wird dazu Ashelms Artikel „Pfälzer Wahrheiten" in dutzendfacher Kopie im Zelt verteilt. Es ist ein bizarrer Augenblick. Grünewalt hebt seine Stimme, redet von „falschen Fakten" und spricht Ashelm direkt an: „Gerade von Ihnen und der F.A.Z. erwarte ich mir, dass Sie sich das genau angucken."

Ashelm wirft der FCK-Führung in seinem Artikel dramatisches Missmanagement vor. Während der Artikel noch verteilt wird, bezeichnet Grünewalt diesen als persönlichen Angriff und Beleidigung. „Wir sind von niemandem mehr abhängig, von keiner Bank, von keinem Sponsor und von keinem Investor", ruft der Finanzvorstand unter dem Applaus der Mitglieder. 2008 sei der Verein am Abgrund gewesen, Kuntz habe den FCK gerettet. Sportlich wie wirtschaftlich. Da könne man doch „nicht solche Sachen schreiben, ohne dass irgendetwas vorliegt". Es brodelt im Saal.

Zwischenrufe. Die Emotionen kochen. Ich sitze neben Ashelm. Einige FCK-Fans um uns herum schnauben, gestikulieren aggressiv, pöbeln uns an, poltern an den Pressetisch. Es fehlt nicht viel zur Handgreiflichkeit. Rombach tritt zwischenzeitlich ans Mikrofon, um die Stimmung zu beschwichtigen, mahnt zu „Respekt". Doch Grünewalt setzt noch eins drauf: „Ich fände es gut, wenn Sie die Courage hätten, sich bei unserem Vorstandsvorsitzenden Stefan Kuntz zu entschuldigen." Auf dem Podium halten sie ein Blatt Papier in die Höhe, angeblich soll es sich dabei um ein EU-Dokument handeln. „Sie können nach vorne kommen und sich den Prüfbescheid hier anschauen." Ashelm bleibt sitzen. Die Menge im Zelt johlt.

Kuntz greift die Stimmung auf: Man habe nun „grünes Licht aus Brüssel" – dies sei ein Beleg für seriöse, erfolgreiche Arbeit. Einen Fehler räumt er ein: Man habe sich in der Vergangenheit zu viel gefallen lassen. Sofort schaltet er wieder um auf Angriff: „Andauernd bekommen wir ans Bein gepisst für Sachen, die wir gut gemacht haben!" Das werde es zukünftig nicht mehr geben: Nun gehe man rigoros gegen Störer vor, droht Kuntz, unter anderem gegen das Fachmagazin „kicker" und den Bund der Steuerzahler sei man bereits aktiv.

Der Vorstandschef gibt sich streitlustig. Man solle die Dinge in der „FCK-Familie" regeln, aber nach außen „wie eine Einheit" stehen, fordert er. Als er ankündigt, in der nächsten Saison das derzeit eher orangefarbene Trikot wieder auf die klassische Vereinsfarbe Rot umzustellen, gibt es tosenden Applaus. Der Ehrenratsvorsitzende Burkhard Schappert, ein Medizinprofessor aus Mainz, scheint davon berauscht. „Ich würde auch gerne noch mal draufhauen", ruft er in Richtung Ashelm. Freie Meinungsäußerung sei sinnvoll, meint er, doch man müsse sie einsetzen im Rahmen demokratischer Verantwortung. „Ihr Chefredakteur sollte Sie feuern, dann können Sie ja Pressesprecher beim Bund der Steuerzahler werden." Lautes Grölen und verbale Tumulte. Ashelm bewahrt die Ruhe.

Im Gegensatz zu Ashelms Artikel in der F.A.Z. gibt aus Rombachs Sicht die „Rheinpfalz" ein „Beispiel, dass Journalismus auch durch Ethik geprägt sein kann", und liest aus der „Rheinpfalz" vor. In einem Kommentar, der unmittelbar vor der Mitgliederversammlung erschienen ist, bescheinigt darin der Sportreporter Oliver Sperk der FCK-Führung, „mit Vernunft und Augenmaß" zu arbeiten. Rombach verliest der Mitgliederversammlung den kompletten Text und stimmt damit ein Loblied auf sich selbst an.

„Die Basis für die Arbeit der ehrenamtlichen Aufsichtsräte ist solide. Der FCK hat sich auf allen Ebenen konsolidiert, das Team um die Vorstände Stefan Kuntz und Fritz Grünewalt hat es geschafft, einen finanziell darniederliegenden Traditionsklub mit Fleiß und Intelligenz wegzubringen von Untergangsszenarien, wie sie zu Kuntz' Amtsantritt greifbar waren." Kritikern des Vorstands wirft Sperk vor, „oft zu unsachlich zu argumentieren und die raue Realität zu verkennen". Kuntz habe beim FCK – 2008 ein „total abgewirtschafteter Fast-Drittligist" – den „Absturz vermieden", und nun gehöre der Verein „zu den 25 Topklubs im Weltmeisterland". Weltmeister, das klingt gut. Rombach ist zufrieden.

„Substanzverein FCK"

In weniger aggressiven Momenten nutzen die Vereinsoberen die Versammlung, um das Bild eines prosperierenden Klubs zu zeichnen. Finanzvorstand Grünewalt lobt den Jahresüberschuss von 165.000 Euro als historisches Ereignis. In der zweiten Liga bei voller Pacht in der Lage zu sein, ein positives Ergebnis zu erreichen, sei „in der Geschichte des FCK noch nie da gewesen". Manche Mitglieder reiben sich ungläubig die Augen, sind in dieses Ergebnis doch Sondereffekte in Millionenhöhe eingeflossen – wie etwa Gelder aus DFB-Pokal-Runden, die eigentlich bei konservativer Kalkulation für ein weitaus stabileres Zahlenwerk hätten sorgen müssen.

Doch die Vorstände jonglieren mit Kennzahlen, Berechnungen, Cashflow-Vergleichen und Finanzbegriffen, dass es einem schwindlig werden kann. Wieder erklärt Grünewalt sein „Cash-Management-System". Er spart nicht mit Superlativen: „Der FCK ist saniert." Der Klub sei „ligaunabhängig wirtschaftlich stark" ausgerichtet. „Der FCK ist wieder etwas wert." Grünewalt spricht von „schwarzen Zahlen", „positivem Jahresergebnis", „wieder vorhandener Investitionskraft" durch die Betze-Anleihe und das Zukunftsmodell sowie „nachhaltiger Kostenstruktur". Für die Saison 2014/15 stellt er einen Jahresüberschuss von 410.000 Euro in Aussicht. Er prägt den Begriff des „Substanzvereins FCK". Die fünf U21-Nationalspieler aus der eigenen Jugend bezeichnet er als „enorme stille Reserven".

Eine knallige PowerPoint-Folie folgt der nächsten. So haben Mitglieder kaum Gelegenheit, das Zahlenwerk zu hinterfragen. Ohnehin wird jede Wortmeldung nach zwei Minuten durch einen Gong beendet. In seinem Bericht bescheinigt Kassenprüfer Günter Klingkowski der Vereinsführung „keine Beanstandungen". In Bezug auf die Betze-Anleihe verliest er den Wertpapierprospekt, in dem Begriffe wie das „Risiko des Totalverlusts" auftauchen. Derweil präsentiert Grünewalt den Auszug eines Kontos bei der Deutschen Bank. Dorthin habe man die Mittel der Betze-Anleihe von den ursprünglichen Konten bei den örtlichen Sparkassen zwischenzeitlich verlagert. Der Kontostand zum gewählten Stichtag beträgt 4.027.089,52 Euro und soll die Verfügbarkeit der Anleihemittel dokumentieren.

Vom Podium wird eine Erfolgsmeldung nach der anderen ausgerufen. Applaus erntet Kuntz etwa, als er Vertragsverlängerungen mit Nachwuchstrainer Konrad Fünfstück, U21-Star Zimmer und Trainer Runjaic verkündet. Er beschwört die Mannschaft, die „mit jungen, wilden Spielern auf gutem Weg" sei. Zudem stellt er eine Dreijahresstrategie zur Entwicklung des Fröhnerhofs vor. Grünewalt behauptet, rund eine Million Euro seien aus dem Verkäuferdarlehen, das einst von der Stadt zweckgebunden aufgelöst wurde, bereits investiert. Jedoch nicht alle Mitglieder folgen stur der Vereinslinie. Deren Einwände werden indes mit ausufernden Reden erstickt.

Die Versammlung gewinnt an Skurrilität, als der Vereinsrechtler Wolfram Waldner auftritt, um in einem verwirrenden Vortrag Satzungsfragen zu erörtern. Außerdem referiert der Wirtschaftsexperte Carsten Schlotter über eine mögliche Ausgründung des Profibetriebs aus dem Verein in eine Kapitalgesellschaft. Dabei malt er in einer mit juristischen Vokabeln gespickten Präsentation das Risiko aus, die Finanzbehörden könnten dem Verein bei stetigen Verlusten die Gemeinnützigkeit entziehen. Stetige Verluste beim „Substanzverein"? Wie passt das zusammen? Schlotter wirft in einer Vortragsfolie gar die Gefahr einer „Löschung aus dem Vereinsregister durch das Registergericht" an die Wand.

Auch Grünewalt beschreibt steuerliche Unklarheiten beim „Großprojekt Fröhnerhof". Doch hätte man derartig grundlegende Fragen nicht konzeptionell lösen müssen, bevor man die Fananleihe dafür aufgenommen hatte? Wie auch immer, ein Ausweg aus den Unwegsamkeiten sei die Ausgliederung der Lizenzspielerabteilung in eine Kapitalgesellschaft, behauptet Schlotter. Ein Mitglied meldet da Zweifel an. Zu „einseitig" sei die Darstellung, das grenze an „Panikmache", vielmehr bestehe doch die Gefahr, dass bei einer Ausgliederung die Mitglieder Mitbestimmungsrechte verlören. Grünewalt betont: „Ohne Sie, liebe Mitglieder, würden wir sowieso nichts entscheiden."

Buhrufe und Pfiffe für Kritiker

Diejenigen unter den Mitgliedern, die auf eine Diskussion über die zukünftige Ausrichtung des Klubs aus sind, lassen sich von den Präsentationen regelrecht überfahren. Kritik keimt zwar auf. Etwa als Grünewalt auf die Frage eines Mitglieds, wo denn all das Vermögen sei, dass er so mehre und absichere, kleinlaut einräumen muss, dass das Eigenkapital des Vereins ein Minus von rund 1,7 Millionen Euro aufweise.

Auch der Ex-Aufsichtsratschef Buchholz meldet sich erneut zu Wort. Er wirft der Vereinsführung vor, die Mitglieder zu täuschen und die wahre Lage zu vernebeln. Mit Blick auf den von Grünewalt gezeigten Kontoauszug und die angebliche Verfügbarkeit der zweckgebundenen Anleihemittel für den Ausbau des Nachwuchszentrums meint er: „Würde man die vier Millionen Euro jetzt investieren, könnten keine Gehälter mehr gezahlt werden." Seine konkreten Fragen zur Betze-Anleihe und der Finanzsituation seien immer noch offen. Außerdem protestiert er zum wiederholten Mal gegen die Darstellung der Situation im Jahr 2008, die in seine Amtszeit fällt: „Wir hatten keine Schulden", ruft er aufgebracht, „heute bestehen 15 Millionen Euro Verbindlichkeiten – ich frage mich, was sich da verbessert haben soll!"

Doch die Veranstaltung ist so aufgeheizt, dass seine Warnungen nicht durchdringen. Im Gegenteil: Buhrufe und Pfiffe gegen ihn ersticken sein Anliegen. Buchholz zieht sich zurück. Kritische Wortbeiträge werden so von einigen anderen Mitgliedern regelrecht niedergebrüllt. Ähnlich unterdrückt wird der Redebeitrag, der Rombach direkt angeht. Es geht um die Einstellung Grünewalts 2010, von der Rombach stets behauptete, der Verpflichtung sei ein ausführliches Bewerbungsverfahren vorausgegangen.

Das Mitglied liest den Text jener internen E-Mail mit dem Betreff „Alarm!" vor, der darauf hindeutet, dass die öffentliche Darstellung des Aufsichtsratsvorsitzenden in Bezug auf die damalige Personalsuche nicht der Wahrheit entspricht. Doch auch dieser Redner wird überschüttet mit Buhs und Pfiffen aus dem Publikum. Rombach lehnt es ab, sich zu den Anwürfen zu äußern und den Mitgliedern das Zustandekommen der E-Mail zu erklären. Es sei dazu schon alles gesagt, meint er. Grundsätzlich wolle er sich zu diesem Thema nicht weiter äußern.

Ein „weltweites Netzwerk"

Die Veranstaltung mündet in die Neuwahlen des Aufsichtsrats. Einzig Jürgen Kind wird nicht wiedergewählt, Steinebach war nicht angetreten. Rombach, Gerhard Theis und Ottmar Frenger werden bei der Wahl bestätigt und verbleiben im Gremium. Hinzu kommen der ehemalige Fußballprofi Mathias Abel und der Jurist Nikolai Riesenkampff. Bereits während der Versammlung erhielt Riesenkampff „Wahlkampfhilfe" durch den FCK-Vorstand, der betonte, dass Riesenkampff vor Saisonbeginn das Engagement des aktuellen Hauptsponsors Paysafecard eingefädelt habe.

Mit markigen Sprüchen tritt Riesenkampff, der zuvor im Umfeld des FCK kaum auffiel, an. „Diesen Sommer, als es eng wurde, habe ich den Hauptsponsor auf den Betzenberg gebracht", ruft er und stellt in Aussicht, noch weitere Sponsoren für den FCK gewinnen zu können. Dabei verspricht er Internationalität. „Der FCK ist für einen Werbetreibenden eine super Marke. Er steht für Erfolg, Kampfgeist, Begeisterungsfähigkeit, Tradition und Bodenständigkeit. Der FCK ist in ganz Europa bekannt und hat ein großes Potenzial. Wir müssen auch außerhalb der Pfalz starke, langfristige und finanzkräftige Partner finden. Ich würde als Aufsichtsrat mein weltweites Netzwerk nutzen."

Ebenso optimistisch stellt er als Ziel die Rückkehr in die Bundesliga in Aussicht. „Der FCK gehört dauerhaft in die erste Liga." Riesenkampff beschreibt sich als erfolgreichen, „unabhängigen" Geschäftsmann. „In den letzten 15 Jahren bin ich für meine Firma um die Welt gefahren und habe enge Kontakte zur Wirtschaft und großen Firmen geknüpft. Diese möchte ich für den FCK nutzen, so wie ich es bei Paysafecard getan habe."

Riesenkampff wird mit den meisten Stimmen in den Aufsichtsrat gewählt. Dessen Vorsitzender bleibt nach einer internen Abstimmung allerdings weiterhin Rombach. Am Ende der Versammlung stimmen alle im Zelt das volkstümliche Betze-Lied an. „Olé, olé – olé, ola! Der FCK ist wieder da! Olé, olé – olé, ola! Die Roten Teufel sind ganz wunderbar!" In diesem Tenor klingen dann auch die Überschriften in der Lokalpresse: „Ein Bravo für drei neue Verträge", „Sanierung und Fortschritt", „Grünewalt: Rote Teufel sind gesund", „Junger Schwung". Von der knalligen Zahlenpräsentation oder der Hetze gegen Journalisten ist nur wenig zu lesen. Die F.A.Z. allerdings berichtet von einer „suspekten Veranstaltung" und bleibt bei ihrer Behauptung, dass die gepriesene EU-Entscheidung „weiterhin nicht existiert".

Rechtsstreit um das Schwarzbuch

Im Fahrtwind der turbulenten Versammlung geht die Klubführung weiter rigoros gegen ihre Kritiker vor. Das zweifelhafte Agieren der FCK-Verantwortlichen gegen den „Gerüchtejournalismus" gewinnt an Vehemenz. Bereits vor der Versammlung setzten Kuntz und Co. Journalisten und Medien unter Druck, sogar der öffentlich-rechtliche SWR wurde über Wochen boykottiert.

„Viele Fans hatten den Verein nach der Berichterstattung des SWR zu nichtsportlichen Themen aufgefordert, er solle sich klar und deutlich positionieren", erklärt FCK-Pressesprecher Stefan Roßkopf auf Nachfrage des Fanforums www.der-betze-brennt.de, warum man die wöchentliche SWR-Sportsendung „Flutlicht" zeitweise gemieden habe. Spieler und Funktionäre nahmen über eine gewisse Zeit nicht mehr an den Talkrunden teil. „Nach einem rund dreistündigen intensiven Gespräch zwischen der Vereinsführung des 1. FC Kaiserslautern und den zuständigen Verantwortlichen des SWR" sei der Boykott aufgehoben worden, meint Roßkopf. Wie sich SWR und FCK dabei einigten, bleibt unbekannt.

Zu den Publikationen, die ins Visier geraten, zählt auch das Schwarzbuch des Bundes der Steuerzahler. In einer Pressemeldung brüstet sich der Klub damit, eine einstweilige Verfügung gegen einen Beitrag im Schwarzbuch vor dem Hamburger Landgericht erwirkt zu haben. Das hat zur Folge, dass sich beide Parteien in öffentlichen Verlautbarungen vorwerfen, Falschaussagen über den Rechtsstreit zu tätigen.

„Aufgrund einer Falschbehauptung muss der Bund der Steuerzahler sein ‚Schwarzbuch 2014' korrigieren", teilt zuerst der Verein mit. Der Bund der Steuerzahler habe „schwere Vorwürfe gegen den 1. FC Kaiserslautern" erhoben und „angebliche illegale Beihilfen" kritisiert. „Tatsächlich sind die Vorwürfe haltlos. Da sich der Bund der Steuerzahler gleichwohl weigerte, seinen Bericht zu korrigieren, ist der FCK nunmehr gerichtlich gegen die Veröffentlichung vorgegangen und hat vor dem Landgericht Hamburg unter anderem eine einstweilige Verfügung erwirkt." Der Bericht sei aus dem Schwarzbuch entfernt worden. Zugleich prüfe man „mögliche Schadensersatzansprüche", schließlich habe der Verein „durch die veröffentlichten Meldungen des Bundes der Steuerzahler nachweislichen Schaden erlitten".

Im Gegenzug prangert der Steuerzahlerbund „falsche Aussagen des 1. FC Kaiserslautern" an und fordert sogar eine Richtigstellung. Zwar habe der Klub beim Hamburger Landgericht vorläufigen Rechtsschutz erwirkt – dies aber lediglich „in einem Punkt". Dabei gehe es um eine untergeordnete Aussage im Schwarzbuch zu den Betriebskosten der städtischen Stadiongesellschaft. Weiter solle im Februar 2015 auf einem Gütetermin über eine Aussage zu den verrechneten Investitionen verhandelt werden. Die Löschung des Schwarzbuch-Eintrags hat hier folgende Lesart: „Vor dem Hintergrund der juristischen Auseinandersetzung hat sich der Steuerzahlerbund entschieden, den Schwarzbuch-Fall zum 1. FC Kaiserslautern zunächst nicht weiter zu veröffentlichen. Dieser Entschluss stellt ein Entgegenkommen des Bundes der Steuerzahler dar."

Noch immer bleibt der Katalog zahlreicher Fragen, den der Steuerzahlerbund an Stadt und Verein schickte, unbeantwortet. „Für die Beantwortung dieser Fragen ist die Stadiongesellschaft zuständig, nicht der 1. FC Kaiserslautern", sagt nun FCK-Sprecher Roßkopf. „Das finden wir sehr befremdlich. Wenn wir dem FCK keine Fragen stellen, beklagt sich der Vorstand öffentlich. Wenn wir aber Fragen stellen, werden sie nicht beantwortet. Auf dem Betzenberg wird gerne von Fakten und Transparenz geredet, aber die Umsetzung ist stark verbesserungswürdig", sagt Quante. Auch die Stadiongesellschaft bittet seit Monaten immer wieder um einen Aufschub der Beantwortung.

Das zweifelhafte Ende der EU-Debatte

Wenige Tage später erreicht der Streit um die EU-Prüfung einen neuen Höhepunkt. Ein Schreiben der EU wird öffentlich. Der Steuerzahlerbund hatte dessen Veröffentlichung beim Bundeswirtschaftsministerium auf Grundlage des Informationsfreiheitsgesetzes eingefordert. Nun kursiert das Schriftstück – es bringt aber keine Klarheit, sondern sorgt für neuerliche Irritationen. Denn dessen Interpretationen könnten unterschiedlicher nicht sein.

FCK und Stadiongesellschaft meinen darin die Erteilung der Absolution für ihr Handeln erkennen zu können. Auf Grundlage dieses Papiers könne das „Zukunftsmodell FCK" ohne Probleme umgesetzt werden. Es dokumentiere, dass es sich um einen sogenannten Non-Aid-Fall handele, der keines förmlichen Verfahrens bedürfe und nicht beihilferelevant sei. Damit seien auch die Vorwürfe des Steuerzahlerbundes ausgeräumt. Kritiker hingegen sehen das komplett anders. Das Schreiben sei vielmehr die Bestätigung dafür, dass es nie eine offizielle EU-Prüfung des Sachverhalts gegeben habe. Das Schreiben hat folgenden Wortlaut:

Europäische Kommission GD Wettbewerb
Betreff: SA.39059 – 1. FC Kaiserslautern, Anwendung von Artikel 55 der Allgemeinen Gruppenfreistellungsverordnung 651/2014 (AGVO)
Sehr geehrte Damen und Herren,
mit Email vom 22. September 2014, die auf ein Treffen am 9. September 2014 folgte, haben Ihre Behörden den Dienststellen der Kommission ein Non-Paper übermittelt, das die Anwendung der AGVO auf die Pacht, die der Fußballklub 1. FC Kaiserslautern für die Nutzung des gemeindeeigenen Stadions zu zahlen hat, betrifft. Ihre Dienststellen erläuterten die Marktkonformität der geplanten Stadionpacht, auch auf Grundlage eines Vergleichs mit der Pacht, die andere vergleichbare Klubs für vergleichbare Sportinfrastruktur zahlen. Die Pacht wird außerdem variabel sein, entsprechend der Liga, der der Klub angehört. Gemäß den von Ihren Behörden übermittelten Angaben wird die Pacht auch im Fall der Zugehörigkeit zur Zweiten Bundesliga so bemessen sein, dass sie die Kosten der Infrastruktur für die Gemeinde einschließlich der Abschreibung abdeckt und eine angemessene Verzinsung ermöglicht.

Die Email vom 22. September enthielt auch Angaben zur Übertragung eines Trainingsgeländes für Jugend- und Schüler-Fußballtraining von der Gemeinde auf den Klub. Demnach wurde der Wert der Anlage durch einen unabhängigen Sachverständigen für Wertermittlungen ermittelt.

Auf der Grundlage der verfügbaren Informationen ist die Generaldirektion Wettbewerb der Ansicht, dass diese Maßnahmen, falls sie überhaupt als Beihilfen zu qualifizieren wären, in den Anwendungsbereich des Artikels 55 AGVO fallen und somit vom Erfordernis befreit sein könnten, zuerst bei der Kommission angemeldet und von ihr genehmigt zu werden.

Diese Auffassung ist nicht der endgültige Standpunkt der Europäischen Kommission, sondern nur eine nicht-förmliche Auslegung der AGVO durch die Dienststellen der Generaldirektion Wettbewerb auf Grundlage der zur Zeit verfügbaren Informationen und um die Anwendung der AGVO zu erleichtern.

Referatsleiter Ewoud Sakkers

Der FCK „begrüßt die Bestätigung der EU-Freigabe des Zukunftsmodells" durch einen „an die Bundesregierung adressierten ‚Comfort Letter'", heißt es dazu in einer Stellungnahme des Vereins. „Die EU hat keine beihilferechtlichen Bedenken, so dass die geplanten Maßnahmen des Vereins ohne weitere Genehmigung umgesetzt werden können." Darüber herrsche nun „Klarheit". Es sei daher „nicht erforderlich, die Maßnahmen förmlich im Rahmen eines sogenannten Notifizierungsverfahrens anzumelden".

Kuntz spricht erneut von sportlicher und wirtschaftlicher Konsolidierung. „Das Vorhaben war von Anfang an solide geplant und finanziert, was alle zuständigen Stellen bestätigt haben. Die Unterstellungen in vereinzelten Medien sollten spätestens nach der Veröffentlichung des EU Comfort Letters ein Ende haben." Vorwürfe seien unhaltbar und „falsch", sagt Grünewalt auch bezüglich des Pachtmodells. Der FCK wolle nun prüfen, welche Schäden ihm durch die falschen Behauptungen entstanden seien, und behalte sich Schadensersatzansprüche vor.

Der Bund der Steuerzahler interpretiert den Schrieb gegenteilig: „Wie sich nun bestätigt, hat es keine offizielle Prüfung, Entscheidung oder Genehmigung durch die EU gegeben." Quante bleibt angriffslustig: „Die vom FCK behauptete ‚positive Entscheidung aus Brüssel' hat es so nicht gegeben. Was es gibt, ist eine nicht-förmliche Auslegung des EU-Rechts auf Basis von Informationen, die offenbar von der Europäischen Kommission nicht weiter überprüft wurden. Einen endgültigen Standpunkt zum Zukunftsmodell FCK hat die EU nicht. Nach dem euphorischen Jubel in Kaiserslautern hatte ich etwas Handfestes erwartet."

Ohnehin wisse man gar nicht, welche Informationen und Zahlen der EU überhaupt dargelegt worden seien. Nach wie vor bleibt Quante bei seiner Position und sieht weiter „einen Ansatzpunkt für eine mögliche EU-Beschwerde". Deren Einreichung wolle man nun prüfen. Außerdem bemängelt er, dass augenscheinlich nur Aspekte des „Zukunftsmodells FCK" wie der Gebäudeverkauf und die Pachthöhe thematisiert worden seien. „Offenbar wurden der EU die weit gewichtigeren Geschäfte zwischen dem Land Rheinland-Pfalz, der Stadt Kaiserslautern und dem 1. FC Kaiserslautern nicht zur nachträglichen Prüfung vorgelegt. Die Kaufpreise für das Fritz-Walter-Stadion und den Fröhnerhof, die nachträgliche Kostenübernahme für den WM-Ausbau sowie der Umgang mit offenen Pachten – vieles ist aus unserer Sicht weiterhin offen."

Das Schreiben vertieft die Gräben innerhalb der FCK-Anhängerschaft. Während die Verfechter der Führung um Kuntz der offiziellen Linie folgen und in Fanforen den Steuerzahlerbund mit Häme überziehen, fühlen sich andere von den FCK-Funktionären getäuscht. Markant ist ein Statement des ehemaligen Aufsichtsratsmitglieds Martin Sester. Im Internetforum der-betze-brennt.de schreibt der in Fankreisen hochgeschätzte Jurist öffentlich einen Kommentar zum „Comfort Letter":

Dieses Schreiben ist ein Nullum. Es betrifft lediglich die Info, wie die GD [Generaldirektion] Wettbewerb einen Sachverhalt unter die GVO [Gruppenfreistellungsverordnung] subsumiert, von dem wir nicht mal wissen, wie detailliert er mitgeteilt wurde.

Es ist keine Entscheidung, kein „EU-Entscheid", kein Bescheid, nichts von dem, was die Vereinsführung mir als Mitglied auf der Mitgliederversammlung genannt hat. Nichts.

Warum dieses Papier so sensationell zukunftsweisend sein soll, konnte man, auch ohne es zu lesen, kaum verstehen. Das ging ja bis hin zum Sportdirektor, der vorher angeblich nie möglich gewesen sein soll. Also sogar so bedeutend, dass es – obwohl vom 3. Oktober 2014 datierend – ein halbes Jahr zurückstrahlt bei der Entscheidung über die Einstellung von Schupp.

Ich fühle mich von der Vereinsführung getäuscht über die Rechtsqualität der „EU-Entscheidung" und über die Bedeutung, die das Ganze für den Verein hat. Das alles ist ein großer Witz. Allerdings ist mir jetzt völlig klar, warum man da vorher so ein Geheimnis um dieses Papier gemacht hat.

Dennoch markiert das Schriftstück den vorläufigen Endpunkt des bizarren Streits um die vermeintliche „EU-Prüfung". Im Lauterer Stadtrat kommt es noch einmal zum Wortgefecht, als die CDU-Opposition in einem Antrag fragt, warum das „angeblich verwaltungsinterne" Papier ihr erst vorenthalten und später über die Medien veröffentlicht worden sei. Die Sitzung gerät hitzig, es wird plötzlich von einem „Pränotifizierungsverfahren" gesprochen, an anderer Stelle heißt es später „es gab keine Prüfung", dann ist von „informellem Verfahren" die Rede. Der Zuhörer bleibt verwirrt zurück.

Von der Stadiongesellschaft heißt es, man wolle die Fragen der CDU mit einem Schreiben an die Fraktionen beantworten. Alles andere ufere aus und sprenge die Sitzung. Zwar teilt mir das Bundeswirtschaftsministerium schriftlich mit, dass es kein förmliches Prüfverfahren gegeben habe, sondern lediglich eine Besprechung zwischen der Stadt und der Europäischen Kommission. Ebenso erhalte ich auf eine Nachfrage bei offiziellen EU-Stellen eine allgemeine Übersicht bisheriger Entscheidungen der EU-Wettbewerbsaufsicht im Sportsektor, in der die Causa FCK gerade nicht zu finden ist. Dennoch ist das Thema, nachdem sich die CDU im Stadtrat mit einer über die bekannten Umstände hinaus wenig erhellenden schriftlichen Beantwortung ihrer Fragen zufrieden gibt, politisch vom Tisch.

Auch der Steuerzahlerbund zieht sich entgegen seiner Ankündigung zurück. Stadt, Stadiongesellschaft und FCK beantworten dessen Fragen weiterhin nicht. Ebenso ist vom Streit zwischen dem Steuerzahlerbund und dem prozessfreudigen FCK in der Öffentlichkeit nichts mehr zu hören. Der Kampf gegen die Verschwendung von Steuergeld endet also merkwürdigerweise zumindest vorläufig vor dem Landgericht Hamburg in einem Prozess um eine Passage des Schwarzbuchs. Sowohl der Oberbürgermeister als auch die Kommunalaufsicht weichen nun von beihilferechtlichen Bedenken ab, nachdem es die umstrittene Einschaltung der EU gab, bezüglich deren Belastbarkeit es kontroverse Einschätzungen gibt. Damit kann das „Zukunftsmodell FCK" mit dem Fröhnerhof-Verkauf vollzogen werden.

KAPITEL ACHT

Risse im System

Die erste Liga zum Greifen nah

„Wir wollen wieder! In die erste Liga!" Sonntagmittag. Der Bahnhofsvorplatz wird zum Hexenkessel. Hier sammeln sich Tausende FCK-Anhänger. Sie pilgern in einem Fanmarsch durch die Stadt hoch zum Betzenberg. Lautes Trommeln. Feurig-rote Bengalos. Eine Menschentraube in Rot-Weiß.

Die Ausgangssituation: vierter Tabellenplatz, letzter Spieltag der Saison 2014/15. Es geht gegen den bereits feststehenden Aufsteiger aus Ingolstadt. Mit einem Sieg und dem Zutun im Duell der Tabellenvorderen Karlsruhe gegen Darmstadt könnte es für die Roten Teufel mit dem Relegationsplatz vielleicht doch noch klappen. Die Hoffnung stirbt zuletzt. Die Botschaft ist unmissverständlich: „Wir wollen wieder! In die erste Liga!"

Tatsächlich haben die „Jungen Wilden" ihre Feuertaufe bestanden. Sportlich erweist sich der junge Kader als überraschend wettbewerbsfähig. Willi Orban, Dominique Heintz, Jean Zimmer und Co. bilden ein stabiles Gerüst. Torwart Tobias Sippel, der bereits im Alter von zehn Jahren zum FCK kam und einer der letzten Erstligahelden im Kader ist, gilt als Garant zwischen den Pfosten. Doch offenbar fehlt es der Truppe an dem letzten Quäntchen Glück und vielleicht auch an der Routine des einen oder anderen erfahrenen Führungsspielers, um den Saisonabschluss souverän zu gestalten.

Die letzten fünf Spiele, die fast fahrlässig vergeben werden, sind ausschlaggebend dafür, dass die Roten Teufel vom eigentlich schon sicher geglaubten Aufstiegsplatz auf den vierten Rang abstürzen. Erneut vermittelten die Personalentscheidungen in der Winterpause den Eindruck vom Fehlen einer langfristigen Kaderplanung. Mit Srdjan Lakic verlässt im Laufe der Saison schon der zweite Kapitän das Team, ihn zieht es zum SC Paderborn. Neuer Spielführer wird der junge Orban. Überraschend kehrt der zuvor an den FC Köln abgegebene Simon Zoller als Leihe zurück auf den Betzenberg.

Derweil treten Differenzen ausgerechnet mit dem Stabilitätsfaktor und Publikumsliebling Sippel noch im Laufe der Saison hervor. Die Vereinsführung habe ihm mitgeteilt, für die Zukunft nicht länger mit ihm zu planen, zeigt sich der Torwart im Sportmagazin „kicker" im Januar 2015 von den Klubbossen „riesig enttäuscht". Die Mitteilung habe ihn „völlig unvorbereitet und überraschend" getroffen. Die Gründe für seine Demission kann er nicht nachvollziehen. Hängt es am viel beschworenen „Philosophiewandel"? „Generationenwechsel hin oder her, mit 26 Jahren zähle ich immer noch zu den jüngeren Torhütern", meint Sippel.

Offenkundige Irritationen wie diese sind dazu geeignet, sogar im laufenden Aufstiegskampf die Gräben in der Anhängerschaft zu zementieren. Liest man die Kommentare im Internetforum der-betze.brennt.de, findet man einen erbitterten verbalen Kampf um die Wahrheit. Klubikone und FCK-Retter oder Sonnengott und Totengräber des Vereins? Zwischen diesen Polen bewegt sich die Bewertung der Ära des Vorstandsvorsitzenden Stefan Kuntz.

Noch im April 2015, gerade fünf Spieltage vor Saisonende, stehen die Roten Teufel auf dem zweiten Tabellenplatz und haben den Aufstieg fest im Visier. Plötzlich bricht die Mannschaft ein. In den letzten drei Spielen holt das Team, das sich während der Saison die Rolle eines Aufstiegsfavoriten erspielt hatte, lediglich einen Punkt. Erst wird es von den gerade in die 2. Bundesliga aufgestiegenen Darmstädtern besiegt, die damit sogar den zweiten Tabellenrang übernehmen. Dann folgen eine 0:2-Heimniederlage gegen den Abstiegskandidaten FC St. Pauli und ein mageres 0:0 gegen das sich ebenfalls im Abstiegsstrudel befindliche Erzgebirge Aue.

Während man einen Monat zuvor noch an der Tabellenspitze stand und der Aufstieg zum Greifen nahe schien, verbleiben am letzten Saisonspieltag sogar die Chancen auf den Relegationsplatz mit einem Mal nur noch als eine bestenfalls vage Option. Die Fans auf dem Bahnhofsplatz sehen das jedoch anders. Schließlich ist der Berg bekannt für seine Wunder. Überall tönt es: „Wir wollen wieder! In die erste Liga!"

„Wir haben's verdaddelt"

Die Erstliga-Forderung ist jedoch nicht das einzige Anliegen. Der Fanmarsch wird zu einer regelrechten Demonstration – die deutlich macht, wie groß die Kluft zwischen Basis und Funktionären mittlerweile schon ist. „Fritz-Walter-Stadion" schallt es durch die Straßen. Es ist ein Ruf für den Erhalt des Stadionnamens gegen die Kommerzialisierung des modernen Fußballbusiness', gegen Vermarktung und gegen Ausverkauf.

„Wir wollen wieder! In die erste Liga!" Nicht nur sportliche Ziele erklangen beim Fanmarsch zum letzten Saisonspiel 2014/15. Auch zeigte sich Kritik an den Klubbossen: „Transparenz statt Powerpoint" oder „Identität statt Investor" waren Slogans.

„Traditionsverein" – ein Statement für den Erhalt der Vereinsstruktur, gegen die Ausgliederung der Profiabteilung in eine Kapitalgesellschaft. Das allgemeine Credo lautet: „Mitgliederrechte statt Fremdbestimmung!" So ist es auf großen Pappschildern zu lesen.

Unter einer Eisenbahnbrücke brennen Fackeln. Lodernde Pyro und laute Parolen. Rotes Feuer und wabernde Nebelschwaden. „Respekt statt Arroganz", „Geschichte statt Marketing" oder „Vereinsvermögen statt Großmannssucht" sind weitere Slogans auf Plakaten. „Nachhaltigkeit statt Verschwendung", „Information statt Propaganda" – dies sind Forderungen der Fans auf ihrem Marsch in Richtung Stadion an die Klubbosse. Über allem die Hoffnung auf Erlösung: „Wir wollen wieder! In die erste Liga!"

Doch nur vier Stunden später ist die Enttäuschung groß. Der Verbleib in der zweiten Liga ist besiegelt. Die Saison endet mit einem mauen 1:1 gegen den Zweitligameister Ingolstadt. Wieder ist der FCK nur Vierter und hinkt den Ansprüchen seiner Anhänger hinterher. „Wir haben's verdaddelt", sagt Kuntz später. Das klingt euphemistisch.

Fast pünktlich mit dem Schlusspfiff rufen die Vereinsverantwortlichen einen neuen personellen Umbruch aus. Anstatt die durchaus erfolgreichen „Jungen Wilden" zusammenzuhalten, beginnt wie so oft in den vergangenen Jahren das Transferkarussell sich zu drehen. Er rechne ab sofort mit Angeboten für die Spieler, sagt Kuntz unmittelbar nach Saisonende gegenüber Reportern in die TV-Kameras, als lade er öffentlich zum Transferbasar ein. „Wir können finanziell mit den Top Fünf der zweiten Liga nicht mithalten. Fakt ist, dass wir Leistungsträger ersetzen müssen."

Der Abschied von Publikumsliebling Tobias Sippel steht da schon fest. Mit ihm verlässt eine Identifikationsfigur den Klub. Ich spreche mit dem Torhüter. „Ich lebe in der Stadt, kenne das Umfeld, kenne jede Straße in Kaiserslautern und viele Fans persönlich. Deswegen würde es mir sehr schwerfallen, das Trikot zu wechseln", sagt er. Gerne wäre Sippel, der zu den besten Keepern der zweiten Liga zählt, in seinem Heimatverein geblieben. „Von hier aus sind es 20 Minuten bis Bad Dürkheim." Dort lebt seine Familie, sein Vater betreibt eine Bäckerei.

Wie merkwürdig seine Demission ist, zeigt sich ebenfalls daran, dass der Spieler, dem laut Expertenmeinung ein Marktwert in Millionenhöhe zugeschrieben wird, nach Ende seiner Vertragslaufzeit ablösefrei zum Champions-League-Teilnehmer Borussia Mönchengladbach wechselt. Vielleicht lagen die Vorstellungen ja zu weit auseinander, doch offenbar wurde so unglücklich mit Sippel verhandelt, dass nicht einmal eine Ablösezahlung für den FCK herausspringt, obwohl in der Winterpause doch

Gespräche stattfanden, bei denen man vielleicht einen Preis hätte fest-legen können. Dies vor allem, da Sippel nach eigenem Bekunden nicht abgeneigt war, seinen Vertrag auf dem Betzenberg zu verlängern.

In der „Sport-Bild" macht der Torhüter seiner Enttäuschung noch einmal Luft. Dabei kritisiert er sowohl das fehlende sportliche Kon-zept als auch den Umgang der FCK-Verantwortlichen mit den Spie-lern. „Erst hieß es: Wir brauchen neue Identifikationsfiguren. Der Klub hat zu Recht auf Talente aus der Region gesetzt. Noch am letzten Spiel-tag hieß es, man wolle diesen Weg mit jungen Spielern weiter beschrei-ten", blickt Sippel auf den „Philosophiewandel" zu Saisonbeginn zurück. Die ursprüngliche Ankündigung einer langfristigen Aufbauarbeit ver-komme nun jedoch zur Farce.

„Jetzt werden Lauterer Jungs wie Willi Orban oder Dominique Heintz – beide U21-Nationalspieler – für relativ wenig Geld abgege-ben", kritisiert Sippel die Klubführung. Orban wechselt Medienberich-ten zufolge für circa 2,5 Millionen Euro zu RB Leipzig, Heintz wird für eine Ablöse von schätzungsweise 1,5 Millionen Euro beim 1. FC Köln unter Vertrag genommen. Die Summen lassen sich durchaus als gering bezeichnen, betrachtet man das sportliche Potenzial der Spieler. Wurden deren Entwicklungsmöglichkeiten in Vertragsgestaltungen und Trans-ferverhandlungen unterschätzt? Zwischenrufe wie der von Sippel zeigen, dass die Skepsis gegenüber den Vereinsbossen längst die Mannschaft erreicht hat. „Der wievielte Neuanfang ist dies denn eigentlich? Fast alle U21-Nationalspieler haben den Verein verlassen", hadert Sippel.

Ausverkauf der „stillen Reserven"

Wieso kommt es erneut zu zahlreichen Wechseln und einem Umkrem-peln des kompletten Kaders? Ist der Transferüberschuss gar für das Überleben des Klubs notwendig? Nein, behauptet Kuntz in der „Sport-Bild". „Wir mussten keinen Überschuss erzielen, um irgendetwas ins Lot zu bringen." Doch offenbar hat der Ausverkauf der „stillen Reserven" begonnen. Und die Aufzählung derjenigen, die den Verein jüngst verlas-sen haben – ob verkauft, nach Ende einer Leihe oder Auslaufen des Ver-trags –, ist atemberaubend. Darunter sind Sippel, Orban, Heintz, Lakic, Zoller, Marc Torrejón, Kerem Demirbay, Amin Younes, Karim Matmour, Kevin Stöger, Philipp Hofmann – durchaus Spieler mit Erstligapotenzial.

Zwar gibt sich Kuntz vor dem Saisonstart 2015/16 gewohnt kampfes-lustig: „Wir werden uns wieder wie Wadenbeißer, wie Zecken, wie alles, was ungemütlich ist, an alle dranheften, die uns gerne überholen möch-ten. Auch mit einem kleineren Etat, auch mit anderen Rahmenbedingungen, aber mit einer Bastion, mit einer Heimstärke, mit den Fans im Rücken werden wir allen in der zweiten Liga auf den Geist gehen, die denken, sie können uns abschreiben." Der bissige Ton kommt gut an bei den Fans. So fällt auch weniger auf, dass sich Paysafecard schon wieder zurückzieht und zum Saisonstart ein Hauptsponsor fehlt. Erst zum zweiten Spieltag ist die Suche beendet, und die Maxda Darlehensvermittlung wird als neuer Partner präsentiert.

Trotz markiger Ankündigungen konnte der Abgang zahlreicher Leistungsträger offensichtlich nicht adäquat kompensiert werden. Zu Beginn der neuen Runde bleibt der FCK weit hinter den Erwartungen des Publikums zurück. Nach sechs Spieltagen belegen die Roten Teufel den neunten Tabellenplatz, zeigen teils ernüchternde Vorstellungen. Mittlerweile schreibt sogar die „Rheinpfalz" von „Alarmstimmung". Die Verantwortung dafür wird insbesondere dem Sportdirektor Markus Schupp und Trainer Kosta Runjaic zugeschoben, die „zur Zielscheibe" werden.

Das Procedere ist absehbar: Runjaic, an dem man nach dem zweiten verpassten Aufstieg dennoch festhielt und dem der Aufsichtsratsvorsitzende Dieter Rombach kurz zuvor noch demonstrativ den Rücken stärkte, verlässt den FCK. Nachfolger ist der bisherige Nachwuchscoach Konrad Fünfstück. Auch Schupp muss gehen. Dass das Amt des Sportdirektors vorerst unbesetzt bleibt, ist für viele ein Zeichen dafür, dass Schupp ohnehin nur „als eine Art Blitzableiter eingesetzt worden" war, in Wirklichkeit wohl „aber nach wie vor jeder Transfer über den Schreibtisch von Stefan Kuntz" gelaufen sei, wie der SWR kommentiert.

Der Trainerwechsel bringt nicht die erhoffte Wende. Im Oktober taumelt der FCK dem Abstiegskampf entgegen. Der Unmut der Fans trifft mittlerweile die Führungsriege. „Vorstand raus"-Rufe hallen nach einer 0:2-Heimniederlage gegen Arminia Bielefeld am 30. Oktober 2015 durchs Fritz-Walter-Stadion. Konnte der Betzenberg mit durchschnittlich über 30.000 Zuschauern in der Vorsaison noch einen Zweitliga-Spitzenwert verbuchen, leeren sich nun die Ränge im WM-Stadion zusehends. Der Abstand zum Relegationsplatz in Richtung dritte Liga ist dünn. In der „Rheinpfalz" spricht Kuntz von einer „kleinen Krise".

Erstaunlich klar stellt sich in diesen Tagen die örtliche Tageszeitung an die Seite des Vorstandsvorsitzenden. Die Forderung „Kuntz muss weg" wird dort vom Sportreporter Horst Konzok als „populistisch" abgetan. Kuntz die Schuld für die aktuelle Misere zuzuschreiben, sei „sehr billig". Denn: „Der Vereinschef hat große Verdienste um den FCK, vor allem auch ob der wirtschaftlichen Konsolidierung", meint Konzok. „Würde er hinwerfen, wäre die Kopflosigkeit im Abstiegskampf fatal."

Der Fröhnerhof-„Rückkauf"

Obwohl die Lage unübersehbar immer prekärer wird, bleiben die Vereinsbosse konsequent bei ihrer gewohnten Darstellung eines blühenden Vereins. „Identifikation, Leidenschaft und Emotionen, das sind Werte, die sich kein Klub der Welt mit noch so viel Geld kaufen kann. Darauf müssen wir unser Fundament aufbauen, und ich sehe uns auf einem guten Weg." So massiert Kuntz im Mitgliedermagazin die Seele der Fans. Aufsichtsratschef Rombach ist ebenfalls weiterhin bemüht, Bedenken zu zerstreuen: „Aktuell steht der Verein finanziell auf einem gesunden Gerüst und ist sowohl in der ersten als auch in der zweiten Liga wettbewerbsfähig."

Am Fröhnerhof gingen „die den Ausbau betreffenden Planungen" insgesamt „gut voran", erklärt Rombach. Vermessungen seien bereits in Auftrag gegeben. „Die Aufstellung und Ausarbeitung von verschiedenen Ausbaustufen, die dann je nach zur Verfügung stehendem Kapital umgesetzt werden können, sind in der Endphase." Doch solche Aussagen des Aufsichtsratsvorsitzenden müssen stutzig machen: Richten sich die Ausbaustufen neuerdings also nach der Verfügbarkeit des Kapitals? War bislang nicht umgekehrt stets zu hören, dass das Geld der Betze-Anleihe jederzeit vorhanden sei, sofern es für Investitionen gebraucht werde?

Ungeachtet dessen demonstriert man in Sachen Fröhnerhof-Bau Tatkraft. Im Juni 2015 gibt der FCK bekannt, sein „Zukunftsmodell" könne endlich realisiert werden. Der Rückkauf des Grundstücks Fröhnerhof wird notariell besiegelt. „Heute ist ein wunderbarer Tag für den FCK", schwärmt Finanzvorstand Fritz Grünewalt im Schulterschluss mit dem Geschäftsführer der Stadiongesellschaft, Erwin Saile. Zeitnah solle ein „gemeinsames Gebäude für das Profi-Team und die Mannschaften U17, U19 und U23" entstehen. Es ist die Rede von Sportplätzen, Gastronomie, neuen Trainingsräumen, sogar einem Internat für Jugendspieler, einem Hallenbau oder der Überdachung bestehender Plätze. Die Betze-Anleihe biete eine „seriöse und ligaunabhängige Finanzierung". Der Baubeginn wird nun für 2016 versprochen.

Selbstbewusst verteilt Kuntz Seitenhiebe: „Wir freuen uns sehr, dass trotz der ausgesprochen schwierigen Rahmenbedingungen und der unberechtigten negativen Berichterstattung das Zukunftsmodell nun endlich umgesetzt werden kann." Allerdings ist neuerliche Skepsis spätestens angebracht, als Grünewalt plötzlich von einer weiteren Kreditaufnahme spricht. Wollte man sich durch die Betze-Anleihe nicht ausdrücklich unabhängig von Banken machen? „Wir werden definitiv auch einen Teil über eine Finanzierung darstellen", sagt der Finanzvorstand in der „Rheinpfalz".

Der Kaufpreis des Trainingszentrums beträgt 2,625 Millionen Euro. Zeitgleich mit dem Grundstückskauf tritt das neue Pachtmodell in Kraft, und zwar rückwirkend zum 1. Juli 2014. Das bedeutet, dass sich der Pachtzinspool zur Mietsenkung, der sich aus dem Geld des Fröhner-hof-Verkaufs speist, bereits um eine Summe in Höhe der rückwirkenden Pachtreduzierung leert.

Mit dem Verkauf des Fröhnerhofs fließen zwar 2,625 Millionen Euro in diesen Pool. Hinzu kommen 100.000 Euro als Bonuszahlung aufgrund des Erreichens des DFB-Pokal-Achtelfinales 2014/15 sowie 250.000 Euro aufgrund des Erreichens des DFB-Pokal-Halbfinales 2013/14, die Kuntz im Zuge der Debatte um das „Zukunftsmodell FCK" damals im Stadtrat zugesagt hatte. Das zusammen ergibt einen „Pachtzinspuffer" von 2,975 Millionen Euro, der die jährliche Mietreduzierung in Höhe von rund 800.000 Euro abfedern soll. Aber dadurch, dass die Vereinbarung nun rückwirkend in Kraft tritt, dem Verein für die abgelaufene Zweitligasai-son also bereits 800.000 Euro gutgeschrieben werden, bleiben nur noch 2,175 Millionen Euro zur Mietreduzierung im Pool übrig.

Die Rechnung liegt auf der Hand: Bei Verbleib in der zweiten Liga ist angesichts der jährlichen Lücke von 800.000 Euro der Pachtpuffer also bereits etwa zweieinhalb Jahre später aufgebraucht. Ist der Pool dann leer, wird sich die Debatte um die Stadionmiete wohl wiederholen, denn laut Vereinbarung gilt die ursprünglich festgesetzte Pacht in Höhe von 3,2 Millionen Euro dann als Verhandlungsmaßstab. Wird der FCK diese Summe dann zahlen können, oder wird er die Stadt um eine erneute Mietsenkung bitten?

Trotz dieser eindeutigen Fragilität muss das neue Mietmodell dafür herhalten, eine finanzielle Weitsicht sowie wirtschaftliche Stabilität dar-zustellen. „Dadurch, dass wir die Rahmenbedingungen in der letzten Saison verändern konnten, der Pachtvertrag der zweiten Liga angepasst wurde, ist es eher zu erreichen, dass man einen längeren Zeitraum in der zweiten Liga bleiben könnte – auch wenn das natürlich keiner will", betont Kuntz im Juli 2015 auf der Pressekonferenz vor dem Saison-start. Die neuen Regelungen der Stadionpacht seien essenziell für die Zukunftsfähigkeit des Vereins. Nur, wie lange geht das gut?

Differenzen mit der Post

In der Tabelle liegen die Roten Teufel weit hinter ihren Zielen, sogar gefährlich nahe an der Abstiegszone. Die Stimmung ist angespannt, als die Einladungen zur nächsten Mitgliederversammlung verschickt werden. Doch mit Versand der Einladungen geschieht ein Fauxpas, der für viele symbolisch für einen desolaten Zustand des Klubs und einen Dilettantismus in seiner Führungsriege ist. Die Zustellung der Einladungsschreiben an die Mitglieder erfolgt nämlich nicht in der Monatsfrist, die in der Vereinssatzung vorgesehen ist. Weil die meisten Briefe zu spät ihre Empfänger erreichen, müssen für die eigentlich am 29. November 2015 angesetzte Versammlung neue Einladungen verschickt und das Mitgliedertreffen auf den 12. Dezember verschoben werden.

Die Erklärung der FCK-Verantwortlichen irritiert umso mehr. Sie geben der Deutschen Post die Schuld an der verspäteten Einladung und sprechen von „unerwarteten Verspätungen bei der postalischen Auslieferung der Einladungen". Die Einladungen seien „fristgerecht" bei der Deutschen Post eingeliefert, dann aber „mit unerwartet größerer Verzögerung bei der Auslieferung in verschiedenen Postleitregionen" zugestellt worden, erklärt Grünewalt.

Auf Nachfrage bei der Deutschen Post ergibt sich derweil eine andere Lesart. Das Unternehmen erklärt erstaunlich offen seine Sicht der Dinge. Post-Sprecher Heinz-Jürgen Thomeczek teilt mir schriftlich mit, dass die Einladungen über eine Druckerei am 26. Oktober angeliefert worden seien. Selbst bei regulärer Zustellung nach den allgemeinen Bedingungen benötige die Auslieferung der Info-Post vier Werktage, also bis zum 30. Oktober. Allein dies hätte eine Zustellung außerhalb der Einladungsfrist zur Folge gehabt.

Doch für zusätzliche Verzögerung gesorgt habe darüber hinaus die Bezahlung mit einer Postcard, einer Art Kundenkarte für den Postversand, deren Limit zur Bezahlung laut Thomeczek nicht ausreichte. Erst am 30. Oktober, so schreibt mir Thomeczek, sei mit einer zweiten Postcard bezahlt worden, woraufhin die Einladungen in die Verteilung gegangen seien.

Grünewalt hingegen behauptet, nicht das Datum der Zustellung sei relevant, sondern die Anlieferung der Einladungen bei der Post. „Die fristgerechte Einlieferung können wir nachweisen." Es sei auch nicht zu einer Zahlungsverzögerung gekommen: „Eine verspätete Zustellung aufgrund einer ungedeckten Postcard gab es nicht, die Nachweise hierfür werden wir an der Jahreshauptversammlung den Mitgliedern vorlegen." Nur, über allem steht die Frage: Warum wurde die Veranstaltung dann überhaupt verschoben, wenn angeblich alles korrekt ablief?

Michael Ashelm berichtet in der F.A.Z. über das Kuriosum mit der Postcard – daraufhin ziehen die Vereinsbosse presserechtliche Register und gehen juristisch mit einer Hamburger Topkanzlei gegen den Journalisten und die F.A.Z. vor. Sie erwirken vor dem Landgericht Kaiserslautern tatsächlich eine einstweilige Verfügung. Dies kann als weiteres Beispiel dafür gelten, wie die Vereinsoberen ihre Zeit und die der teuren Rechtsberater in wenig zielführende, presserechtliche Grabenkämpfe um eine eigentlich völlig belanglose Sache und den ohnehin offenkundig dilettantischen Briefversand investieren. Damit scheinen sie jeglichen Sinn für Notwendigkeiten zu verlieren.

Denn derweil erreicht die Stimmung unter den Anhängern einen weiteren Tiefpunkt. In der Tabelle rutscht der FCK stetig ab. Bei einem Heimspiel im Fritz-Walter-Stadion zielt ein Spruchbanner auf den obersten Kontrolleur: „Unfähig, fristgerecht einzuladen. Dir sollen wir die Aufsichtspflicht übertragen? Rombach raus." Und: „Wenn der Aufsichtsrat nicht richtig Aufsicht führt, ist es unsere Pflicht, dass er unsere Abneigung spürt – keine Entlastung für Vorstand und Aufsichtsrat!"

Spätestens jetzt ist klar, worum es bei der anstehenden Versammlung geht: Die Abstimmung über die Entlastung von Aufsichtsrat und Vorstand wird zum Vertrauensvotum.

Grünewalt: „Mission erfüllt"

Besonders gerät Finanzvorstand Grünewalt unter Druck. Schon seit Spätsommer ist bekannt, dass er sich zurückzieht – nach eigener Entscheidung, wie vielfach betont wird. Sein Vertrag läuft im März 2016 aus. Die Gründe wirken aus dem Munde eines 38-jährigen Jungmanagers, der auf einen hochdotierten Vorstandsposten verzichtet, merkwürdig. Eine angeblich „erfüllte Mission" und mehr Zeit für die Familie seien ausschlaggebend.

„Die unternehmerischen Herausforderungen mit den strategischen Weichenstellungen haben mich damals gereizt, das Angebot vom FCK anzunehmen", behauptet Grünewalt. „Das Angebot vom Aufsichtsrat, mein Engagement hier beim Verein noch weiter zu verlängern, hat mich ebenfalls sehr gefreut, aber die Ausrichtung wird zukünftig eher eine operative als eine strategische sein. Hinzu kommt, dass ich im Frühjahr Vater geworden bin, wodurch man seine Ressourcen anders einsetzt und man nicht mehr jeden Samstag und Sonntag volles Programm braucht."

Wer über die Grünewalt-Nachfolge spricht, bekommt in FCK-Kreisen immer wieder den Namen Ansgar Schwenken zu hören. Bei Schwenken handelt es sich erneut um einen Weggefährten von Kuntz. Beim VfL Bochum arbeiteten beide früher im Management zusammen. Bereits im Juli 2014 überraschte der FCK mit der Mitteilung, ein „weiteres Strukturprojekt im Bereich Finanzen" aufsetzen zu wollen. Betreut wurde es von Schwenken, der dafür als freiberuflicher Berater engagiert und dessen diesbezügliche Branchenkompetenz hoch gelobt wurde. Ziel des Projekts sei „die Weiterentwicklung von Strukturen und Prozessen in unterschiedlichen Teilbereichen", um „für die Zukunft Standardabläufe und Richtlinien zu definieren" und „die Kostenstruktur des Vereins weiter nachhaltig zu verbessern". Das Geld, das man Schwenken bezahle, sei nur ein Bruchteil dessen, was man im Ergebnis einsparen könne, hieß es.

Apropos Kosten: Manche Mitglieder bezweifeln die Sinnhaftigkeit des Projekts, auch weil solche Aufgaben doch ohnehin zu den ureigenen Tätigkeiten eines Finanzvorstands gehören sollten. Wieso also zusätzlich einen freiberuflichen Berater dafür einsetzen? Auf Mitgliederversammlungen wurden derartige Beraterkosten mehrfach angefragt. Demnach kostete das „Strukturprojekt" mit Schwenken den FCK laut den Aussagen der Vorstände insgesamt einen sechsstelligen Betrag.

Genauso mysteriös, wie der Rauch um die Figur Schwenken beim FCK auftauchte, verfliegt er wieder. Denn der Ex-Vorstand vom VfL Bochum wird bei der Liga als DFL-Direktor „Fußball-Angelegenheiten und Fans" eingestellt. Zuvor war Schwenken bereits im DFL-Ligavorstand als gewählter Vertreter aus der 2. Bundesliga. Auf diesen Posten wird nun Kuntz bei der nächsten turnusgemäßen Wahl als Schwenken-Nachfolger berufen.

Die personellen Rochaden deuten eine Fragilität auf der Vorstandsebene des FCK an. Dieser Eindruck wird verstärkt durch weitere Wechselgerüchte, mit denen sogar Kuntz in Verbindung gebracht wird. Bei Hannover 96 ist gerade Sportdirektor Dirk Dufner zurückgetreten, in Nürnberg verlässt Sportvorstand Martin Bader seinen Posten. Kuntz wird nachgesagt, sich dort beworben zu haben. Auf einer Pressekonferenz konfrontiert ihn SWR-Reporter Bernd Schmitt mit der Frage – und Kuntz weist dies nachdrücklich zurück: „Das ist an den Haaren herbeigezogen." Er droht sogar mit juristischen Schritten: „Es ist mir wichtig, das aufzuklären." Rombach springt ihm mit einer erstaunlichen Erklärung zur Seite: „Wenn er sich aktiv umgehört hätte, dann hätte ich es gewusst. Die Tatsache, dass er mich nicht ansprach und ich nichts gewusst habe, macht für mich klar, dass da nichts dran ist."

Grünewalt hingegen sucht wohl einen möglichst geräuschlosen Ausstieg. Für seine Amtszeit zeichnet er das Bild einer erfolgreichen Ära. „Mit den geschaffenen Strukturen und Werten sowie den optimierten Vermarktungsrechten stehen wir inzwischen auf stabilen Beinen." Ein herausragendes Ereignis sei dabei die Betze-Anleihe gewesen – „nicht nur wegen des Geldes, das für den Verein in zehn Tagen eingegangen ist, sondern weil wir dort als Verein alle an einem Strang gezogen haben", brüstet sich der scheidende Finanzvorstand.

„Ich kann mich jetzt mit gutem Gewissen anderen Aufgaben widmen, denn die strategischen Weichen für den FCK sind mit der Anleihe, dem Rückkauf des Nachwuchsleistungszentrums, dem neuen Pachtmodell und dem aktuellen Vermarktervertrag gestellt. Außerdem war die Bestätigung durch Brüssel für mich ein guter Zeitpunkt, etwas gut Aufgestelltes zu übergeben", stellt Grünewalt in der „Rheinpfalz" seine Sicht der Dinge dar. Ärgerlich sei lediglich, dass er in jüngerer Zeit „einen immer größeren Anteil" seiner Arbeit „mit Recherchen, Rechtfertigungen und Aufarbeitungen" verbringen müsse und sich gegen Anwürfe zur Wehr setzen müsse, die „auf Basis von fehlenden Fakten, ständig wiederkehrenden Schleifen und zusammenhanglosen Schlussfolgerungen" vorgebracht würden.

Für sein Engagement indes erhält er von höchster Klubstelle ein lupenreines Zeugnis. Rombach bescheinigt: „Die gute finanzielle Arbeit der vergangenen Jahre unter unserem Finanzvorstand Fritz Grünewalt hat dafür gesorgt, dass wir uns in finanzieller Hinsicht keine Sorgen um den FCK machen müssen."

Kurz vor dem „finanziellen Zusammenbruch"?

Gestört wird die Beweihräucherung des Finanzvorstands allerdings durch diverse Anträge, die mit Blick auf die Klubversammlung in der Geschäftsstelle eingehen. Die Antragsflut wird zu einer Abrechnung mit der amtierenden Führung. Mit besonders scharfer Kritik an Grünewalt stechen dabei der Ex-Aufsichtsratsvorsitzende Dieter Buchholz und das bislang kaum in Erscheinung getretene Vereinsmitglied Johannes Remy hervor. Beide zielen darauf, bei der Vereinsversammlung den scheidenden Finanzvorstand Grünewalt nicht zu entlasten.

Ihre Antragsschriften nehmen die Zahlen des Finanzvorstands öffentlich auseinander. Während Grünewalt einen Gewinn von 812.000 Euro ankündigt, weist Buchholz auf die Verbindlichkeiten hin, die noch einmal von 15 auf circa 17 Millionen Euro gestiegen sind. Auch den Ausweis der Liquidität bezweifelt der ehemalige Aufsichtsratschef. Tatsächlich betrage die Liquidität 5,3 Millionen Euro, „allerdings sind darin schon die Erlöse in Höhe von 3,5 Millionen Euro für die Dauerkarten und circa 240.000 Euro an Mitgliedsbeiträgen enthalten, alles Beträge für die neue Saison 2015/16", sagt Buchholz, also ein Griff in die Zukunft. Dann erinnert er an die zweckgebundenen Mittel der Fananleihe, von denen nach dem Fröhnerhof-Rückkauf noch circa drei Millionen Euro da sein müssten, und die Gelder aus dem Verkäuferdarlehen in Höhe von 2,8 Millionen Euro, das ebenfalls in den Fröhnerhof fließen sollte. „Die zweckgebundenen Mittel ergeben zusammen circa 5,8 Millionen Euro – also tatsächlich ist die Liquidität bei circa minus 500.000 Euro."

Buchholz rechnet weiter: Nur durch einen Transferüberschuss habe man das verkündete Jahresergebnis erreichen können. „Es ist geradezu grotesk, wenn dann von einem erfolgreichen Wirtschaften berichtet wird. Ohne den Verkauf großer Qualität in der Mannschaft wäre also ein Verlust von 4,3 bis 5,3 Millionen Euro zu verzeichnen. Natürlich ist durch diesen ‚Notverkauf' auch die neue wirtschaftliche Basis geschwächt. Wie hätte man die 2,6 Millionen für den Fröhnerhof bezahlen wollen ohne die vorgenannten Transfers?"

Ähnlich sieht es Remy: „Ohne Sondereffekte wie Erfolge im DFB-Pokal und hohe Transfererlöse erwirtschaftet der Klub ein strukturelles Defizit. Da kann von dauerhafter Konsolidierung keine Rede sein." Denn was geschieht, wenn diese Sondereffekte einmal ausbleiben? Wenn man im DFB-Pokal einmal früher ausscheidet? Wenn Sponsoreneinnahmen rückläufig sind? Wenn die gestundete Stadionmiete fällig wird? Für die nächste Saison ist bereits ein Verlust von einer Million Euro auf der Vereinswebseite prognostiziert. „Ich befürchte, dass mein Verein in kürzester Zeit finanziell zusammenbricht, nichts anderes sagen diese Daten aus", warnt Buchholz.

Buchholz und Remy bleiben jedoch nicht nur bei den Bilanzzahlen, sondern gehen den Finanzvorstand an. Remy wirft Grünewalt „mögliche Interessenskonflikte" vor. Dabei hinterfragt er die geschäftlichen Verbindungen zwischen dem FCK und der Rechtsanwaltskanzlei von Grünewalts Schwiegervater, in der unter anderem auch Kurt Becks Sohn als Anwalt arbeitet, und „ob hier ausschließlich die Interessen des Vereins als Grundlage gedient haben".

Buchholz präsentiert das Bewerbungsschreiben Grünewalts zum FCK-Finanzvorstand, in dem sich jener als erfolgreicher Unternehmer und Führungskraft dargestellt hatte, der „rentable Investitionsentscheidungen, funktionierende Kapitalbeschaffungsmechanismen, komplexe Finanzthemen und Bilanzanalysen" beherrsche. Dabei, Buchholz zitiert aus dem elektronischen Bundesanzeiger, war Grünewalts Firma Transmarketing GmbH konsequent überschuldet: 2005 mit 277.830 Euro, 2010 mit 1.821.000 Euro.

Zudem, so stehe in der Bewerbung, sei Grünewalts Firma OF Consulting GmbH 2007 gegründet worden – doch tatsächlich sei sie erst am

5. Mai 2008 eingetragen. „Damit wollte er meines Erachtens den Aufsichtsrat des 1. FCK täuschen. Im Mai 2008 lief ja die von Herrn Grünewalt inszenierte Herzblutaktion. Im Vorstellungsschreiben das Jahr 2007 für diese Gesellschaft anzugeben, war absolut unverfänglich, denn eine Gründung 2008 – während der Herzblutaktion – hätte direkt darauf hingewiesen, dass die Firma nur gegründet wurde, um die Gelder des 1. FCK leichter abrechnen zu können."

Buchholz und Remy deuten auf weitere augenfällige Verstrickungen. „Es befinden sich mittlerweile zwei von drei Anteilseignern der OF Consulting in Führungspositionen beim 1. FC Kaiserslautern", schreibt Remy. Dabei richtet sich der Fokus auf Marco Stenger, den Geschäftsführer des FCK. „Einige Zeit nachdem Herr Grünewalt ohne Ausschreibung vom Aufsichtsrat des 1. FCK unter Druck zum Finanzvorstand berufen wurde, holte er seinen Geschäftspartner in die Dienste des 1. FCK", führt Buchholz aus. „Herr Stenger wurde den FCK-Mitarbeitern im Innendienst als Unternehmensberater vorgestellt, mit dem Ziel, alles zu professionalisieren." Eine neue Firma kommt ins Spiel: die „lead to performance AG". Die Schecks für die Bezahlung des Unternehmensberaters seien in die Schweiz gesendet worden.

„Herr Stenger forderte die Mitarbeiter auf, sich ruhig, offen und ehrlich über vermeintliche Fehler im System, über Schwächen der Vorgesetzten und so weiter zu äußern – er wolle ja alles verbessern. Dass diese Informationen dann bei seinem Geschäftspartner, dem Finanzvorstand ankamen, kann ich mir gut vorstellen", mutmaßt Buchholz. Kurze Zeit später wurde der Grünewalt-Geschäftspartner Stenger zum Geschäftsführer des 1. FCK berufen. Nach wie vor betreiben sie die gemeinsame Gesellschaft, die auch Geschäfte mit dem Verein getätigt hatte. „Was Businessethik betrifft oder Corporate Governance, falls es so etwas überhaupt noch gibt bei unserem Verein, ein untragbarer Zustand", zeigt sich Buchholz alarmiert.

Grünewalt reagiert sichtlich nervös und wortreich auf die Vorhaltungen. Er veröffentlicht eine „persönliche Erklärung" auf der Vereinswebseite, in der er die Umstände im Grunde bestätigt, jedoch den Vorwurf möglicher Interessenskonflikte zurückweist. Alles laufe korrekt beim FCK. Die Verhandlungen gehörten der Vergangenheit an und beträfen nicht seine Zeit als FCK-Vorstand. Grünewalt interpretiert die Anträge, über deren Annahme von den Mitgliedern bis dahin ja noch nicht einmal abgestimmt werden konnte, vorauseilend als kostspieligen Auftrag, eine externe Beratung heranzuziehen. Bis zur Jahreshauptversammlung werde er eine „gewünschte interne und unabhängige Untersuchung in die Wege leiten", deren „Fakten und Kosten" er dann offenlege, schreibt er in seiner Erklärung. Erneut kommen auf den FCK also Kosten für eine fragwürdige Rechtsberatung zu.

Die Kritik von Buchholz und Remy steht nicht allein. Zahlreiche weitere Mitglieder stellen zur Versammlung eigene Anträge, die auf eine gravierende Misswirtschaft der Klubführung hindeuten. Der eine fordert eine Offenlegung der Vorstandsbezüge, da seit Jahren kursiere, diese seien exorbitant hoch. Ein anderer verlangt Aufklärung bezüglich der Stundung der Stadionmiete in Höhe von 1,2 Millionen Euro durch die Stadt und deren Auswirkung auf die Lizenzierung – schließlich belaste die Stundung den Verein schätzungsweise jährlich mit 170.000 Euro Zinsen. Ist die Rückzahlung im Juni 2016 überhaupt zu stemmen? Auch die Kontrollpflicht der Aufsichtsräte ist wieder Thema, als es um die Vereinsabteilung Rollstuhlbasketball geht, in der wohl gerade ausstehende Rechnungen und offene Krankenkassenbeiträge angefallen sind.

Den Fragen setzen die FCK-Verantwortlichen im Vorfeld der Versammlung wenig Substanzielles entgegen. Der Tenor ihrer Argumente kreist vielmehr um die wiederkehrende Unterstellung, dass es die unlautere Motivation der Antragsteller sei, dem Verein schaden zu wollen. Manchen Antragsteller bezeichnet Kuntz gar als „Denunzianten", der den Verein mit teuren Gutachten belaste. „Dadurch, dass dies alles der Öffentlichkeit zugänglich ist und mit Sicherheit durch die eine oder andere überregionale Zeitung aufgenommen wird, schadet man nur einem: dem 1. FC Kaiserslautern." Das erschwere zudem die Suche nach Sponsoren. Die Antragsteller werden somit als Feinde der FCK-Familie gebrandmarkt.

Für die Kommunikationsstrategie der Klubbosse spielt die einzige Tageszeitung am Platz per se eine nicht unwesentliche Rolle. Vor der Versammlung bescheinigen die Reporter der „Rheinpfalz" den Vereinsverantwortlichen erstaunlicherweise noch immer, dass „der FCK zurzeit sehr solide aufgestellt" sei. Dem scheidenden Grünewalt attestiert man, für „zeitgemäße Unternehmensstrukturen" gesorgt und „finanzielle Altlasten abgetragen" zu haben. Die öffentlichen Vorwürfe, die in Bezug auf den Finanzvorstand ablesbar sind, werden zurückgewiesen: „Nach den Untersuchungen einer unabhängigen Wirtschaftsprüfungsgesellschaft, die die Rheinpfalz-Sportredaktion einsehen konnte, erfährt der 38-Jährige Entlastung." Vielmehr warnt die Zeitung mit Blick auf die Jahresversammlung vor „Selbstzerfleischung" und schreibt gar nebulös von einer „Opposition", die „erneut die Messer wetzt". Wer damit gemeint sein mag, bleibt unklar.

„Ohne Wenn und Aber: in die erste Liga!"

„Das sportliche Ziel lautet ohne Wenn und Aber: Aufstieg in die erste Liga! Da gibt es keinen Kompromiss!" Bei der Mitgliederversammlung versprühen die Bosse in gewohnter Manier markige Superlative. Aufsichtsratsvorsitzender Rombach liefert gleich mit, wie er die erste Liga erreichen will: Die Investitionen in den Spielerkader sollen erhöht werden. „Mindestens drei bis vier Millionen Euro mehr, um im Vergleich zu anderen Teams dieselben Voraussetzungen zu haben."

Nur woher das Geld nehmen? Rombach stellt sich als Macher dar: Um das Ziel zu erreichen, plant er die Erweiterung des Vorstands. Neben Vorstandschef Kuntz, der das „Gesicht des Vereins" und zuständig fürs Sportliche bleiben soll, sowie einem neuen Finanzvorstand als Nachfolger Grünewalts soll zukünftig ein drittes Mitglied in den Vorstand kommen. Dieser dritte Vorstand hat laut Rombach dann zur Aufgabe, als Marketingexperte das nötige Geld selbst einzutreiben, mit dem das Kaderbudget erhöht werden kann. Die Maxime lautet: „Der Marketingchef muss sich selbst finanzieren."

All das folgt angeblich einem großen Plan, einer grandiosen Gesamtentwicklung, die Rombach ausschmückt. 2008 bis 2010 habe sich der Verein in der „Überlebensphase" befunden, so malt er das damalige Szenario des Fastabstiegs in die dritte Liga aus. Daraufhin sei man in eine „Konsolidierungsphase" eingetreten, in der die Vereinsführung für neue „Planungssicherheit" gesorgt habe. Und nun: „Wir brauchen jetzt die Wachstumsphase, die wir im letzten halben Jahr angestoßen haben."

Kritik an ihrem Finanzgebaren weist die Vereinsführung zurück – mit Verweis auf Prüfinstanzen. Kuntz spricht von Wirtschaftsprüfern, Steuerberatern, der DFL, dem Finanzamt, dem rheinland-pfälzischen Finanzministerium und „Bundesprüfern aus Berlin". Die Mitglieder könnten beruhigt sein: „Mehr Sicherheit können wir euch nicht geben, als dass die Zahlen von den höchsten Gremien überprüft worden sind, die es in Deutschland gibt", verspricht Kuntz.

Ähnlich argumentiert Rombach: „Wir sollten alle Gerüchte zum Finanzverhalten bleiben lassen, ansonsten müssten wir nicht nur die Kompetenz des Aufsichtsrats infrage stellen, sondern auch der Wirtschaftsprüfungsgesellschaft und der DFL." Mit Ernst & Young habe man „eine der renommiertesten Wirtschaftsprüfergesellschaften weltweit" beauftragt – „sie prüfen jetzt schon wiederholt unsere Abschlüsse, übrigens auch mit dem speziellen Zusatzauftrag, die korrekte Verwendung der Fananleihe zu prüfen, und erteilen uns uneingeschränkte Prüfungsvermerke." Prüfung, Prüfung, Prüfung – die Vokabel wiederholt sich.

Grünewalt zeigt den Kontoauszug von der Deutschen Bank, der die Verfügbarkeit der Gelder der Betze-Anleihe dokumentieren soll. War bei der Ausgabe der Anleihe noch die Rede davon, unabhängig von Banken bleiben zu wollen, bringen Rombach und Kuntz nun weitere Kreditaufnahmen ins Spiel. Es würden für den Ausbau des Nachwuchsleistungszentrums die „gesamten Restmittel der Fananleihe und gegebenenfalls für weitere Schritte auch Darlehen, die wir uns jetzt wieder erlauben können aufgrund der Vermögenssituation, eingesetzt". Zudem schreibe man die Generalunternehmerschaft aus. Ex-Aufsichtsrat Gerhard Steinebach sei an den Planungen und Ausschreibungen wesentlich beteiligt gewesen. Kuntz präsentiert erneut eine Animation des Bauvorhabens mit Bildern und Entwürfen. „Nächstes Jahr rollen Bagger!"

Zum gängigen Umgangston bei den Jahresversammlungen des FCK gehören mittlerweile längst Seitenhiebe gegen Kritiker und Journalisten. Rombach verwendet seine Rede erneut zur Medienschelte gegen die „Frankfurter Allgemeine Zeitung". Es geht um deren Berichterstattung bezüglich der misslungenen Einladung zur Versammlung. „Die in der Presse erhobenen Vermutungen, dass die verlangsamte Versendung oder Nichtversendung dadurch entstanden ist, dass der FCK keine gültige Postcard oder aufgefüllte Postcard hatte, entbehren jeglicher Wahrheit. Inzwischen ist es auch durch eine einstweilige Verfügung gegen die F.A.Z. bestätigt worden."

Rombach brüstet sich mit dem Gerichtsverfahren, das zu diesem Zeitpunkt noch gar nicht abgeschlossen ist und später mit einem Vergleich endet. Die zuvor für die Mitgliederversammlung angekündigten Nachweise für ihre Argumente legen die Vereinsbosse aber nicht vor. Im Gegenteil räumt Grünewalt im Laufe der Veranstaltung sogar ein, er nehme den missglückten Versand der Einladungen auf „seine Kappe". So bleiben „den Mitgliedern" die wahren und letzten Endes eigentlich auch belanglosen Gründe für den Einladungsfehler nach wie vor unklar.

Immer wieder müsse man „unglaublich viel Zeit gegen das Abbürsten von Gerüchten, die in die Welt gesetzt werden," aufbringen, hadert derweil Rombach. Dazu zähle auch die „Abwendung des EU-Beihilfeverfahrens". Dass der Aufsichtsratsvorsitzende hier in seiner Argumentation nicht ganz konsequent ist – schließlich sprach er in der Vergangenheit stets von der erfolgten EU-Beihilfeprüfung, und jetzt redet er davon, dass das Beihilfeverfahren abgewendet worden sei –, fällt aber keinem auf. Alles in allem habe man einen großen Aufwand mit der Abwehr von haltlosen Anschuldigungen oder mit Gegendarstellungen, bemängelt Rombach. „Wenn einige wüssten, wie viel Geld da unnötig ausgegeben wird, da könnten wir uns ein bis zwei Transfers mehr leisten." Der Aufsichtsratschef fordert „Vertrauen – und das hat nichts mit Kritiklosigkeit zu tun!". Nur so könne der Aufstieg in die 1. Bundesliga gelingen.

„Keine Geschäfte mit Familie"

Derweil serviert Grünewalt ein gewohnt undurchsichtiges Zahlensammelsurium, das finanziellen Aufschwung darstellen und Kritiker widerlegen soll, gemischt mit rührseligen Abschiedsfloskeln zu seinem letzten Auftritt vor den Mitgliedern als FCK-Funktionär. „Mit dieser wirtschaftlichen Performance brauchen wir uns vor niemandem zu verstecken!", ruft der Finanzvorstand. Er spricht vom Gewinn, einem negativen Eigenkapital, das man von 1,676 Millionen Euro auf 864.000 Euro gesenkt habe, werthaltigem Vermögen und einer „gesunden Kostenstruktur". Mehr als vier Millionen Euro Steuern aus den Vorjahren seien im Laufe seiner Amtszeit nachgezahlt worden. Seine diesjährige Bilanz feiert er als Konsolidierungserfolg und Meilenstein der Vereinsgeschichte.

Angesichts des Standortnachteils in einer strukturschwachen Region, in der „es keine großen wirtschaftlichen Sponsoren gibt", sei das Jahresergebnis eine „Wahnsinnsleistung", flankiert ihn Rombach. Dass da Transfererlöse Berücksichtigung fänden, sei doch gerade „unsere Philosophie", behauptet der Aufsichtsratschef. Dem Finanzvorstand bescheinigt er ein „professionelles Reporting". Der Aufsichtsrat sei umfassend informiert und könne dadurch „bei jeder Transaktion" deren Auswirkungen abschätzen.

Den wirtschaftlichen Erfolg führt Grünewalt auf drei wesentliche Komponenten zurück: das neue Pachtmodell, sein Cash-Management-System und den neuen Vermarktervertrag. Er malt einen „schweren Rucksack voller Altlasten" aus: „Meine Aufgabe, für die ich geholt wurde, war es, den Rucksack, den man Stefan Kuntz 2008 aufgeschnallt hat, wieder leichter zu machen, damit wir finanziell wieder ohne Steine richtig Tempo aufnehmen können." Zu den Steinen im Rucksack von Stefan Kuntz zählt Grünewalt das Modell der Besserungsscheine, an dessen Stelle nun das neue „Zukunftsmodell FCK" mit den Pachtregelungen getreten sei. Der Finanzvorstand bezeichnet die Besserungsscheine und deren Abgeltungsregeln als „groben strategischen Fehler", den er seinen Vorgängern anlastet. Dass Kuntz jedoch selbst die Mietminderungen auf Besserungsschein final verhandelte und gemeinsam mit Grünewalt deren Abgeltungsmodell verantwortet, bleibt ein logischer Fehler in der

Präsentation des Finanzvorstands, die sogar die Aufsichtsräte auf dem Podium abnicken.

Grünewalt führt weiter aus, der Vermarktervertrag 2008 sei für den FCK zu ungünstigen Konditionen abgeschlossen worden. Der Finanzchef behauptet freimütig, sieben Millionen Euro mehr hätten damals erzielt werden können. Erst Kuntz und er hätten die Vermarktung auf ein „stabiles Fundament" gestellt. „Der Rucksack ist 14,5 Millionen Euro schwer gewesen." Mit seinem Abschied seien alle diese Belastungen abgebaut. „Damit ist klar, dass wir unserem Nachfolger keinen Rucksack übergeben werden, in dem noch irgendwelche Risiken drin sind", lobt sich Grünewalt und stellt dem Verein eine blühende Zukunft in Aussicht: „Wenn die Entwicklung so weitergeht, mache ich mir keine Sorgen mehr."

Skurril wird es, als Grünewalt sich als Finanzaufklärer inszeniert und erläutert, wie er auf der Geschäftsstelle einen Betrug beim Handel mit Eintrittskarten aufgedeckt habe. „Es geht darum, dass jemand mit krimineller Energie dem Verein einen erheblichen finanziellen Schaden zugefügt hat." Er beschreibt das Ergebnis einer Untersuchung: „Vom 1. Juli 2009 bis zum 15. September 2014 wurden regelmäßig einzelne Bartageseinnahmen aus der Ticketingstelle im Stadion weder in der Barkasse noch auf einem Bankkonto des Vereins eingezahlt." Innerhalb von viereinhalb Jahren habe der Verein so rund 350.000 Euro verloren. In einer intensiven Aufklärungsarbeit, derer sich der Finanzvorstand rühmt, habe man „stichhaltige Beweise" gesammelt, die zum „vollumfänglichen Geständnis" einer Mitarbeiterin geführt hätten.

Aufsichtsratsmitglied Nikolai Riesenkampff stellt auf einigen PowerPoint-Folien außerdem die Ergebnisse der angekündigten externen Untersuchung vor, die die Vorwürfe fragwürdiger Personalentscheidungen und der Vetternwirtschaft beim FCK widerlegen soll. Es ist kaum verwunderlich, dass diese zu dem Schluss kommt, dass „an den Vorwürfen nichts, aber auch gar nichts dran ist", wie Rombach behauptet. „Auch hier haben wir unserer Aufsichtspflicht Genüge getan und kein fehlerhaftes Verhalten erkennen können." Und Grünewalt gibt eine Ehrenerklärung ab: „Dass man keine Geschäfte mit der Familie macht, das gehört für mich zum Anstand, und dafür brauche ich kein Gutachten." Dennoch hat der Verein eine Untersuchung bezahlt.

50.000 Euro für Feng-Shui

Im Gegensatz zum Vorjahr, als es den Rednern gelang, mit ihren Tiraden das Zelt zum Toben zu bringen, erhalten sie in diesem Jahr nur verhaltene Reaktionen und müden Applaus. Bereits der Beginn der Versammlung wird für Rombach zum Missgriff. Als er die Redezeit für Mitglieder wieder auf zwei Minuten beschränken will, regt sich Unmut. Einer fordert, die Redezeitbegrenzung aufzuheben – schließlich dauerten die ausufernden Reden der Vereinsführung doch Stunden, und zur Aussprache solle man Mitgliedern ebenfalls Zeit geben, ihre Anliegen vorzutragen. „Wir sind doch ein demokratischer Verein." Aber Rombach will dies nicht zugestehen. „Es bleibt bei den üblichen zwei Minuten." Darauf folgen erste Buhrufe. „Dann stelle ich eben einen Antrag", meint der Diskutant trotzig. Bei der Abstimmung darüber sprechen sich knapp 60 Prozent der Mitglieder gegen den Zwei-Minuten-Knebel aus. Rombach verliert.

Im Folgenden ergießt sich heftige Kritik über die Bosse. Die Kluft zwischen Basis und Führung wird deutlich. Viele sind irritiert von den ständigen Erfolgsmeldungen – wenn allein der Blick auf die Ligatabelle seit Jahren eine fallende Tendenz zeigt. „Ich fand es sehr interessant, eben zu hören, dass wir angeblich eine Strategie haben, die wir seit Jahren gleichmäßig verfolgen, ich sehe nämlich ständige Kurswechsel", kritisiert ein Mitglied unter lautem Applaus. Im Saal ist große Besorgnis spürbar. Ein anderer ergreift das Wort und wirft der Klubführung eine „arrogante" Haltung vor. Er spricht von „unüberbrückbaren Gräben, die vielen Fans das Gefühl geben, dass sie nicht mehr gebraucht werden".

Gleichzeitig bietet Kuntz' Transferpolitik weiterhin Angriffsfläche: Über 200 ein- und ausgehende Transfers, darunter teure Flops und ständige Trainerwechsel. „Viele haben mittlerweile Angst vor den nächsten Transfers, weil das Vertrauen in das glückliche Händchen bei der sportlichen Führung fehlt", ruft einer der Vorstandschaft zu.

Außerdem widerspreche das ständige Jammern über die strukturschwache Region und den vermeintlichen Standortnachteil bei der Sponsorensuche den Wurzeln des Vereins: „Wir waren jahrelang stolz darauf, dass wir, die Pfälzer aus dem Hinterland, den Großen immer wieder ein Bein stellen – das ist doch Teil unserer Tradition!", schmettert er in Richtung Podium und erntet dafür tosenden Beifall. „Es wird nur gejammert. So, wie Sie den FCK darstellen, schrecken Sie Geldgeber ab. Fangen Sie an, dem FCK wieder ein Gesicht zu geben, und hören Sie auf, in der Außendarstellung so peinlich dazustehen!"

Der Unmut in der Halle wächst mit jeder Wortmeldung, bei der neue Kuriositäten zutage treten. Etwa als Grünewalt für das abgelaufene Geschäftsjahr eine Tabelle mit aufgelisteten Beraterleistungen – wohlgemerkt vorwiegend juristischer und wirtschaftlicher Natur, ohne die

Kosten für Spielerberater – präsentiert, die exorbitant hoch erscheinen und den Verein über 600.000 Euro kosteten. Veranschlagt ist dabei auch das Strukturprojekt von Ansgar Schwenken mit 116.000 Euro, das – so Grünewalt – zu einem „nachhaltigen Effekt" mit jährlichen Einsparungen von bis zu 100.000 Euro führe.

Kurz darauf tritt ein Mitglied ans Mikrofon und greift aus dem Beratertableau eine besonders merkwürdige Zahl heraus. „Ich habe vorhin mit großem Interesse gesehen, dass eine Firma 50.000 Euro erhalten hat. Ist es richtig, dass diese Firma Feng-Shui-Beratung macht?" Die Frage geht an Rombach, der bejaht. „Haben Sie diese 50.000 Euro genehmigt für Feng-Shui-Beratung im Aufsichtsrat? Gab es darüber eine Abstimmung?" 50.000 Euro für Feng-Shui? Viele Mitglieder können ihren Ohren nicht trauen. Rombach räumt kleinlaut ein, dass er von diesem Feng-Shui ja auch nicht überzeugt sei: „Wir wurden nachträglich informiert." Unruhe im Saal.

„Sie haben also einen Betrag nachträglich genehmigt, von dem Sie nicht persönlich überzeugt sind?", fragt ein anderer aufgebracht. „Sie wurden von uns gewählt, dass Sie solch einen Unsinn verhindern! Wie um alles in der Welt soll ich zum Aufsichtsratsvorsitzenden Vertrauen haben, der seine Aufsicht bei so etwas nicht führt? Tut mir leid, Herr Doktor Rombach, 50.000 Euro im Nachhinein abnicken – das ist Abnicken, das ist nicht Aufsicht führen!" Die Empörung darüber ist groß. Kuntz verfolgt das Geschehen mit versteinerter Miene. Die Protagonisten schauen vom Podium nervös in die Runde der Mitglieder.

„Sie bluffen die Leute!"

Nicht nur Rombach, auch Grünewalt muss sich gegen Vorwürfe wehren, er täusche die Mitglieder. „Wenn Sie Ihre Vorträge hier halten, bluffen Sie die Leute." Buchholz hält dem Finanzvorstand vor, „mit der Wahrheit nicht ganz so richtig umzugehen". Dabei geht es dem ehemaligen Aufsichtsratsvorsitzenden Buchholz insbesondere um die Deutung der Vergangenheit. Er bezweifelt Grünewalts Behauptung, dessen Vorgänger hätten mit dem Vermarkter schlechte Konditionen ausgehandelt. „Da haben Sie etwas vergessen", sagt Buchholz, die Konditionen „2008 haben Sie mit dem Stefan zusammen auch schon ausgehandelt. Da habe ich hier ein Dokument."

Er hält ein Papier hoch, aus dem hervorgeht, dass Grünewalt offenbar ohne Wissen des Aufsichtsrats bereits, lange bevor er überhaupt als Finanzvorstand im Gespräch war, für Kuntz an Verhandlungen teilnahm. Dies auch im Zusammenhang mit Vermarkter-Gesprächen. Grünewalt streitet das ab. Außerdem beharrt er darauf, dass die Signing Fee, die vor seinem offiziellen Amtsbeginn abgeschlossen worden sei, lediglich 1,95 Millionen Euro betragen habe. Dies liege millionenweit unter dem aktuellen, seinem Verhandlungsergebnis.

Buchholz beruft sich auf Dokumente, die ihm vorlägen. „Bei der Wahrheit soll man bleiben, gerade als Finanzchef!" Der verbale Schlagabtausch spitzt sich zu und verwirrt viele Zuhörer – bis Rombach einschreitet. Statt aufzuklären, schließlich saß er bereits zu Buchholz' Zeit im Aufsichtsgremium und müsste über die Umstände eigentlich bestens Bescheid wissen, tut er alles dafür, die Diskussion zu ersticken. „Ich glaube, das können wir im Moment nicht auflösen."

So bleiben die Geschehnisse um die Signing Fee und den Vermarkterdeal weiterhin ungeklärt. Nach wie vor ist die Spannung zwischen den gegenteiligen Positionen nicht aufgelöst. Auch die zu Beginn der Versammlung vom Aufsichtsrat vorgestellte angebliche Untersuchung in der Causa Grünewalt vermag die Sache nicht aufzuhellen. „Eigentlich geht sie am Thema vorbei", sagt Remy. Sie kläre nämlich beispielsweise überhaupt nicht auf, nach welchen Compliance-Regeln oder objektiven Vergabekriterien Leistungen und Jobs beim FCK vergeben würden. Erst recht bleibe unklar, wie viel die Grünewalt-Firma für welche Leistungen dem Verein in Rechnung gestellt hatte. Doch gerade solche Fragen seien von Interesse.

Grünewalt gerät unter Rechtfertigungsdruck. Immer wieder kommt die Rede auf seine Firma OF Consulting GmbH. Wenige Monate vor der Versammlung öffnete der Mall-Betreiber ECE ein Einkaufszentrum in der Kaiserslauterer Innenstadt. „Bei der Eröffnung der neuen Einkaufsgalerie Ende März 2015 erwähnte Stefan Kuntz im Rahmen der Podiumsveranstaltung, dass die Werbekampagne für die Mall vom ‚gleichen Team' mitgestaltet wurde, das im Jahr 2008 auch die Herzblut-Kampagne des 1. FC Kaiserslautern initiiert hat", erinnert ein Antragsteller. Darunter müsse folglich die OF Consulting sein. Auch FCK-Spieler warben für die Mall-Eröffnung. Wer also war konkret beteiligt, wie wurden die Werbemaßnahmen abgerechnet, und was hatte der Verein davon?

Grünewalt erklärt das Geschäft als „klassisches Sponsoringverhältnis" und als ein „super Angebot, unseren Fanshop in der Mall installieren zu können". Genaue Zahlen und Abrechnungsmodalitäten bleibt er aber schuldig. Dass er seine Firma parallel zu seiner Tätigkeit beim FCK weiter betreibt, empfindet er als unproblematisch. „Ich werde auch für Vorträge bezahlt, und das wickele ich einfach über die OF Consulting ab", erklärt der Finanzvorstand freimütig.

Zwischenrufe bezüglich seiner Finanzplanung sorgen für weiteres Misstrauen. Von Grünewalts noch zuvor stolz verkündeten „ligaunabhängiger Stabilität" bleibt nicht viel übrig, als es um seine Vorkehrungen für einen möglichen Abstieg in die dritte Liga geht. „Der Abstieg würde den FCK vor große wirtschaftliche Herausforderungen stellen, ein Wiederaufstieg wäre das unabdingbare Ziel", muss er eingestehen. Mit Blick auf die Fananleihe räumt er in diesem Zusammenhang sogar die „Gefahr" ein, „dass die liquiden Mittel nicht ausreichen, um die fälligen Zahlungen zu bedienen".

Der Finanzvorstand sieht sich mit immer neuen unangenehmen Details konfrontiert und meidet oft präzise Antworten. Beispielsweise, als es darum geht, warum in den Bilanzdokumenten das derzeit niedrige, mithilfe des Pachtzinspools abgesenkte Mietniveau fürs Fritz-Walter-Stadion als diesbezügliches „Maximalrisiko" angenommen wird. Dabei ist doch allen klar, dass bei Auslaufen des Pachtzinspools in absehbarer Zeit die Miete wieder deutlich ansteigen kann und das Risiko folglich weitaus höher liegen muss. Wieso also „Maximalrisiko" – ist nicht das Gegenteil der Fall? Das alles riecht nach Schönrechnerei im Zahlenwerk.

An der Glaubwürdigkeit des Vorstands entstehen weitere Zweifel, als das ehemalige Aufsichtsratsmitglied Martin Sester das Wort ergreift. Es geht um Vorgänge der Jahre 2011 und 2012. Die Bestellung Grünewalts als zusätzlichen Geschäftsführer der FCK-Gastronomie-Gesellschaft „ging damals am Aufsichtsrat vorbei, die Bestellung hätte nur mit Genehmigung des Aufsichtsrats vorgenommen werden dürfen", beginnt der Jurist. Erst später habe man sich mit dem Thema im Kontrollgremium beschäftigen können und die Genehmigung dann zwangsläufig im Nachhinein erteilen müssen.

Nicht nur diese Personalie lief an den Kontrolleuren vorbei. Anlass für Sesters Wortmeldung ist ein Pressebericht im Vorfeld der Mitgliederversammlung. „Ich habe in der ‚Rheinpfalz' gelesen, die Einstellung von Herrn Stenger sei im Einvernehmen und unter dem Einverständnis des Aufsichtsrats geschehen", schickt er voraus. „Ich würde gerne wissen, wer das an die ‚Rheinpfalz' gegeben hat, es stimmt nämlich nicht." Denn auch diese Personalie sei „komplett am Aufsichtsrat vorbeigelaufen". Erst zwei Tage vor Dienstbeginn von Grünewalt-Spezi und -Geschäftspartner Stenger als FCK-Geschäftsführer sei das Gremium über dessen Einstellung informiert worden. Unabhängig davon, ob die Personalentscheidung überhaupt durch den Aufsichtsrat genehmigungspflichtig gewesen wäre, handele es sich um eine falsche Darstellung der Vorgänge. Grünewalt muss kleinlaut einräumen, dass er diese Falschinformation an die Presse gab.

Mit jeder Wortmeldung steigt das Unbehagen der Mitglieder. Prahlte der Finanzvorstand kurz zuvor noch damit, einen „Rucksack mit Altlasten ausgepackt" zu haben, erinnert Sester nun an die Fananleihe. Die Rückzahlung der sechs Millionen Euro wird 2019 fällig. „Der Verein wird am 15. März 2019 bei der DFL nachweisen müssen, dass die Liquidität für die kommende Saison gedeckt ist, sonst gibt es keine Lizenz. Der Verein wird es aus seinem laufenden Geschäftsbetrieb nicht bezahlen können, das ist heute schon sicher. Wie soll der Betrag dann aufgebracht werden? Ohne neue Schulden wird es nicht gehen", prognostiziert Sester. „Es ist ein neuer Rucksack geschnürt, der heißt Fananleihe."

Grünewalt entgegnet, mit dem Fröhnerhof verfüge man nun ja über ein Grundstück, das man bebaue. Später könne man die Gebäude beleihen, „sodass 2019 die Anleihegelder zurückbezahlt werden und zum Teil dann eine seriöse, 20-jährige Finanzierung für die Gebäude, für die Halle, für die Plätze, für die Substanz genutzt wird". Doch Sester bezweifelt, dass eine Bank überhaupt bereit wäre, Millionensummen für das abgelegene und infrastrukturell nur dürftig erschlossene Trainingsareal zu geben. „Es wird halt wieder was in die Zukunft geschoben, mir kommt es darauf an, dass man auch mal laut ausspricht, dass der FCK für diese Maßnahme hier dauerhaft sehr hohe Schulden haben wird, und ich habe Angst vor dem Schneeballprinzip, dass eine Anleihe der anderen folgt und die Zinsen jedes Mal höher werden." Für diese klare Ansprache erhält Sester laute Zustimmung der Mitglieder.

Martin Schulz und die Genossen

Mit ungeschickten Äußerungen zieht der Aufsichtsratsvorsitzende Rombach immer neue Kritik auf sich und setzt sich somit selbst dem Vorwurf aus, den Mitgliedern die Unwahrheit zu sagen. Dies geschieht unter anderem, als es um den Entwurf einer Satzungsänderung geht, der bei der Versammlung 2012 eingebracht worden war. Der damalige Antrag drehte sich um die Zustimmungspflicht des Aufsichtsrats für Geschäfte ab einer bestimmten Größenordnung.

Damals hatte die Klubführung angestrebt, diese Kriterien aufzuweichen und dem Vorstand gegenüber dem Aufsichtsrat deutlich mehr Freiräume in der Geschäftstätigkeit einzuräumen. Bislang galt laut Satzung, dass der Aufsichtsrat zum Abschluss von Geschäften, deren „Laufzeit entweder zwei Jahre und 20.000 Euro überschreitet oder die einen einmaligen oder jährlichen Gegenstandswert von mehr als 500.000 Euro haben", seine Zustimmung erteilen muss. Das Vorhaben, diese Genehmigungskriterien aufzuweichen, stieß in der damaligen Versammlung jedoch auf deutliche Skepsis bei einigen Mitgliedern und wurde daher zurückgezogen. Nun kommt das Thema wieder auf.

„Damals haben Sie gesagt, Herr Rombach, der Entwurf kam von allen Aufsichtsratsmitgliedern, und alle wüssten auch Bescheid", erinnert ein Mitglied, das plötzlich Jürgen Kind aufruft, der seinerzeit ebenfalls dem Aufsichtsrat angehörte. „Herr Kind, wussten Sie von diesem Antrag, war der Antrag damals mit Ihnen abgestimmt?" Kind antwortet: „Ich wusste damals nicht Bescheid, und es hat mich damals sehr gewundert, dass mich weder einer vom Vorstand noch meine vier Aufsichtsratskollegen vorher in so einer zentralen Frage informiert haben." Verblüffung im Saal. „Danke schön, das genügt. Ich denke, jetzt ist klar, wer hier die Wahrheit sagt", meint der Redner.

Rombach scheint der Lüge überführt und versucht die Situation zu retten, was aber misslingt: „Wir haben damals gesagt, es wäre mit dem Aufsichtsrat abgesprochen", sagt er, „das heißt aber nicht, mit jedem einzelnen Mitglied." Die Wortklauberei sorgt für ein ironisches Gelächter und Tumulte. Ein aufgebrachtes Mitglied stürmt ans Mikrofon. „Ich habe Sie damals in der Versammlung wortwörtlich gefragt, ob jeder der Aufsichtsräte vorher wusste, worum es geht und ob jeder informiert war. Sie haben mir geantwortet, und zwar wortwörtlich: Ja, jeder war informiert." Das Mitglied gerät in Rage: „Und jetzt kommen wir wieder zu den Werten von Fritz Walter: Lüge gehört nicht dazu!"

Rombach verstrickt sich nicht nur in Widersprüche, es treten sogar mögliche Satzungsverstöße zutage. So bemängelt ein Mitglied, dass der Aufsichtsratsvorsitzende seit Jahren nicht, wie es in der Satzung festgeschrieben ist, vierteljährlich im Mitgliederheft ausführlich über die Wirtschaftslage informiere. Lapidare Interviewpassagen täten dieser Anforderung keineswegs Genüge. Per Antrag wird Rombach aufgefordert, tagesaktuelle Zahlen vorzulegen. Doch der Aufsichtsratsvorsitzende kann entgegen seinen großspurigen Ausführungen, stets durch das moderne Reportingsystem des Finanzvorstands bestens über die Wirtschaftssituation informiert zu sein, der Aufforderung nicht Folge leisten und offenbart diesbezügliche Wissenslücken.

Am Rednerpult kommt Rombach ins Schwimmen, will nachliefern. „Das ist alles andere als in Ordnung. Sie sind doch Aufsichtsratsvorsitzender, Sie müssen doch wissen, wie es aktuell auf den Konten aussieht." Das Mitglied wirft dem Aufsichtsratsvorsitzenden mangelhafte

Vorbereitung vor, zumal sein Ersuchen schon Tage zuvor der FCK-Geschäftsstelle vorlag. Die Kritik mangelnder Vorbereitung will der Universitätsprofessor indes nicht auf sich sitzen lassen und gibt die gewöhnungsbedürftige Antwort: „Ich bin vorbereitet – aufs Nachliefern." Sein unfreiwillig komischer Erklärungsversuch sorgt für höhnische Lacher.

Auch ein anderes Mitglied bescheinigt der Führung, die eigene Satzung mit Füßen zu treten. In den Vereinsregeln wird nämlich von den Funktionären die „Einhaltung der politischen und weltanschaulichen Neutralität" verlangt. Diesen Passus sieht das Mitglied mehrfach verletzt. Hintergrund sind das Engagement der Firma ECE für ein Einkaufszentrum in Kaiserslautern und ein Besuch des SPD-Wahlkämpfers Martin Schulz im Fritz-Walter-Stadion.

Im Zuge des in der Lokalpolitik hochumstrittenen Mall-Baus habe der FCK die ECE-Pläne unterstützt und sich so in die Kommunalpolitik eingemischt. Das Einkaufszentrum wurde nicht zuletzt auf Betreiben der SPD-geführten Stadtspitze um Oberbürgermeister Klaus Weichel gegen massive Widerstände aus der Bevölkerung vorangetrieben. Außerdem habe man „Wahlkampfhilfe" für Schulz in vereinseigenen Medien geleistet. Der EU-Politiker Schulz nutzte das Fritz-Walter-Stadion am 5. Mai 2014 laut offizieller SPD-Pressemitteilung für einen Termin im Europawahlkampf.

Neben Schulz kamen zu diesem Termin der SPD-Landesvorsitzende Roger Lewentz, zugleich rheinland-pfälzischer Innenminister und Vorsitzender der Fritz-Walter-Stiftung, sowie der ehemalige Ministerpräsident Kurt Beck als Vorsitzender der Friedrich-Ebert-Stiftung zu der Veranstaltung. Im Stadion trafen die rheinland-pfälzischen SPD-Spitzen in Erinnerung an das WM-Endspiel in Bern auf den ehemaligen Lauterer 54er-Weltmeister Horst Eckel, Angehörige der WM-Helden Ottmar Walter und Werner Liebrich sowie den ehemaligen FCK-Präsidenten Norbert Thines. Auch FCK-Aufsichtsrat Rombach und Finanzvorstand Grünewalt waren als Repräsentanten des Vereins dabei.

Es war ein Schaulaufen der Genossen, gegen das als externe Mietveranstaltung im Stadion grundsätzlich nichts einzuwenden gewesen wäre. Dass sich Rombach und Grünewalt aber als Vereinsvertreter in den Schulz-Wahlkampf einklinken und das Ganze noch dazu als offizielle Klubmitteilung in einem launigen Nachbericht über die Vereinskanäle verteilt wird, empfindet das Mitglied als „klaren Verstoß" gegen die in der Satzung geforderte politische Neutralität.

Umso mehr irritiert Rombach mit seinem Erklärungsversuch: „Das war aus meiner Sicht keine Wahlkampfveranstaltung." Will der Universitätsprofessor, dem zugleich eine enge Nähe zur SPD-geführten Landesregierung nachgesagt wird und der sich bisweilen als persönlicher Freund Becks bezeichnet, tatsächlich nichts vom Europawahlkampf gewusst haben? Umso härter trifft ihn nun die Kritik des Mitglieds: Sich in Wahlkampfzeiten neutral zu verhalten, „ist eine Frage von Anstand, Sitte und Moral für jedes funktionstragende Mitglied in einem Sportverein", ruft er Rombach entgegen und fordert, dass in „Zukunft solche Auftritte zu unterbleiben haben".

Hans-Peter Briegel und das „totale Nein"

Die Versammlung bringt immer neue Kuriositäten hervor. Vor allem der Aufsichtsratsvorsitzende überrascht mit zahlreichen Ungereimtheiten. Etwa brüstet er sich damit, die damalige Aussöhnung mit Klublegende Hans-Peter Briegel vorangetrieben und den einstigen Kultspieler persönlich angerufen zu haben, um ihm den Ehrenring des Vereins zurückzugeben. Ein Mitglied stand während der Versammlung jedoch in SMS-Kontakt mit der Vereinsikone. „Hans-Peter Briegel hat mir gerade geschrieben, er habe in der Sache mit dem Ehrenring von Stefan Kuntz einen Anruf erhalten, aber nicht von Ihnen." Das Mitglied hält sein Telefon in die Höhe. „Ich hab das hier auf meinem Smartphone, ich kann es Ihnen zeigen." Dem kann Rombach nichts entgegensetzen.

Als es dann zur Abstimmung über die Entlastung der Vereinsführung kommt, ist die Stimmungslage klar. „Wenn ich diese Beiträge, die ich heute Abend so gehört habe, resümiere, dann verspüre ich Ihnen gegenüber, Herr Professor Doktor Rombach, ein großes Defizit an gutem Bauchgefühl. Das steigt von Wortmeldung zu Wortmeldung", sagt einer. „Ich habe nach sieben Jahren zu Ihnen keinerlei Vertrauen mehr, ich traue Ihnen in keiner Weise zu, dass unter Ihrer Führung dieser Aufsichtsrat in der Lage ist, einen zweiten, geschweige denn einen dritten Vorstand zu etablieren." Applaus. „Von mir gibt es ein totales Nein in Ihre Richtung!"

So wird die Abstimmung über die Entlastung zum Erdrutsch für die komplette Führungsriege. Der Vorstandsvorsitzende Kuntz wird zwar entlastet, erhält aber nur schwache 61,1 Prozent der Stimmen, Finanzvorstand Grünewalt knappe 58,3 Prozent. Rombach wird überhaupt nicht entlastet. Als nach der Wahl angezeigt wird, dass auf ihn nur 32,8 Prozent der Stimmen entfallen, ihm also mehr als zwei Drittel der Mitglieder das Vertrauen verweigern, bricht spontaner Jubel aus. Es fühlt sich an wie eine Befreiung. Auch die anderen Aufsichtsräte wackeln: Ottmar Frenger erfährt mit 50,2 Prozent ein hauchdünnes Ergebnis, Gerhard Theis erhält 57 Prozent der Stimmen, Riesenkampff 69,5 Prozent, Mathias Abel 82,9 Prozent. Versteinerte Gesichter auf dem Podium. „Ich trete hiermit mit sofortiger Wirkung vom Aufsichtsrat zurück", sagt Rombach und kommt damit einer Abwahl zuvor.

Zwischen Legenden und Lobhudelei

Der Rücktritt Rombachs sorgt im Nachgang für Furore in der Stadtgesellschaft. Der Informatikprofessor ist bemüht, seine Lesart der Ereignisse zu verbreiten. Es beginnt ein bizarres Ringen um die Deutungshoheit der Geschehnisse. In der SWR-Sendung „Flutlicht" beschreibt Rombach seinen Rücktritt als Entscheidung aus freien Stücken, die er schon vor der Nichtentlastung getroffen habe. Er sieht sich in der Opferrolle und zeichnet das Bild einer ominösen „Gruppe", die die Mehrheit vor sich hergetrieben habe, um ihn persönlich zu diskreditieren – zum Schaden des Vereins.

„Ich habe acht Jahre mit Herzblut diese Aufgabe erfüllt, habe jetzt aufgrund dieser unglaublichen Vorwürfe und Diffamierungen die für mich einzig mögliche Konsequenz gezogen." Rombachs Ausführungen klingen, als habe es ein Komplott gegen ihn gegeben. „In der ganzen Diskussion war es nicht auf Auskunft ausgerichtet, sondern darauf, jemanden schlechtzumachen. Das war die Strategie, und das ging schon los mit der Flut von Fragen, die oft redundant waren. Man wollte eigentlich die Abstimmung so weit rauszögern, dass viele der gerade älteren Mitglieder nach und nach gegangen sind, die haben es nicht mehr ausgehalten nach sieben Stunden, und damit wurden die Mehrheiten natürlich noch einfacher." Was das Alter der Mitglieder mit dem Wahlergebnis zu tun haben soll, bleibt sein Geheimnis.

Rombach bezweifelt sogar die Legitimität des demokratischen Votums. Es seien ja nur etwa 1.000 der knapp 20.000 Vereinsmitglieder anwesend gewesen. „Wir haben immer wieder den Fall, dass Minderheiten die Mehrheit vor sich hertreiben, weil die Mehrheit nicht aufsteht und Farbe bekennt." Dabei zieht er ausgerechnet eine Parallele zu jener Veranstaltung 2014, bei der massiv gegen Journalisten gekeilt wurde. „Wir hatten zum Beispiel bei der letzten Jahreshauptversammlung dieselben Versuche. Der Unterschied war allerdings: Letztes Jahr hat die Mehrheit der Mitgliederversammlung die niedergepfiffen, und damit haben die den Mund gehalten, und diesmal haben alle zugeschaut. Und meine größte persönliche Enttäuschung dieses Mal waren nicht die Schreier, sondern die Mehrheit, die still war und dass keiner für mich aufgestanden ist." Solche Störungen müsse man beim FCK zukünftig „in den Griff bekommen" – denn nur so ließen sich die Errungenschaften seiner Ära erhalten.

Das Rumoren in der Versammlung sorgt in der Stadt für einen Nachhall mit gespaltenen Reaktionen. Das lokale Establishment zeigt sich verunsichert. Nicht wenige springen reflexartig der Alt-Führung bei. Sogar hochrangige Vertreter der Politik melden sich in den sozialen Medien zu Wort. Der SPD-Bundestagsabgeordnete Gustav Herzog stellt sich an die Seite Rombachs und macht sich Formulierungen zu eigen, in denen die Rede vom „Gejohle des Mobs", „persönlichen Beleidigungen" sowie „schäbigem und widerlichem" Verhalten der Vereinsmitglieder ist. Der CDU-Fraktionschef im Stadtrat, Walfried Weber, vermutet hinter der Kritik an Rombach ebenfalls „gewalttätige Krawallmacher im Stadion". Im Vorjahr, als die Klubführung ihre Kritiker aufs Übelste schmähte, gab es derlei Stellungnahmen nicht.

„Die Umgangsformen, die einige Mitglieder auch gegenüber Stefan Kuntz und Fritz Grünewalt wählten, schaden dem eh angekratzten Image des FCK. So gewinnt man keine Sponsoren!", kommentiert Horst Konzok in der „Rheinpfalz". Auch er interpretiert das demokratische Votum der Mitgliederversammlung als Ergebnis einer Intrige, deren „Drahtzieher mit Kontakt zu Klubikonen in Deckung blieben", und schreibt von „Hasstiraden einiger, die sich ungestört austoben durften", „wüsten Beleidigungen und Beschimpfungen". Der Sturz Rombachs sei „Ziel einer Gruppe" gewesen, „deren Regie gut organisiert, aber auch durchschaubar war". Mit Rombach stürze „ein professioneller Kopf an der Spitze des Kontrollgremiums". Ähnlich sei der ausscheidende und verdienstvolle Finanzvorstand Grünewalt von „feigen Heckenschützen zermürbt" worden.

Der FCK-Ehrenrat, dessen Vorsitzender, der Mainzer Medizinprofessor Burkhard Schappert, im Vorjahr noch meinte, man solle den F.A.Z.-Journalisten Michael Ashelm „feuern" und auf ihn „draufhauen", meldet sich nun plötzlich mahnend zu Wort und erinnert an die von „Fritz Walter vorgelebten Werte Fairness, Respekt und Anstand". Beim FCK „sollte kein Raum sein für Häme, Verunglimpfungen und Beleidigungen: Alles andere schadet in hohem Maße dem Ansehen unseres Vereins." Der Ehrenrat hingegen „dankt ausdrücklich dem ehemaligen Aufsichtsratsvorsitzenden Herrn Professor Doktor Dieter Rombach für seine langjährige Tätigkeit in einer exponierten Vereinsfunktion". Der „Ehrenmann" Rombach, für den nun Nachrücker Kind in den Aufsichtsrat einzieht, habe „immer das Wohl des Vereins im Blick" gehabt.

KAPITEL NEUN

In der Abwärtsspirale

Kuntz dankt ab

Ein missglückter Saisonstart samt Trainerwechsel, der FCK befindet sich im Abstiegskampf, Sportdirektor Markus Schupp ist schon wieder entlassen, der Aufsichtsratsvorsitzende Dieter Rombach zurückgetreten, und Finanzvorstand Fritz Grünewalt hat ohnehin seinen Abschied angekündigt. Der FCK gibt ein brüchiges Bild ab. Ein sinkendes Schiff? Anfang 2016 gibt auch noch der angezählte Vorstandsvorsitzende Stefan Kuntz bekannt, er werde zum Ende der Saison den Verein verlassen.

Nach dem Rücktritt Rombachs komplettiert Jürgen Kind das Gremium. Neuer Aufsichtsratsvorsitzender ist Nikolai Riesenkampff. Dem kommt nun die Aufgabe zu, den Abschied Kuntz' zu vertreten. Er behauptet, man habe sich „einvernehmlich auf eine vorzeitige Beendigung" des Vertrags, der eigentlich bis 2017 läuft, geeinigt. Bis zum Ende der Saison 2015/16 bleibe Kuntz noch im Amt.

„In den vergangenen Wochen und vor allem im Hinblick auf eventuelle Wintertransfers ist deutlich geworden, dass wir, der Aufsichtsrat des FCK und Stefan Kuntz, unterschiedliche Ansichten haben", erklärt Riesenkampff. Dies betreffe insbesondere die „Risikobereitschaft und -beurteilung" bei Spielerverpflichtungen, ergänzt Kuntz. Unter anderem sei es um den Spieler Emanuel Pogatetz gegangen, der ablösefrei zum FCK hätte kommen können. Doch das Kontrollgremium habe „etwas vorsichtigere Ansichten" dagegengestellt, so Kuntz.

Statt in neue Spielergehälter zu investieren, wolle der Aufsichtsrat „Kräfte sammeln und das Beste aus dem existierenden Kader herausholen", sagt Riesenkampff. Er spricht davon, „die Kostenseite nicht durch zusätzliche Transfers belasten" zu wollen. „Durch sinkende Zuschauerzahlen sind die Ticketeinnahmen rückläufig. Außerdem ist es auch durch die derzeitige sportliche Situation, die ja hinter unserem Ziel herhinkt, nicht ausgeschlossen, dass wir im Ranking bei den TV-Geldern etwas schlechter abschneiden. Insofern wollten wir, ohne Spieler abgeben zu können, keine neuen Spieler verpflichten." Konkreten Finanzfragen weicht der Aufsichtsratsvorsitzende allerdings aus. „Insgesamt steht der FCK solide da", verspricht Riesenkampff.

Während sich das Personaltableau der Vorstandsriege verändert, sorgt die scheidende Führung um Kuntz und Grünewalt für neue Irritationen, die immer wieder auf eine finanzielle Fragilität hindeuten. Dass etwa beim Testspiel gegen den FC Zürich auch „unter wirtschaftlichen Gesichtspunkten" die Zuschauer aus dem Fritz-Walter-Stadion ausgeschlossen werden, trifft bei Fans und Mitgliedern auf Unverständnis. Können nicht einmal die Standards für ein Testspiel finanziert werden? In den sozialen Medien machen sie sich über diese ungewöhnliche Sparmaßnahme lustig: Unter dem Hashtag „Betzespart" kursieren Dutzende abstruse Sparvorschläge, mit denen der Klub seine Finanzlage verbessern könnte.

Zudem verlassen weitere Protagonisten ihre Posten. Das Ex-Aufsichtsratsmitglied Gerhard Steinebach tritt als Vorsitzender im „Lenkungskreis", der die Ausbauten am Nachwuchszentrum Fröhnerhof begleiten soll, aus diesem Gremium zurück. Dass Riesenkampff eine „gewisse Verzögerung" beim Bau, dessen Fertigstellung in der Vergangenheit schon mehrfach versprochen wurde, einräumen muss, nährt zusätzlich die Sorge um das Vorhandensein der zweckgebundenen Mittel aus der Betze-Anleihe. Daraufhin meldet sich der ehemalige Aufsichtsratsvorsitzende Dieter Buchholz öffentlich zu Wort und fordert einen Kassensturz. Der Unternehmer Buchholz bietet sogar an, die Kosten dafür zu übernehmen. „Wir brauchen dringend einen aktuellen Finanzstatus. Nur Transparenz und Wahrhaftigkeit können Basis für einen erfolgreichen und stabilen Neuanfang sein." Riesenkampff geht auf diesen Vorschlag, über den die F.A.Z. berichtet, aber nicht ein.

Währenddessen treten ständig neue Verwirrungen auf. Etwa bei der Suche nach einem neuen Vorstand. An dem noch von Rombach kurz zuvor angekündigten Konzept eines dreiköpfigen Vorstands hält man nun nicht mehr fest. Als Grünewalt-Nachfolger ist mit Michael Klatt ein Finanzmann zwar rasch gefunden. Doch die Kuntz-Nachfolge wird zum medialen Possenspiel, Höhepunkt ist ein offener Brief von Markus Merk. Der ehemalige Weltschiedsrichter aus Otterbach bei Kaiserslautern liebäugelte mit einer Vorstandsfunktion. Darüber gab es schon Gespräche mit den Aufsichtsräten, die letztendlich aber nicht fruchteten.

Natürlich habe „bei der großen Verantwortung die finanzielle Gegenleistung für das Tätigkeitsfeld immer eine untergeordnete Rolle" für ihn gespielt, behauptet Merk. „Für mich waren und sind Werte wie

Tradition, Begeisterung, Identifikation und Wille ein Selbstverständnis", schreibt er in seinem offenen Brief pathetisch. „Diese traditionellen Werte werden offensichtlich vom Aufsichtsrat und dessen Vorsitzenden, Dr. Nikolai Riesenkampff, nicht mitgetragen." Aufsichtsratsmitglied Mathias Abel wirft er vor, selbst eine „Führungsposition" anzustreben. Daher wolle Merk „aus ethischen und wertigen Gründen im Sinne des 1. FC Kaiserslautern" nicht weiter mit der Vorstandsfrage in Verbindung gebracht werden.

Während derartige Scharmützel Zweifel an der Professionalität der verbliebenen Führung, ihrer Personalplanung und ihres Verhandlungsgeschicks wachsen lassen, geht der sportliche Verfall weiter. Die Roten Teufel sind im Abstiegsstrudel. Die Nervosität wächst. Der ehrwürdige Ex-Präsident Norbert Thines sorgt für eine Schlagzeile in der „Bild": „Wir haben ja im Moment kein Selbstwertgefühl mehr. Überall lachen sie über uns", wird er zitiert. „Ich habe Angst, dass wir in die dritte Liga absteigen."

Ein Aufsichtsrat packt aus

Im Aufsichtsrat regt sich nach dem Rücktritt Rombachs vermehrt Kritik an Kuntz und Grünewalt. Dabei geht es keineswegs nur um mögliche Wintertransfers. Ebenso entspricht Riesenkampffs Darstellung von finanzieller Solidität wohl nicht der Wahrheit. In einem Hintergrundgespräch prangert ein Aufsichtsratsmitglied „das Geflecht rund um den FCK, das Geklüngel, das sich in den letzten Jahren verstärkt hat", an.

Offenbar brodelt es hinter den Kulissen. Das Aufsichtsratsmitglied bestätigt mir die immer wieder aufkommende und stets vehement bestrittene Kritik des „Abnickens" der Vorstandspläne durch die Kontrolleure: „Viele Entscheidungen waren schon unterschrieben – ohne Zustimmung des Aufsichtsrats", sagt er. Dies sei sogar bisweilen bei Entscheidungen so gewesen, die eigentlich laut Satzung aufgrund ihres weiten Finanzrahmens genehmigungspflichtig gewesen wären. Manche der wichtigen Vertragsabschlüsse seien erst hinterher beziehungsweise zu Zeitpunkten, zu denen die Geschäfte kaum mehr umkehrbar gewesen seien, dem Aufsichtsrat zur Genehmigung vorgelegt worden.

Die Machtverhältnisse zwischen Kontrollgremium und Vorstand hätten sich so oftmals regelrecht umgekehrt: „Kuntz hat anscheinend damit gedroht, das Handtuch zu werfen, wenn sich einer querstellt." Letztendlich sei in dem fünfköpfigen Gremium unter der Führung Rombachs wenig Raum für Kritik geblieben. Habe mal einer der Kontrolleure bestimmte Sachverhalte hinterfragt, sei er von den anderen meist überstimmt worden. Oft sei nicht wesentlich gewesen, worüber der Aufsichtsrat gesprochen habe, sondern worüber er gerade nicht gesprochen habe und was verschwiegen worden sei.

Das Aufsichtsratsmitglied geht sogar noch weiter, spricht von Intransparenz gegenüber dem Kontrollorgan und seinem Eindruck, dass der Vorstand das Gremium manchmal habe in die Irre führen wollen. Nur scheibchenweise habe etwa Grünewalt den drohenden Verlust zum Jahresende 2015 erklärt. „In der ersten Aufsichtsratssitzung nach der Jahreshauptversammlung war dann auf einmal ein Riesenloch da. Vor der Jahreshauptversammlung müssen sie die Zahlen geschönt haben", sagt das Aufsichtsratsmitglied. „Mit dem Update der Finanzzahlen im Januar haben wir gesehen, dass wir schon an die Insolvenzgrenze kommen könnten im April." Dies sei angesichts rückläufiger Umsätze der wesentliche Grund gewesen, in der Winterpause weitere Spielertransfers ohne Gegenfinanzierung zu stoppen.

Aus wirtschaftlicher Notwendigkeit habe man die Ausgaben bremsen müssen. Im Nachhinein werde dieses Argument jedoch schon einmal umgekehrt, bemängelt das Aufsichtsratsmitglied. Der Vorstand habe „die Sachen immer verdreht", so wohl auch hier. Denn andersherum behaupte der Vorstand, gerade aus Gründen der wirtschaftlichen Notwendigkeit hätte der Transfer realisiert werden müssen. Denn ein neuer Spieler könne möglicherweise ja zu einem besseren Tabellenplatz und damit zukünftig zu mehr Fernsehgeld führen. Tatsächlich seien zu diesem Zeitpunkt jedoch die Kassen längst so gähnend leer gewesen, dass die Investition in einen weiteren Spieler schlichtweg nicht möglich gewesen sei.

„Mit Übergabe von Fritz Grünewalt zu Michael Klatt mussten wir verschiedene Zahlungsziele vorziehen, weil wir de facto zahlungsunfähig waren", sagt mir das Aufsichtsratsmitglied – und das nach Ausreizen eines Kontokorrentkredits und der zweckgebundenen Mittel, die eigentlich für den Ausbau des Nachwuchszentrums verfügbar sein sollten. Zu den vorgezogenen Beträgen gehöre auch die Einnahme des Transfers von Jean Zimmer, den man per Ausstiegsklausel für die festgelegte Summe von rund zwei Millionen Euro an Stuttgart verkaufte.

Das Aufsichtsratsmitglied bestätigt die finanzielle Fragilität des Vereins. „Es wurde so hoch ins Risiko gegangen – da durfte nur wenig schiefgehen, damit das Ding nicht irgendwann zusammenbricht." Die rückläufigen Zuschauerzahlen und die damit verbundenen geringeren Einnahmen seien ein solcher Dolchstoß gewesen. „Deswegen ist das ganze System Kuntz runtergefallen." Lediglich Sondereffekte, beispielsweise Spielerverkäufe, hätten die Zahlen im operativen Geschäft bisher retten können. Zum Teil des „Systems Kuntz" habe am Ende der Ausverkauf sportlicher Talente gehört, um Finanzlöcher zu stopfen. Gerechtfertigt worden sei das mit dem Argument, der FCK sei ein „Ausbildungsverein", der junge Talente entwickle und transferiere, sagt das Aufsichtsratsmitglied.

Man müsse jährlich schätzungsweise einen „Transferüberschuss von drei Millionen Euro generieren, damit wir unsere laufenden Kosten bezahlen können". Der Verein leiste sich demgegenüber einen „Riesenfixkostenapparat" mit „explodierten Kosten" sowie hohe Ausgaben für externe Berater und fragwürdige Rechtsstreitereien. Dies gehe letztendlich zu Lasten der Kaderqualität. Die sportliche Entwicklung in der Ligatabelle spiegle das Missmanagement wider. Zukünftig müsse man dringend wieder „Transfererlöse in die Mannschaft investieren" können und nicht umgekehrt mit Spielerverkäufen das operative Geschäft am Leben halten. Denn gelinge dies nicht, „dreht man sich nicht nur im Kreis, sondern verliert seine Substanz".

In der Öffentlichkeit sei all dies verzerrt dargestellt worden, insbesondere die Brisanz der finanziellen Lage. Dazu gehöre der Verzehr der Gelder der Betze-Anleihe und das Mantra, die Mittel seien jederzeit zur Investition ins Nachwuchszentrum abrufbar. „Die Sprüche, wenn das Geld gebraucht werde, sei es da – alles Humbug!" Das Aufsichtsratsmitglied bestätigt nicht nur die Befürchtungen bezüglich der wirtschaftlichen Situation des Klubs, sondern auch die Kritik am Mietmodell des Fritz-Walter-Stadions und der Ausgestaltung des Pachtzinspools, der zwar in anderthalb Spielzeiten auszulaufen drohe, jedoch fälschlicherweise als großartige Lösung präsentiert worden sei.

Ähnlich habe man den Vertrag mit dem Vermarkter Sportfive, später Lagardère, als wegweisend gelobt. Tatsächlich beinhalte dieser Garantien, die sogar bei sinkenden Sponsoren- und Hospitalityumsätzen dem Verein einen gewissen Mindestbetrag sicherten. Diese Garantien allerdings seien wiederum an verschiedene Kriterien geknüpft. Es sei nicht ungewöhnlich, dass in derartigen Verträgen solche Garantiesummen, die etwa Engpässe abfedern sollen – sogenannte „Shortfall-Garantien" –, von bestimmten Voraussetzungen abhängig seien.

Zu solchen Voraussetzungen könne in ähnlichen Vertragswerken beispielsweise eine Ligaplatzierung gehören, die auch Einfluss auf die Vermarktbarkeit des Klubs habe. Ebenso seien Poolmodelle denkbar, sodass insgesamt nur eine begrenzte Garantiesumme für sinkende Umsätze zur Verfügung stünde und, sobald dieser Pool aufgebraucht sei, man folglich nicht mehr mit Ausgleichszahlungen durch den Vermarkter rechnen könne. Derartige Risiken seien seitens der Vorstände aber oft schlicht nicht dargestellt worden. Letztlich seien also nicht, wie verlautbart, Millionensummen ohne Weiteres nachhaltig verfügbar, sondern es könnten ebenfalls Lücken drohen, sofern sich bestimmte Kriterien nicht erfüllen ließen.

Zudem spricht das Aufsichtsratsmitglied von einem brisanten Detail bei Kuntz' Rücktritt. Demnach habe dieser einen „Joker" gezogen, als der Aufsichtsrat, wie bei der Personalie Pogatetz geschehen, den entsprechenden Transferplan ablehnte. Trotz des mitunter eigenen Wunsches nach Vertragsauflösung habe Kuntz letztlich eine respektable Abfindungszahlung erzielen können. Wie satzungskonform ein solcher Vorgang sein kann – schließlich verwässert es die Kontrollmechanismen, wenn ein Angestellter bei eigenem Abschied noch derartige Ansprüche geltend zu machen in der Lage ist –, ist selbst dem Aufsichtsratsmitglied nicht klar.

Bislang waren derart deutliche Worte nirgendwo zu vernehmen. Das Hintergrundgespräch bestätigt mir die langjährige Kritik. Hoffnung auf ein Umlenken in der Klubführung macht es jedoch nicht: Denn es ist nun offensichtlich, dass im Aufsichtsrat durchaus Sensibilität für die Problemfelder vorhanden sein muss. Umso unverständlicher ist es, dass das Kontrollgremium des Vereins nicht schon längst gegensteuert. Auch in der öffentlichen Darstellung wird wohl mit Billigung des Aufsichtsrats weiterhin ein verzerrtes Bild der Lage aufrechterhalten.

„Stabil durch stürmische Zeiten"

Nach wie vor weist der Aufsichtsratsvorsitzende Riesenkampff eine mögliche Insolvenzgefahr kategorisch zurück. Zwar räumt er durchaus ein, dass „wir den Umsatzerwartungen hinterherhinken", doch betont: „Die Situation ist nicht besorgniserregend." Der Umsatz pendle um die 40 Millionen Euro, zuletzt schrieb man einen Jahresüberschuss von 812.000 Euro. „Wenn wir uns die letzten beiden Jahre anschauen, haben wir ein solides Ergebnis." Der FCK sei eine „starke Marke". Dabei zeigt er sich optimistisch: „Ich bin hier angetreten, nur um bei einem Aufstieg zu helfen."

Gleichzeitig geht die noch amtierende Führung weiter juristisch gegen Kritiker vor. Ins Visier gerät diesmal die „Sport-Bild", die unter anderem mit der Überschrift „Lautern am Boden" darüber berichtet, dass das „Finanz-Chaos immer größer" werde. Die Zeitung schreibt über verschiedene Aspekte, die mir das Aufsichtsratsmitglied im Hintergrundgespräch ähnlich dargestellt hatte. Es geht unter anderem um den Rücktritt von Kuntz. Der Verein dementiert: „Mit dem damaligen Aufsichtsratsvorsitzenden Dieter Rombach wurde zu keinem Zeitpunkt ein

Sonderkündigungsrecht abgestimmt." Und: „Das jährliche Grundgehalt von Stefan Kuntz beträgt bei Weitem keine 600.000 Euro", heißt es.

Wenig später berichtet die „Sport-Bild" über den Vermarktervertrag mit Lagardère und hinterfragt die zuvor vom Klub verlautbarten „deutlich verbesserten Konditionen". Außerdem steige der Hauptsponsor Maxda aus, und der Verein drohe unter anderem durch rückläufige TV-Einnahmen in einen „tückischen" Finanzstrudel zu geraten. Spielerverkäufe wie der von Zimmer nach Stuttgart könnten laut dem Bericht notwendig werden, um die Bilanzzahlen zu retten. Gegen diesen Beitrag zieht der 1. FC Kaiserslautern vor dem Landgericht Hamburg zu Felde.

Den Rechtsstreit nutzt der Klub zur Medienschelte: „Falschmeldungen dieser Art schaden dem Verein nachhaltig, zeugen von einem verantwortungslosen Umgang mit Fakten und schaffen Unmut bei Fans und Partnern", heißt es in einer Stellungnahme. „Hier wird eine finanzielle Situation dargestellt, die fern jeder Realität ist", behauptet FCK-Finanzvorstand Grünewalt. Auch sein Nachfolger Klatt lässt sich zitieren und „unterstreicht diese Einschätzung" Grünewalts in der Verlautbarung des Vereins.

Zudem widmet die „Rheinpfalz" Grünewalt eine ganzseitige Veröffentlichung, in welcher der scheidende Finanzvorstand einen „Weckruf" absetzt. Er beschwört darin seine Erfolgsbilanz: „Die finanzielle Situation des FCK ist mittlerweile grundsolide." Jedoch sei bedauerlicherweise der Vereinsvorstand „zu 60 Prozent damit beschäftigt, Falschmeldungen, Anschuldigungen und Vorwürfe zu widerlegen". Grünewalt: „Ich hoffe, dass mein Weckruf fruchtet und mein Nachfolger nicht ständig mit unwahren Zahlen konfrontiert wird, die böswillig gestreut werden."

In der Öffentlichkeit stellt sich der Rombach-Nachfolger weiter demonstrativ an die Seite des Duos Kuntz und Grünewalt. Dem scheidenden Grünewalt dankt Riesenkampff offiziell „für seine gute Arbeit in den vergangenen sechs Jahren. Die Lizenzierung war sein letztes großes Projekt für den Verein, welches er genauso wie die Reduzierung der Stadionmiete, den Rückkauf des Fröhnerhofs und viele weitere Projekte mit einem positiven Ergebnis abschließen konnte."

Unter Riesenkampffs Aufsicht verlässt auch Kuntz im April 2016, also noch vor Saisonende, den FCK vorzeitig und mit gewohnt rühmenden Tönen: „Alle Nachfolger haben eine sehr gute Basis für die kommende Saison. Das war uns vor allem nach den Gerüchten, die teilweise um die finanzielle Situation des Vereins in den letzten Wochen und Monaten aufgekommen sind, ganz wichtig." Die Unterlagen zum Ausbau des Fröhnerhofs seien bereits an den neuen Finanzvorstand Klatt weitergereicht und die Gelder der Betze-Anleihe nach wie vor verfügbar. „Die

Übergabe hat stattgefunden, und die Mittel stehen so zur Verfügung, wie sie immer zur Verfügung stehen", betont Kuntz.

Ein gutes Zeugnis stellt auch die „Rheinpfalz" den scheidenden Vorständen aus. Das Duo habe „einen 19.000 Mitglieder starken Verein mit einem extrem schwierigen Umfeld voller Heckenschützen stabil durch stürmische Zeiten gebracht". Das Ergebnis ihrer Arbeit seien „stabile Strukturen", eine „ordentliche Infrastruktur" und „solides Wirtschaften" – dies „gegen alle Gerüchte, die in der Vergangenheit kursierten, der Verein stünde kurz vor dem wirtschaftlichen Kollaps". Dabei hätten Kuntz, der „ein sinkendes Schiff wieder flott" gemacht habe, „permanente Anfeindungen und sich oft als unzutreffend erweisende Vorwürfe" zum Rückzug gedrängt.

Letztendlich seien Kuntz und Rombach „die Sündenböcke einiger Lautsprecher unter den Mitgliedern für den wiederholt verpassten Wiederaufstieg" geworden. „Sie haben vielen Widrigkeiten zum Trotz mit dem neuen Stadionvertrag und dem Rückkauf des Grundstücks auf dem Fröhnerhof die Grundlage für die Sicherung der Jugendarbeit gelegt. Sie haben dem FCK viele Millionen durch Transfererlöse beschert und so auch steuerliche Altlasten getilgt."

Und mir stellt sich die Frage: Warum leistet der Aufsichtsrat diesem Treiben weiter Vorschub? Wie lange bleibt dieser Schein noch bestehen? Zerbricht bald das wirtschaftliche Fundament des FCK? Oder hatte mich das Aufsichtsratsmitglied im Hintergrundgespräch über den prekären Finanzzustand des Vereins falsch informiert?

„Die Reste der Fananleihe sind weg"

Der neue Vorstandsvorsitzende heißt Thomas Gries. Zwar wurde nichts aus Rombachs Plan, einen dreiköpfigen Vorstand zu installieren, doch zumindest bleibt die Idee, einen Marketingexperten einzustellen. Als solcher präsentiert sich Gries selbst. Gemeinsam mit Finanzmann Klatt möchte er den FCK zu altem Glanz führen. Ex-Profi Abel übernimmt derweil kommissarisch als Sportvorstand bis Saisonende das Transfergeschehen. Dann folgt Uwe Stöver als Sportdirektor, und Abel kehrt in den Aufsichtsrat zurück. In drei Jahren zurück in die Bundesliga – diese Perspektive gibt Abel zwischenzeitlich vollmundig als Zielsetzung aus.

Ähnlich optimistisch tritt Gries mit blumigen Worten an und spart nicht mit Superlativen: „Ich habe die Westkurve erlebt, als sie noch rund war. Ich habe hier Real Madrid verlieren sehen, ich habe hier Barcelona verlieren sehen. Ich habe hier Bayern München oft verlieren sehen." Daran wolle man anknüpfen. Doch selten klaffen Anspruch und Realität derart auseinander: Gerade konnte sich der FCK im Ligaalltag mit einem Sieg gegen den SV Sandhausen etwas Luft im Abstiegskampf der 2. Bundesliga verschaffen.

Klatt verspricht „Transparenz in unseren Kennzahlen". So kommt die Wahrheit über die Finanzlage des Klubs dann doch ans Licht – wenn auch nur häppchenweise. Knapp zwei Wochen nachdem man noch den Erhalt der „Lizenz ohne Auflagen und Bedingungen" mit Lobhudelei für Kuntz und Grünewalt feierte, lädt der neue Finanzvorstand zur Pressekonferenz. „Ausreichend Liquidität für unser laufendes Geschäft" sei vorhanden, sagt er, als sei dies einer besonderen Erwähnung wert. Aber: „Die Reste der Fananleihe sind weg." Abzüglich insbesondere des Kaufpreises für den Fröhnerhof sollten laut Klatt etwa zwei Millionen Euro davon noch in der Kasse sein.

„Die Reste der Fananleihe sind weg", räumte Finanzvorstand Michael Klatt am 3. Mai 2016 auf einer Pressekonferenz ein. Zuvor sagte Ex-Aufsichtsratschef Dieter Rombach stets Sätze wie diesen: „Ich darf Euch allen mit meinem Ehrenwort versichern, dass die gesamte Fananleihe in diesen Ausbau [Anmerkung: des Fröhnerhofs] investiert wird."

„Es war keine Extra-Liquidität da", resümiert Klatt seinen Kassensturz – dies betreffe auch zweckgebundene Mittel wie das Verkäuferdarlehen der Stadt in Höhe von 2,8 Millionen Euro. Es sei nicht einmal möglich, die geplante Tilgungsrücklage zur Rückzahlung der Anleihegelder von jährlich 500.000 Euro anzusparen. Der Ausbau des Nachwuchsleistungszentrums stehe aufgrund der Finanzklemme auf der Kippe. Vielleicht könne man in Eigenregie mit ehrenamtlichem Engagement der Fans und Mitglieder kleine Ausbauschritte vornehmen, regt Klatt an.

Nach und nach offenbaren sich Zahlen, die, von Nuancen abgesehen, zumindest den Tenor des „Sport-Bild"-Beitrags bestätigen, gegen den man zuvor noch mit Getöse und teurer Rechtsberatung vor Gericht gezogen war. Prosaisch reden Gries und Klatt davon, dass der „Kahn trocken gelaufen", man auf eine „Sandbank aufgefahren", „Wind und Wetter hilflos ausgeliefert" sei und „dringend Wasser unter dem Kiel" benötige. Konkret heißt das: Der FCK ist „handlungs- und manövrierunfähig". Klatt kündigt „tiefe Einschnitte" an mit „betriebsbedingten Kündigungen" und einem dringend notwendigen „Restrukturierungsprogramm".

Der Verlust steigt zum Ende des Geschäftsjahres auf 2,6 Millionen Euro – trotz millionenschwerer Transfererlöse, inklusive des Zimmer-

Deals. Das Eigenkapital sackt auf ein Minus von 3,5 Millionen Euro. „Einen solide finanzierten Substanzverein – ich hatte ihn mir anders vorgestellt", sagt der Finanzvorstand später. „Das ist die Bilanz eines Restrukturierungs- oder vielleicht auch eines Sanierungsvereins." Es ist die Rede von einer „existenzbedrohenden Abwärtsspirale", einem „strukturellen Ertragsproblem" und einer „deutlich angespannten Bilanz".

Im Herbst 2017 erinnert sich Klatt an die ersten Monate seines Dienstbeginns: „Ich hatte schlaflose Nächte, weil die Saison nicht durchfinanziert war. Ich hatte mich zwar kundig gemacht über die jeweiligen Abschlüsse, aber dann festgestellt, dass eine saubere Liquiditätsplanung nicht vorlag." Den Mitgliedern sagt er: „Wir müssen alle verstehen, dass es einer Rettung bedarf. So weiterwursteln wie bisher, das wird nicht funktionieren." Insbesondere die hohe Abhängigkeit vom Transferüberschuss zum Stopfen der Finanzlöcher sei „ein strategisch-strukturelles Problem".

Der neue Finanzmann plant notgedrungen mit einem um 20 Prozent auf rund 8,5 Millionen Euro gesenkten Kaderbudget. Die Krux: „Wir hatten aufgrund bestehender Verträge schon 9,5 Millionen gebunden", hadert nun auch der neue Sportdirektor Uwe Stöver mit der Finanzlage. „Das hätte geheißen, dass trotz der ganzen Abgänge, die wir zu verzeichnen hatten, weiter eine Million Euro hätte freigemacht werden müssen durch Spielerabgaben, um letztendlich im Budget zu bleiben. So hätten wir keinen einzigen Spieler verpflichten können außer Osayamen Osawe und Max Dittgen, die in diesen 9,5 Millionen Euro schon eingerechnet waren."

Um überhaupt eine „sportliche Wettbewerbsfähigkeit" herzustellen und den Kader ausrichten zu können, verschuldet sich der Klub weiter. Klatt gibt im August 2016 bekannt, er habe ein Darlehen von weiteren drei Millionen Euro aufnehmen müssen. Kreditgeber ist die Firma Quattrex Sports AG. Die Laufzeit beträgt zehn Jahre, die Tilgung beginnt ab dem vierten Jahr. Verzinst ist die Leihe mit „etwas günstiger" als acht Prozent zuzüglich erfolgsabhängiger Komponenten, sagt Klatt. Nur so kann das Kaderbudget auf 11,5 Millionen Euro erhöht werden.

Stöver gibt offiziell als Saisonziel einen „einstelligen Tabellenplatz" aus. In Wirklichkeit wird hinter den Kulissen aber der sechste Tabellenplatz als Zielsetzung gehandelt – um im finanziell wichtigen TV-Ranking nicht weiter abzufallen, so das Drei-Millionen-Darlehen refinanzieren zu können und wirtschaftlich nicht noch mehr an Boden zu verlieren. Klatt spricht aus, was die FCK-Fans nicht gerne hören: „Ich bezweifele sehr, dass die Restrukturierung oder die Sanierung des Vereins in der zweiten Liga funktionieren kann."

„Silberwerte und Cash"?

Aus der Ferne melden sich dazu die Alt-Vorstände zu Wort. Insbesondere, als es auf die Jahreshauptversammlung zugeht und ihre Entlastung für die letzten Arbeitsmonate noch einmal ansteht. Deren Sicht der Dinge bleibt freilich eine andere. „Ich wollte in der Winterpause Emanuel Pogatetz und Osayamen Osawe verpflichten, um den TV-Geld-Platz nicht an Braunschweig zu verlieren und um in der Spitzengruppe zu bleiben", behauptet Kuntz und schiebt so die Verantwortung für den sportlichen sowie wirtschaftlichen Abwärtsstrudel dem Aufsichtsrat, der die Transfers ablehnte, zu. Er selbst habe den Verein „anständig übergeben" sowie stets gewissenhaft gewirtschaftet.

Es seien „strategisch alle Ziele erreicht" worden, meint Kuntz, „wie etwa der Rückkauf des Nachwuchsleistungszentrums, der neue Pachtvertrag oder der neue Vermarktervertrag". Auch in Sachen Betze-Anleihe und Fröhnerhof sieht Kuntz die Dinge im Lot: „Die Pläne für den Ausbau liegen fertig in der Schublade." Insgesamt sei die Zahlungsfähigkeit des Vereins gesichert.

Würde man in die aktuellen Bilanzzahlen die jüngsten Transfers von Jon Bödvarsson nach England (Wolverhampton Wanderers), der ursprünglich ablösefrei vom norwegischen Erstligisten Viking Stavanger kam und gerade bei der EM als Nationalspieler auftrumpfte, sowie Eigengewächs-Keeper Marius Müller nach Leipzig in Höhe von zusammen rund 4,5 Millionen einrechnen, sei der FCK mit einer „ausgezeichneten Liquidität ausgestattet". Ähnlich argumentiert Grünewalt, der seinem Nachfolger sogar „Bilanzspielereien" vorwirft und ein „neutrales Gutachten" fordert, das seine Sicht der Dinge wohl bestätige. Die von Klatt vorgelegten Jahreszahlen, die die Transfers Bödvarsson und Müller nicht erfassen, gäben „kein Bild der tatsächlichen wirtschaftlichen Lage der Übergabe wieder".

Dem Anwurf, in seiner Amtszeit über 200 Spieler verpflichtet und abgegeben zu haben, tritt Kuntz damit entgegen, dass er durch eine geschickte Transferpolitik und entsprechende Erlöse ein jährliches Minus von circa 1,5 Millionen Euro ausgeglichen habe. Kuntz: „Das war die einzige Möglichkeit, einigermaßen konkurrenzfähig zu bleiben, ohne auszugliedern und nach einem Investor zu suchen, den Stadionnamen zu verkaufen oder die Mitgliedsbeiträge zu erhöhen, und trotzdem in den letzten beiden Jahren, für die wir voll verantwortlich waren, einen kleinen Gewinn zu schreiben."

Die Gelder der Betze-Anleihe lasse man „unterjährig werterhaltend und wertschöpfend arbeiten". Alle Zinszahlungen habe man pünktlich bedient. Grünewalt fühlt sich sogar dazu veranlasst, in einem offenen Brief wortreich darzulegen, dass zum Bilanzstichtag am 30. Juni 2016 „die Restgelder der Betze-Anleihe voll da" gewesen seien. „Im Sommer war der FCK definitiv kein Sanierungsverein." Man habe „nachhaltige Silberwerte und Cash im Wert von über 6,8 Millionen Euro" hinterlassen. Im Blick hat er dabei neben der im Jahresabschluss ausgewiesenen Liquidität von 2,3 Millionen Euro auch die Spielerwerte Müller und Bödvarsson sowie „realisierbare stille Reserven", was gar zu einem positiven Eigenkapital von einer Million Euro führe.

„Man hätte im Sommer circa 1,9 Millionen Euro ins Nachwuchszentrum investieren und ebenfalls ohne Probleme 500.000 Euro für die Rückzahlung der Betze-Anleihe weglegen können, ohne Einschnitte für die neue Saison vornehmen zu müssen, wenn die Vermarktungsziele der vom Aufsichtsrat festgelegten Planung eingehalten werden." Die Einschätzung seiner Nachfolger, der FCK sei in der zweiten Liga nicht überlebensfähig, bewertet Grünewalt als „Alibi".

Der Auftritt des Ex-Finanzvorstands gipfelt in einem reißerischen „Spezial" des „RTL-Nachtjournals" kurz vor der Jahreshauptversammlung, in dem er im nationalen TV-Programm als Kronzeuge dafür angeführt wird, dass der FCK im Februar 2008 – also vor seinem Amtsantritt – wohl seine Stadionmiete nicht zahlen konnte, somit die Insolvenz hätte anmelden und in die dritte Liga absteigen müssen. „Ja, es gibt diverse Belege und Dokumente, die das aufzeigen", sagt Grünewalt. „Eine richtige wirtschaftliche Schieflage gab es im Jahr 2008." Was soll das? Will er damit vom aktuellen Finanzchaos ablenken? Will er sich damit als FCK-Retter darstellen? Oder will er dem ehemaligen Aufsichtsratschef Dieter Buchholz eins auswischen, mit dem er sich seit Jahren über die Interpretation der Bilanzzahlen in dieser Zeit streitet? Und wenn an der Sache etwas dran wäre – warum kommt Grünewalt erst jetzt damit und klärte nicht längst schon darüber auf?

Grünewalts Motivation bleibt unklar. Jedoch sorgt die Ausstrahlung des skandalisierenden Beitrags für einige Irritationen. Selbst Kuntz, der 2008 bereits in Verantwortung kam und dem der damalige Klassenerhalt zugeschrieben wird, der also auch von den Aussagen seines ehemaligen Vorstandskollegen betroffen sein muss, geht auf Distanz zu Grünewalt. Stadt und FCK dementieren einhellig. Sogar die DFL schaltet sich ein und zeigt sich „über die effektheischende Berichterstattung von RTL grundsätzlich irritiert" – genau wie Gries und Klatt.

Hört man den Neu-Vorständen zu, dann hat man ohnehin den Eindruck, als sprächen sie von einem völlig anderen Verein als Kuntz und

Grünewalt. „Ich habe gelernt, dass es da unterschiedliche Ansichten geben kann", sagt der neue Finanzvorstand Klatt. „Ich halte die Sicht meines Vorgängers für doch sehr eigenwillig", meint er. „Die Bilanz eines mittelständischen Unternehmens ist ja keine Knetmasse, die ich mir so zurechtlege, wie ich sie gerade brauche. Insofern halte ich es für unseriös, über Nebenrechnungen Themen darzustellen, die die Leute eher verwirren als aufklären."

Zwar seien Müller und Bödvarsson durchaus ins neue Bilanzjahr gebucht. „Doch davon abzuleiten, dass wir keine Geldprobleme haben, das verkennt die Situation." Im Gegenteil: Trotz millionenschwerer Transfereinnahmen rechnet man auch im nächsten Bilanzjahr weiterhin mit einem Verlust von 2,5 Millionen Euro. „Genau das ist ja unser strukturelles Problem." Und zu behaupten, das Geld der Betze-Anleihe wäre zum Bilanzstichtag am 30. Juni vorhanden, sei Augenwischerei. „Wenn ich am 30. Juni 2016 2,3 Millionen Euro liquide Mittel habe, die zum Beispiel aus dem aktuellen Dauerkartenverkauf stammen, würde ich die eher den aktuellen Einnahmen zuordnen", meint Klatt. „Das Geld der Anleihe lag jedenfalls nicht extra auf der Seite."

Die Aussagen seines Vorgängers, auf die Fananleihe werde zwar im laufenden Geschäft zurückgegriffen, das Geld liege aber jederzeit parat, sofern es nur gebraucht werde, kommentiert Klatt süffisant: „Ich habe ein bisschen Sorge, unsere Fananleihe ist so eine kleine Fata Morgana, mal ist sie da, mal ist sie weg, mal meint man, man hat sie, dann willst du sie greifen, dann fasst du sie nicht." In vier Jahren seien beim FCK fast zehn Millionen Euro Liquidität verbraucht worden – „das ist ein Problem."

Ohne die Extra-Liquidität aus der Betze-Anleihe sowie aus zweckgebundenen Mitteln wie dem Verkäuferdarlehen sei es sogar fraglich gewesen, ob man überhaupt die Finanzauflagen der DFL bei der Lizenzierung hätte erfüllen können, so Klatt. Damit sehen viele Mitglieder ihren Verdacht bestätigt, dass die Alt-Führung schon zum Zeitpunkt der Emission der Betze-Anleihe in der Phase der Lizenzierung um die angespannte Finanzsituation hätte wissen müssen und dass somit das Geld womöglich von vorneherein dazu bestimmt gewesen sein könnte, im laufenden Betrieb Finanzbrücken zu schlagen.

Auch der neuen Führung stellt sich die Frage: Wie soll die Rückzahlung der Anleihe 2019 überhaupt gelingen? Im Mai 2016 wagt Gries bei einer Pressekonferenz eine zweifelhafte Festlegung: „Jedem, der die Fananleihe gezeichnet hat, verspreche ich heute, wie wir hier sitzen, dass er seine Anleihe 2019 zurückbekommt. Da ist überhaupt keine Gefahr, da braucht auch überhaupt keiner Sorgen zu haben. Dafür sorgen wir, und dafür stehen wir gerade." In engerer Runde und launiger Stimmung erzählt der Vorstandsvorsitzende aber bisweilen, dass er wohl beim Insolvenzrichter vorsprechen müsse, wenn er sagen würde, die Rückzahlung sei unsicher. Wie viel Ernsthaftigkeit und scherzhaft trotzige Ironie in solchen Aussagen liegen, bleibt wohl Gries' Geheimnis.

Letztlich bleibt bei den Mitgliedern ein großes Misstrauen gegenüber der alten Riege. Beim FCK sei erkennbar, „was der Begriff des Postfaktischen tatsächlich bedeutet", sagt einer bei der Jahresversammlung. „Diese ganzen Nebelkerzen, die in den letzten Jahren von Stefan Kuntz, Fritz Grünewalt und anderen hier platziert wurden, die ganzen Projektionen, die schönen Flipcharts und auch die schönen Filme haben viele von uns in die Irre geführt." Wer versucht habe, Missstände zu beheben, habe sich „gegen enorme Widerstände" zur Wehr setzen müssen und sei als „Ratte" oder „Nestbeschmutzer" beschimpft worden.

Noch einmal muss bei der Jahresversammlung 2016 über die letzten Arbeitsmonate der Alt-Führung abgestimmt werden. Kuntz verwehren 71,7 Prozent die Entlastung. Gegen Grünewalt stimmen 93,3 Prozent der anwesenden Mitglieder. Rombach wird abermals mit 73,3 Prozent nicht entlastet.

„Der Mantel des Schweigens und eine strahlende Zukunft"?

Man habe Zielvorgaben nicht erreicht: „Die Zuschauereinnahmen in drei Jahren von 10,7 auf 7,2 Millionen Euro gesunken, das Sponsoring von 8,9 auf 7,1 Millionen Euro und bei den TV-Geldern von 12,8 auf 11,4 Millionen Euro" – derartige Geständnisse Riesenkampffs sind neu auf dem Betzenberg. So deuten die Ankündigungen bei der Mitgliederversammlung zum Jahresende 2016 darauf hin, dass es die neue Führung tatsächlich ernst meinen könnte mit ihrem Versprechen von Transparenz. „Wir verstehen euren Wunsch, dass wir über die Vergangenheit reden." Hier gebe es offenkundig einen „sehr großen Bedarf, aufzuklären".

Entsprechend untersuche der Aufsichtsrat, „ob der alte Vorstand sich in aller Form pflichtgerecht verhalten hat oder ob es Haftungsansprüche gibt", vor allem beim Thema Betze-Anleihe. Riesenkampff verspricht den Mitgliedern auch jenseits formaler juristischer Aspekte grundsätzlich Transparenz, Offenheit und „dass wir euch sagen, wo wir stehen, und zwar immer, wenn ihr es wissen wollt".

Auf eine solche Offenheit hoffen nicht nur viele Mitglieder, sondern auch der Kaiserslauterer Oberbürgermeister Klaus Weichel seit dem Amtsantritt der neuen Vorstände im Frühjahr 2016. Er berichtet von seinen ersten Gesprächen mit den Vorständen Gries und Klatt sowie dem Aufsichtsratsvorsitzenden Riesenkampff. „Sie haben mir glaubhaft versichert, dass ihnen an der Aufarbeitung der ganzen Verhältnisse sehr gelegen ist, dass sie in diesem Trio für Transparenz stehen", sagt er. „An diesen Äußerungen werde ich sie messen und die Entwicklung sehr genau beobachten."

Kurz vor seinem Abschied noch berichtete die „Rheinpfalz" in Verbindung mit Grünewalt, dass der FCK in der für die Lizenzierung bedeutsamen Bilanz zum 31. Dezember 2015 ein positives Eigenkapital in Höhe von rund 100.000 Euro geschrieben habe. Zum 30. Juni 2015 betrug das Eigenkapital laut Bilanz noch minus 864.000 Euro, zum 30. Juni 2016 sind es minus 3,502 Millionen Euro. Wie konnte das zwischenzeitliche Plus entstehen und die Eigenkapitalposition innerhalb kürzester Zeit wieder auf ein Millionenminus absacken? Solche Fragen beschäftigen auch den ehemaligen Aufsichtsratschef Dieter Buchholz, der sie an die neuen Aufsichtsratsmitglieder adressiert. Dabei knüpft er an seine vergangenen Schreiben an und informiert den neuen Aufsichtsrat ebenfalls über seine stetigen Warnungen sowie seine noch unbeantwortete Einschätzung bezüglich der Finanzlage des Vereins.

Wie Buchholz und viele andere Mitglieder hofft der Oberbürgermeister mit der Neubesetzung des Vorstands und dem Wechsel an der Spitze des Aufsichtsrats ebenfalls auf eine „etwas andere Kommunikationspolitik" seitens des Vereins. Diesen Rat gibt er den Neuvorständen. „Denn wenn man eine schonungslose Bestandsaufnahme nicht macht, sind die Probleme sehr schnell die eigenen." Die Stadt habe ihren „Wunsch nach zukünftig höherer Transparenz im Umgang mit dem Partner" deutlich gemacht, sagt Weichel. „Die ersten Treffen waren sehr vielversprechend."

Dennoch gibt die neue Führung bezüglich einer Aufarbeitung der Ära Kuntz/Grünewalt ein sehr ambivalentes Bild ab. Bisweilen vermittelt sie gar den Eindruck, das System der Vernebelung werde fortgesetzt. Zwar sind neue Vorstände am Werk, die das Lied der Transparenz singen. Aber in wesentlichen Gremien wie dem Aufsichtsrat und den Kassenprüfern wirken diejenigen weiter, die jahrelang das System Kuntz begleiteten. Dass da das Interesse an einer kritischen Betrachtung möglicher Verfehlungen in vergangenen Jahren nicht besonders ausgeprägt sein mag, ist naheliegend.

Diese Ambivalenz tritt dann auch bei der Mitgliederversammlung im Spätjahr 2016 zutage. „Meine Ängste und Befürchtungen sind eingetreten: Die finanzielle Lage unseres 1. FC Kaiserslautern ist nicht so rosig, wie uns die Herren Kuntz und Grünewalt versucht haben klar zu machen", sagt ein Mitglied und fragt laut: „Wo war in den letzten Jahren der Aufsichtsrat?" Immer wieder habe es Warnungen gegeben. Es könne niemand behaupten, die Entwicklung sei nicht abzusehen gewesen. „Daher geht meine Frage an den ganzen Aufsichtsrat: Was wussten Sie von der tatsächlichen finanziellen Situation unseres Vereins? Insbesondere ist es für mich verwunderlich nach den Zahlen, die wir gehört haben, warum der Aufsichtsratsvorsitzende bei Amtsübergabe von Herrn Grünewalt keine Gelegenheit ausgelassen hat, Herrn Grünewalt für seine hervorragende Arbeit zu danken."

Im Laufe der Versammlung wird sogar ein Untersuchungsausschuss beantragt, der die Hinterlassenschaften der Alt-Führung aufklären soll. „Wir sollten uns alle daran erinnern, welche blühenden Landschaften uns Stefan Kuntz im letzten Jahr hier vorgestellt hat", sagt der Antragsteller. Nun sei der Verbleib von Millionensummen wie den Geldern der Betze-Anleihe ungeklärt. „Wie kann das passieren? Offensichtlich hat bei uns im Verein so einiges nicht funktioniert." Daher fordert das Mitglied in seinem Antrag die Einsetzung eines vereinsinternen Gremiums, das die Geschäftsvorfälle ab 2011 durchleuchten und somit Fehler in der eigenen Organisation erkennen soll. „Der Mantel des Schweigens und eine strahlende Zukunft – das passt nicht zusammen."

Seinen Transparenz-Versprechen zum Trotz zeigt sich Riesenkampff allerdings skeptisch gegenüber der Einsetzung eines solchen Ausschusses. Mit einer unübersichtlichen Versammlungsleitung und der Erörterung eines angeblichen Gegenantrags, der jedoch überhaupt nicht fristgerecht zur Versammlung einging, leistet er einer gewissen Verwirrung Vorschub. Impulsiv vorgetragen wurde dieser „Gegenantrag" überdies von einem Mitglied, das sich später pikanterweise als Medienberater mit engen Kontakten zu Grünewalt entpuppte und diesem wohl auch beim Interview für den reißerischen RTL-Beitrag half.

Letztlich wird dem Antrag zur Einsetzung des Untersuchungsausschusses mit einer geringen Stimmenmehrheit von 51,4 Prozent nicht zugestimmt. Als dann klar ist, dass es nicht zur Untersuchung kommt, nimmt Riesenkampff erneut die Rolle des Aufklärers ein: „Das heißt, es bleibt dabei, dass wir als Aufsichtsrat die Aufklärung weiterführen."

„Aufbruchsstimmung" ohne Substanz

Ähnlich verklärend klingt die Maxime der Klubführung, man wolle „die Zukunft angehen" und nicht allzu viel Zeit in die „Störfeuer, die sich nach hinten richten", investieren, so Gries. Der Marketingmann ruft zu Saisonbeginn mit dem neuen Trainer Tayfun Korkut eine „Aufbruchsstimmung" aus. Derartige Vokabeln habe ich auf dem Betzenberg in den vergangenen Jahren schon mehr als genug gehört.

Erneut „Aufbruchsstimmung" auf dem Betzenberg? Diese reklamierten Michael Klatt, Thomas Gries, Tayfun Korkut und Uwe Stöver (von links).

Gries möchte ein Wir-Gefühl entfachen und verkündet großspurig: „Ich werde mit Herrn Riesenkampff durch die Pfalz touren und jeden Bäckermeister aufsuchen." Er will neue Sponsoren gewinnen und alte Partnerschaften wiederbeleben. Anfängliche Erfolge sind durchaus zu vermelden. Ex-Aufsichtsratschef Buchholz kehrt mit seinem Unternehmen als Sponsor zurück, auch die Firma Layenberger präsentiert sich wieder im FCK-Umfeld, und mit top12.de ist ein neuer Hauptsponsor gewonnen.

Flankiert werden die Aktivitäten von einer Kampagne. „Nur zusammen sind wir Lautern" – so lautet der Slogan für die neue Saison. Der wird allerdings nicht allzu einfallsreich umgesetzt. Das Konzept erinnert bisweilen an die längst verstaubte Herzblut-Aktion oder die Werbemaßnahmen für die Vermarktung der Betze-Anleihe. Es gibt wieder emotionale Schmuckurkunden, Versprechungen von sportlichem Glanz, einen rührenden Imagefilm und wuchtig klingende, aber inhaltsleere Sprüche wie „Die zweite Liga besiegt man nur zusammen". Außerdem soll ein sogenannter Teufelsrat plötzlich für zusätzliche Dynamik sorgen.

„Wir wollen den FCK zu alter Stärke zurückführen", meint Riesenkampff. „Um das zu schaffen, brauchen wir Expertise." Diese Expertise soll in diesem Teufelsrat vorhanden sein. Dabei handele es sich um ein Gremium, das mit „Fachleuten unterschiedlicher Bereiche" besetzt sei, erklärt der Aufsichtsratsvorsitzende. Der Teufelsrat solle Vorstand und Aufsichtsrat beraten, den FCK repräsentieren und zum Botschafter werden sowie einzelne bedeutsame Projekte begleiten. Dafür sind fünf Protagonisten gefunden, die sich ehrenamtlich einbringen.

Die schillerndste Figur darunter ist wohl der Sportreporter Marcel Reif, der seine Kindheit in Kaiserslautern verbrachte, einst in der FCK-Jugend kickte und dabei offenbar seine nicht enden wollende Liebe zu dem Verein entdeckte. Da er bei der offiziellen Präsentation des Gremiums aber nicht anwesend sein kann, wird den Journalisten immerhin eine Video-Grußbotschaft von ihm eingespielt. Neben einem Rechtsanwalt, einem IT-Unternehmer und dem Geschäftsführer einer Werbeagentur tritt außerdem der deutsche Amazon-Geschäftsführer Ralf Kleber als Mitglied des Teufelsrats in Erscheinung. Jener begründet seinen Einsatz als „pure Herzensangelegenheit". In Kaiserslautern geboren, sei er von jeher FCK-Fan.

Parallel gibt es Sonderaktionen, die dazu dienen sollen, „Aufbruchsstimmung zu erzeugen und Erlöse zu generieren, die wir dringend benötigen". Gries verspricht: „Alles, was wir hier erzielen, geht eins zu eins ins Budget." Wohin auch sonst? Unter anderem wird eine personalisierte FCK-Kappe verkauft, oder Fans können ihren Schriftzug auf dem Mannschaftsbus anbringen. Wer für 1.900 Euro eine lebenslange Vereinsmitgliedschaft abschließt, erhält eine „tolle Urkunde". Auch Promis machen mit: Als Stargast beim alljährlichen Stadionfest wird der Sänger Marek Cwiertnia angekündigt, der in der Region aufgewachsen ist und bundesweit als „Mark Forster" bekannt ist.

„Wir möchten nicht mehr die da droben sein, die auf dem Betzenberg in der Trutzburg sitzen", erklärt Gries seine Strategie. Das klingt nach Fannähe. Aber gleichzeitig bezeichnet er die Fans und Mitglieder als „Kunden", spricht von „Customer-Relationship" oder „Markenclaims". „Letztendlich funktioniert diese Emotionalisierung mit den gleichen Handwerksmitteln, wie es Markenhersteller machen: Die richtigen Insights der Konsumenten kennen, dann Begehrlichkeiten wecken und am Ende entsprechende Angebote liefern", erklärt der Werbemann in einem Interview.

Was früher PowerPoint-Folien waren, sind nun Marketing-Anglizismen. So bleiben Zweifel, ob die neue Führung um Gries und Klatt überhaupt das Wesen, die „Insights", eines Traditionsvereins begreift. Gutes Marketing ist keine Schönrederei, sondern wird am Ende daran gemessen, was es verspricht: Als der Saisonauftakt mit dem Heimspiel gegen Hannover mit 0:4 verloren geht, finden sich die Roten Teufel direkt im Abstiegskampf wieder. Die viel beschworene Aufbruchsstimmung verfliegt schnell. Und ob die Mitglieder des Teufelsrats überhaupt jemals noch einmal in vollständiger Besetzung am Betzenberg gesehen wurden, ist nicht bekannt.

„Warten auf einen schönen Ritter"

„Geld schießt Tore." Dieses Mantra gibt FCK-Vorstand Gries aus. Er behauptet: Ohne das Geld eines Investors werde der FCK kein zukunftsfähiges Konzept entwickeln können. Die Ausgliederung des Profibetriebs in eine Kapitalgesellschaft sei dafür das einzige Mittel und alternativlos. „Die zweite Liga ist für uns langfristig keine Option. Es gibt nur eine einzige strategische Stoßrichtung, und die muss in der ersten Liga sein", sagt Finanzvorstand Klatt. Er formuliert es plakativ: „Bundesliga oder Regionalliga."

Das große Ziel sei mit den derzeitigen finanziellen Möglichkeiten aber kaum zu erreichen. „Wir sind mit diesem Stadion, mit diesem Kostenblock in der zweiten Liga auf Dauer nicht überlebensfähig", behauptet Gries. Daher suche man nach externer finanzieller Unterstützung. Jährlich rund zehn Millionen Euro soll der Investor mitbringen. Die Rede ist von einer Summe zwischen 30 und 40 Millionen Euro, verteilt auf drei bis vier Jahre. Als Investor möchte Gries den Geldgeber auch nicht bezeichnen, in seinem Sprachgebrauch ist stets von einem strategischen Partner die Rede. Doch das Kernelement dieser Partnerschaft bleibt: Der FCK kommt so an frisches Geld.

Dass der Traditionsverein damit seine Seele und seine letzten ihm verbliebenen Werte verscherbelt, sehen die Vorstände nicht so. „Genau das ist die Gretchenfrage für den 1. FC Kaiserslautern: Wie bekomme ich Kommerz und Tradition unter einen Hut, oder wie kann ich Tradition in die Zukunft überführen?" Gries meint, die Antwort darauf gefunden zu haben, „wie wir unsere Identität bewahren können und gleichzeitig die nötige Finanzkraft erzielen können, um wettbewerbsfähig in der Bundesliga zu sein." Dies müsse ohnehin auch im Sinn des Investors liegen: „Bei allen unseren Entscheidungen geht es darum, dass die DNA dieses Vereins erhalten bleibt. Dies sollte auch im Interesse des strategischen Partners sein, den wir suchen", betont Klatt.

Konkret steht ein Vier-Säulen-Modell in Rede. Gedacht ist dabei an vier mögliche Formen der Beteiligung an der neuen Gesellschaft. Dazu gehören regionale Unternehmer und Kleininvestoren, stille Gesellschafter sowie der große strategische Partner. Ebenso sollen die Fans, Klubmitglieder sowie Eigner der Betze-Anleihe eingebunden werden. Für die Rückzahlung der Anleihe 2019 könnte die Ausgliederung also zum vielleicht rettenden Modell werden, um den dann absehbaren Finanzabfluss beim FCK zu beherrschen. Denn mit dem neuen Geld soll auch die Betze-Anleihe bedient werden. Außerdem, so ein weiterer Gedanke, könnten die Eigner der Betze-Anleihe wiederum zu Teilhabern der neuen Gesellschaft werden und sozusagen ihre Gelder aus der Anleihe als Kapitaleinlage geben.

„Für die Zukunft des FCK – Jede Stimme zählt" oder „Gemeinsam Zukunft schaffen!" – die Klubführung wirbt mit gewohnt markigen Slogans für das Projekt Ausgliederung. Um diese realisieren zu können, wird allerdings satzungsgemäß ein Mitgliedervotum mit Dreiviertelmehrheit benötigt. Entsprechend klingen die Versprechungen: Eine Ausgliederung schaffe „eine langfristig erfolgreiche Zukunft im Profifußball für die Roten Teufel vom Betzenberg". Die Mitglieder würden dabei „auch weiterhin das Sagen haben und nicht von anderen abhängig sein".

Doch wie will die Führung das Vertrauen in ihr Vorhaben erreichen? Wie soll das Dreiviertel-Quorum erreicht werden, wenn die sportliche Situation immer desaströser wird und die Zweifel an den Bossen mit jeder Niederlage wachsen? Ein mit Vereinsmitgliedern besetzter Arbeitskreis soll zur Konsensfähigkeit des Vorhabens beitragen und angeblich auch dazu, dass bei einer Ausgliederung die Mitgliederinteressen gewahrt bleiben. Das Gremium wird jedoch nicht von den Mitgliedern gewählt, sondern von der Klubführung besetzt.

Wie skeptisch sogar manche Mitglieder des Arbeitskreises bezüglich der geplanten Ausgliederung sind, macht Jochen Grotepaß mit einem Statement in der „Sport-Bild" deutlich: „Ich bin im Arbeitskreis der Ausgliederung, quasi um das Schlimmste zu verhindern. Man wartet ja auf einen schönen Ritter auf einem weißen Pferd mit einer silbernen Rüstung, der den FCK rettet. Der Verein hat kein Alleinstellungsmerkmal mehr und ist für Investoren kaum interessant."

Bereits bei der ersten Sitzung des Arbeitskreises Ausgliederung kommt es, so berichten Teilnehmer, zu Differenzen, als entgegen vorheriger Transparenz-Ankündigungen Vorstand Gries seine Vorstellungen von einer gewissen Vertraulichkeit darstellt. Auch dass von einer späteren Presserunde, bei der über die Pläne berichtet wird, einzelne Journalisten ausgesperrt werden, entspricht nicht den Ansprüchen an eine offene Kommunikation.

Ohnehin stellt sich die Frage, welcher Investor überhaupt seine Millionen den Akteuren auf dem Betzenberg anzuvertrauen bereit ist. Ist angesichts der desolaten sportlichen Lage der Weitsicht dieser Führung zu trauen? Welche Auswirkung haben die nach wie vor ungelöste Stadionfrage und das Verhältnis zwischen Stadt und Verein auf das Interesse möglicher Investoren? Und wie wollen Investoren umworben werden, wenn die Belastungen der Vergangenheit weiterköcheln, das Fortkommen des Vereins überschatten und deren Aufarbeitung entgegen großspurigen Versprechungen bislang nicht sichtbar stattgefunden hat?

Nicht nur Buchholz wartet weiter auf die Beantwortung seiner Fragen. Auch im Kaiserslauterer Rathaus wird man immer ungehaltener. Während der FCK erneut für den Fall eines drohenden Abstiegs in die dritte Liga im Winter 2016/17 bei Stadt und Stadiongesellschaft um eine Pachtreduzierung auf 625.000 Euro bittet, wird dem Wunsch des Oberbürgermeisters nach Aufklärung noch immer nicht entsprochen. Obwohl diesbezügliche Differenzen zwischen der Stadtspitze und der

Vereinsführung immer deutlicher werden, verfolgt Riesenkampff in der Öffentlichkeit eine andere Darstellung.

„Unser Verhältnis mit der Stadt ist sehr gut. Ich persönlich treffe mich regelmäßig mit dem Oberbürgermeister. Es ist wichtig, gemeinsam Lösungen zu finden", teilt Riesenkampff schriftlich mit. Doch zu diesem Zeitpunkt schwelt der Konflikt mit Weichel längst. Riesenkampff lässt kein Interesse an einer intensiven Aufklärung der Vergangenheit erkennen: „Wir haben auf der vergangenen Jahreshauptversammlung intensiv mit den Mitgliedern diskutiert, alle wichtigen Themen wurden behandelt und alle kritischen Fragen beantwortet." Der Aufsichtsrat sei von den Mitgliedern entlastet worden und komme grundsätzlich seiner Kontrollaufgabe nach.

Auch Gries meint, bei der Investorensuche wolle man sich ohnehin nicht allzu sehr mit der Vergangenheit aufhalten, sondern nach vorne schauen. „Investoren interessieren sich nur für die Zukunft." Die sieht er in der 1. Bundesliga. Darauf seien der Businessplan und die Bewertung des Vereins ausgerichtet, meint Klatt. Letztere wird wohl mit 100 Millionen Euro geschätzt. Mit der aktuellen Lage des Klubs am Tabellenende der zweiten Liga dürfte eine solche Summe allerdings nur wenig zu tun haben.

Aber was, wenn tatsächlich ein Investor gefunden wird, das Vorhaben Aufstieg in die Bundesliga trotz sprudelnder Millionen jedoch nicht klappen und auch dieses Geld letztlich verbraten sein sollte? „Das ist dann die Arschkarte, auf Deutsch gesagt", meint Gries schon mal salopp in engerer Gesprächsrunde. Immerhin bestehe nach der Ausgliederung allerdings der Vorteil, mehrere Partner an seiner Seite zu wissen, die am Verein beteiligt seien. Wie unausgegoren die Pläne zur Ausgliederung aber sein dürften, zeigt sich am verlautbarten Zeitfenster: „Wir müssen bis Ende 2017 Bescheid wissen und sagen können, ob das mit einem strategischen Partner machbar ist. Ansonsten müssen wir andere Lösungen finden", sagt Gries im Januar 2017 mit Blick auf das ausstehende Mitgliedervotum. Dieses selbst gesetzte Ziel kann er nicht einhalten.

Personalpossen: Korkut, Stöver, Briegel

Während sie sich auf Investorensuche begibt, erweist sich die Führung des FCK zumindest in der Außendarstellung alles andere als professionell. Die Besetzungen diverser Schlüsselpositionen deuten zugleich auf ein chaotisches Zusammenwirken der Akteure hin. Zunächst tritt nur wenige Wochen nach dem missglückten Saisonstart 2016/17 Trainer Korkut zurück. Die Gründe für seinen plötzlichen Abschied bleiben unklar. Angeblich habe sich der Aufsichtsratsvorsitzende Riesenkampff zu sehr eingemischt, spekulieren einschlägige Medien. Riesenkampff dementiert das zwar, kann aber selbst keine Erklärung liefern.

Ein ähnliches Bild zeigt sich, als der erst wenige Monate zuvor installierte Sportdirektor Stöver in der Winterpause mit Norbert Meier einen Nachfolger für die Trainerbank präsentiert. Denn kurz darauf, der FCK befindet sich weiter im Abstiegskampf, erweist sich auch das Vertrauensverhältnis zwischen Stöver und dem Kontrollgremium als zerrüttet. Im Aufsichtsrat wird darüber diskutiert, mit dem Aufsichtsratsmitglied Abel einen dritten Sportvorstand zu installieren. Dies käme einer Entmachtung und Degradierung des Sportdirektors Stöver gleich.

Zugleich entsteht der Eindruck eines Konflikts zwischen Vorstand und Aufsichtsrat. Gries wird im „kicker" zitiert: „Wir haben uns in einem Brief an den Aufsichtsrat in Bezug auf diese Gedankengänge klar positioniert. Darin haben wir unsere Bedenken über die Auswirkungen einer Installierung eines zusätzlichen Sportvorstandes zum Ausdruck gebracht. Der Vorstand sieht dadurch die Gefahr, die hervorragenden Kompetenzen unseres Sportdirektors Uwe Stöver zu verlieren." Ähnlich bezieht der neue Trainer Meier Stellung: „Die Zusammenarbeit mit Uwe Stöver ist auch schon nach kurzer Zeit geprägt von sehr viel Vertrauen. Er ist ein sehr honoriger Mann, der seinen Job absolut versteht, und ich bin froh, dass er da ist."

In der Öffentlichkeit sorgen die personellen Gedankenspiele für Irritationen. Riesenkampff und Abel geraten unter Druck. „Als Aufsichtsrat ist es unsere Pflicht, regelmäßig zu analysieren, wie der Verein dasteht, in wirtschaftlicher wie in personeller Hinsicht, und dies gemeinsam mit dem Vorstand zu besprechen. Dies gilt insbesondere dann, wenn die Gefahr besteht, die sportlichen und wirtschaftlichen Ziele des Vereins nicht zu erreichen", teilt Riesenkampff mit und ist bemüht zu betonen, dass der Aufsichtsrat bisher ja noch gar „keinen Beschluss, den Vorstand zu erweitern, gefasst" habe. Abel verweist auf seine Vereinsliebe: „Ich war zwischenzeitlich wohl auch deshalb Teil dieser Überlegung, weil ich diese Aufgabe wenn überhaupt ehrenamtlich und unentgeltlich als Herzensangelegenheit übernommen hätte, um den FCK nicht zusätzlich finanziell zu belasten."

Doch die personellen Querelen bleiben nicht folgenlos. Zum Ende der Saison, die der FCK weit hinter seinen Erwartungen auf dem 13. Tabellenplatz abschließt, schmeißt Sportdirektor Stöver im Juni 2017 hin, nachdem er gerade etwas mehr als ein Jahr im Amt war. Sein Rücktritt sei „keine Ad-hoc-Entscheidung", sagt er. Wenig später fängt er beim Ligakonkurrenten St. Pauli an.

Dass sich der FCK zwar einen zweiköpfigen Vorstand leistet, weder Gries noch Klatt nach eigenem Bekunden aber über eine ausgewiesene Sportkompetenz verfügen, dürfte die Weichenstellungen in der entscheidenden Phase der Saisonplanung nicht erleichtern. Ein Sportausschuss, der mit den Aufsichtsratsmitgliedern Abel und Ottmar Frenger, dem Leiter des Nachwuchszentrums, Manfred Paula, sowie dem Chefscout Boris Notzon besetzt ist, soll den Kader für die Saison zusammenstellen.

Gleichzeitig läuft die Suche nach einem neuen Sportvorstand an, die ebenfalls chaotische Züge annimmt. Erst wird bekannt, dass die Klubikone Hans-Peter Briegel im Gespräch sei. Der Europameister von 1980 soll angeblich ehrenamtlich – oder zumindest ohne allzu hohe Kosten zu verursachen – das Amt übernehmen, zusammen mit Notzon, der operativ als Sportdirektor tätig sein soll. Eine Woche später melden Zeitungen bereits den Einstieg Briegels. Doch tags drauf sagt der wieder ab. Dazu gibt Briegel folgende Stellungnahme ab:

Nach langen Überlegungen bin ich zu dem Schluss gekommen, keine weiteren Vertragsgespräche zu führen. Die Mehrheit im Aufsichtsrat hatte ja für mich gestimmt, wofür ich mich an dieser Stelle nochmals recht herzlich bedanken möchte. Wenn aber ein Vorstand nicht glücklich über diese Entscheidung ist (übersetzt heißt das für mich, dass man mich nicht möchte), ist auch eine Zusammenarbeit zum Wohle unseres Vereins undenkbar. Selbstverständlich werde ich mich auch in Zukunft für unseren FCK einsetzen und die Südpfalzinitiative weiterhin tatkräftig unterstützen. Ich wünsche dem Trainer-Team und der Mannschaft eine erfolgreiche Saison. Mit Leidenschaft kann man sehr viel erreichen!

Hans-Peter Briegel

Aufsichtsratsvorsitzender Riesenkampff möchte sich daraufhin „zur internen Meinungsbildung innerhalb des Vereins nicht öffentlich äußern". Vorstandschef Gries windet sich im SWR-Interview um eine konkrete Aussage. „Es gab nie ein Gespräch, er hat auch nie ein Gespräch angefragt. Von daher weiß ich nicht, warum er das jetzt so gesagt hat", sagt Gries über Briegel. Ohnehin beziehe sich die Absage der FCK-Legende auf die Planungen des Aufsichtsrats, nicht des Vorstands. „Ich habe mich gewundert, dass wir jetzt als Schuldige hingestellt werden, obwohl es kein persönliches Gespräch gab."

Mitglieder halten der Klubführung vor, die Personalplanung „dilettantisch vermasselt" zu haben. „Wir waren im Sommer sehr aktiv, haben mit vielen sehr guten Kandidaten für den Sportvorstand gesprochen, die dann alle abgesagt haben", muss Riesenkampff später einräumen. „Sie wussten, der Etat ist kaum höher als zehn Millionen, wir hatten wieder Plätze in der TV-Tabelle verloren, Unruhe im Verein, und Interna wurden nach außen getragen. Das schreckte manchen ab." So wird der ehemalige Scout Notzon zum Sportdirektor berufen. Und der FCK handelt weiterhin mit einem zweiköpfigen Vorstand, der von sich selbst behauptet, nicht die entscheidende sportliche Kompetenz einbringen zu können.

„Die größte Krise der Vereinsgeschichte"

Noch zu Beginn der Saison 2017/18 gibt sich Vorstand Thomas Gries optimistisch. „Wir haben uns ein relativ einfaches Ziel gesetzt, nämlich eine sorgenfreie Saison zu spielen, nichts mit dem Abstieg zu tun zu haben." Man kalkuliert mit 25.000 Zuschauern, nachdem die Vorsaison mit durchschnittlich 26.300 Besuchern pro Heimspiel abgeschlossen wurde. Finanzvorstand Klatt gibt bekannt, dass der geplante Verlust von rund 2,5 Millionen Euro umgebogen werden konnte. Allerdings geht dies wieder zulasten der Kaderqualität: Torwart Julian Pollersbeck wird für rund 3,5 Millionen Euro an den Hamburger SV verkauft.

Der Saisonauftakt nach dem Rücktritt von Sportdirektor Stöver bleibt weit hinter den Erwartungen zurück. Er lässt sich als das Ergebnis eines Gemischs aus verkorkster Kaderplanung sowie finanziellen Zwängen deuten. Der Rundenstart geht 0:3 in Nürnberg verloren. Leistungsträger konnten wohl aus wirtschaftlichen Gründen nicht gehalten werden. „Wir haben eine fast komplette Abwehr verloren", Leute, die für den Klassenerhalt im letzten Jahr verantwortlich waren, hadert Coach Norbert Meier. Nach Pollersbeck wird Abwehrtalent Robin Koch zum SC Freiburg verkauft. Kurz zuvor hatte sich Meier noch festgelegt: „Robin bleibt hier!" Nun muss Sportdirektor Notzon zugestehen: „Das erneuerte Angebot hat für unseren Verein aber kurzfristig eine große Bedeutung bekommen."

Abermals kehrt ein hoffnungsvolles Talent dem Betzenberg den Rücken. Es bleibt aus Sicht einer langfristigen Kaderplanung nur der schwache Trost, dass die Gelder aus den Transfers für finanzielle Entlastung sorgen und die Führung die Höhe der erzielten Summen als eigenen Erfolg einer veränderten Strategie in der Gestaltung von Spielerverträgen beschreibt. Man habe davon abgesehen, in Spielerverträge, gerade in denen mit hoffnungsvollen Talenten, Klauseln einzubauen, die Ausstiegsmodalitäten und Ablösesummen festlegten, erklärt Klatt. Denn so erweitere man bei möglichen Transfergesprächen den Verhandlungsspielraum und müsse die Spieler nicht zu zuvor festgesetzten, vielleicht viel zu niedrigen Konditionen ziehen lassen.

Wenige Wochen später steht Trainer Maier vor dem Aus. Zu den Heimspielen kommen bisweilen unter 20.000 Zuschauer, das große WM-Stadion wirkt gespenstisch leer. Fast konstant bis zur Winterpause belegt der Klub den letzten Tabellenrang. „Ich übernehme schon Verantwortung, aber es wäre natürlich schön, wenn andere die mitübernehmen würden", sagt Meier vor dem entscheidenden Spiel gegen Erzgebirge Aue. Als der FCK die Partie verliert und nach sieben Spielen mit nur zwei Punkten das Schlusslicht der Tabelle bildet, wird der Trainer entlassen. Übergangsweise übernehmen der Leiter des Nachwuchszentrums, Paula, und U19-Coach Alexander Bugera die Mannschaft. Beim nächsten Spiel gegen Union Berlin gehen die Roten Teufel 0:5 in der Hauptstadt unter.

Mit Jeff Strasser kehrt ein ehemaliger FCK-Profi, der hohe Sympathiewerte bei den Fans genießt, als Trainer auf den Betzenberg zurück. Als der dritte Coach innerhalb von knapp zwei Jahren vorgestellt wird, ruft Gries einen „Wendepunkt" in der Krise aus. „Wir müssen diese Energie, die hier vorhanden ist, positiv nutzen. Wir müssen diese Energie positiv bündeln und wie in einem Brennglas auf den nächsten Spieltag übertragen", versucht sich der Marketingvorstand recht ungelenk erneut daran, eine Art Aufbruchsstimmung zu erzeugen.

Ohnehin wirkt Gries immer häufiger von seiner Aufgabe überfordert. Aus Sponsorenkreisen ist fortwährend zu hören, wie wenig sich seine ausgerufene Aufbruchsstimmung in der Realität niederschlage und wie unflexibel der FCK unter seiner Führung agiere. Solche Eindrücke müssen gerade in einer Zeit der sportlichen Krise besonders bedrohlich wirken. Trauriger Höhepunkt ist ein Auftritt in der SWR-Sendung „Flutlicht", bei dem Gries nicht nur die ursprüngliche Maxime des Aufsichtsrats, der Marketingvorstand solle zusätzlich drei Millionen Euro generieren, als „völlig utopisch" abtut und pampig hinzufügt: „Dann kann ich über Wasser gehen." Dazu behauptet er noch öffentlich, der FCK sei wie die meisten Zweitligaklubs für Sponsoren mit einer nationalen Marke überhaupt nicht interessant. Wie soll mit solchen Aussagen eines Marketingvorstands überhaupt bei einem größeren Unternehmen Interesse an einer Werbepartnerschaft geweckt werden können?

Zudem kann sich Gries in der Sendung an wesentliche Sponsorenverhandlungen nur „dunkel" erinnern, als er mit einer verpatzten Partnerschaft konfrontiert wird. Dabei geht es um die Firma Euromaster, ein Autoservice und Tochterunternehmen des internationalen Reifenherstellers Michelin. Damals hatte Euromaster den Sitz in Kaiserslautern, später zog die Firma ins unweit gelegene Mannheim. In der Sendung berichtet Geschäftsführer Andreas Berents von seinem ernsthaften Interesse an einem Sponsoring. Aber: „Das Konzept, was der 1. FCK präsentiert hat, war – bei allem Respekt – ein 08/15-Konzept." Wenig später hat Euromaster eine Präsenz im Bundesliga-Handball bei den Mannheimer Rhein-Neckar-Löwen gefunden.

Hinzu kommt der sportliche Niedergang, der die Schwäche des Vorstandsvorsitzenden flankiert. Zwar gewinnt der FCK sein erstes Spiel unter Trainer Strasser gegen Fürth mit 3:0. Aus dem Tabellenkeller können sich die Roten Teufel jedoch nicht lösen. Vor der Winterpause liegt der einst glanzvolle Traditionsverein mit zwölf Punkten nach 18 Spielen abgeschlagen am Tabellenende. Der direkte Abstieg in die dritte Liga ist längst realistisch. In der Stadt herrscht die Befürchtung, der sportliche Abstieg könnte zum wirtschaftlichen Kollaps führen. Ist die dritte Liga finanziell überhaupt zu realisieren? Wäre der Abstieg aufgrund der dann wohl drastisch sinkenden TV- und Zuschauereinnahmen gleichbedeutend mit einer Insolvenz oder sogar dem noch tieferen Fall in die Regionalliga? Fragen wie diese treiben die Fans um.

Damit werden sie allerdings alleine gelassen. Denn eine konkrete Aussage, wie denn ein Konzept für die dritte Liga aussehen könnte, gibt die Vereinsführung selbst nach mehrfacher Nachfrage auf der Mitgliederversammlung nicht. Im Gegenteil versucht Gries unbeholfen die „Mission Klassenerhalt" zu beschwören und weigert sich, über Szenarien für die dritte Liga zu sprechen. Als Sportdirektor Notzon einräumen muss, dass nur zwei Spieler des aktuellen Kaders mit Verträgen ausgestattet sind, die für die dritte Liga Gültigkeit besitzen, wächst die Besorgnis, der traditionsreiche Klub könnte im Falle eines Abstiegs zerbersten.

Riesenkampff, der wenige Monate zuvor noch von Solidität redete, spricht nun von einer „der größten Krisen der Vereinsgeschichte". Er muss einräumen, an eigenen Zielsetzungen gescheitert zu sein. Es sei ihm und dem Aufsichtsrat nicht gelungen, „den FCK wirtschaftlich und sportlich weiterzuentwickeln". Ebenso erweisen sich seine Ankündigungen, internationale Partner für den Verein gewinnen zu können, als leer. „Ich habe das etwas anders eingeschätzt, bin auf dem Boden der Tatsachen angekommen und musste einsehen, dass es schwerer ist, als ich dachte, überregionale Partner auf den Betzenberg zu bekommen."

Nahezu der komplette Aufsichtsrat – ausgenommen Kind – kündigt an, nicht mehr für eine weitere Amtszeit zu kandidieren. Eine Fahnenflucht? Riesenkampff sagt: „Ich möchte den Weg zum Wohle des Vereins freimachen, um einem neuen Aufsichtsrat die Chance zu geben, die gesteckten Ziele zu erreichen und den Abstiegskampf erfolgreich zu bestreiten."

„Die Fans würden das Rathaus niederreißen"

Der drohende Niedergang versetzt die ganze Region in Nervosität. Oberbürgermeister Weichel ist angespannt. Im Falle einer vielleicht eintretenden Insolvenz des Vereins könnte sogar der Stadionmietvertrag hinfällig sein. Wer soll dann überhaupt noch einen Cent Pacht an die Stadiongesellschaft bezahlen? „Das wäre für uns der Super-GAU", sagt der Rathauschef im SWR-Interview.

Bei einer Sitzung im Stadtrat wird über mögliche Szenarien nachgedacht. Dabei kommen auch die Fragen auf, ob sich Grundstücke im Umfeld des Stadions nicht vermarkten ließen, wie hoch deren Wert sei, wie viel sich durch einen Verkauf erzielen lasse und ob damit vielleicht die Finanzbelastungen abgefedert werden könnten. Einen Bebauungsplan für das Areal gibt es längst. Die CDU will im Oktober 2017 per Antrag wissen, ob bereits die Überlegung einer kompletten Überplanung des Areals bei einem Ausfall des FCK als Mieter angestellt worden sei.

Die Reaktionen auf den CDU-Antrag sind so emotional, wie man es angesichts der jahrelangen Debatten hätte erwarten können. Die führende Koalition im Stadtrat aus SPD, Grünen, FWG und FBU lehnt den Antrag ab. Der FCK brauche jetzt einen Schulterschluss und kein „Totenglöckchen", sagt Oberbürgermeister Weichel. Die Lokalredaktion der „Rheinpfalz" kommentiert, die CDU habe sich „für ihren Antrag den denkbar schlechtesten Zeitpunkt" ausgesucht. „Es spricht für wenig Instinkt, gerade jetzt, da der FCK in akuter Abstiegsnot ist, ein solches Fass aufzumachen." Wann denn sonst?

Je tiefer der FCK in den Abstiegsstrudel sinkt, umso mehr überschlagen sich die Parteien in Solidaritätsbekundungen. Die CDU sieht sich veranlasst klarzustellen, dass sie mit ihrem Antrag „ein nachhaltiges Konzept eingefordert" habe, „mit dem der Spielbetrieb des FCK auf dem Betze langfristig sichergestellt werden kann – und zwar unabhängig von der Ligazugehörigkeit". Die Klarstellung steht unter dem Tenor: „Die CDU-Stadtratsfraktion will nicht, dass auf dem Betze die Lichter ausgehen!"

Ähnlich sieht sich die SPD bemüßigt zu betonen, dass sie „an der Seite des 1. FCK" stehe. Bekannte Schuldzuweisungen bleiben dabei nicht aus: „Seit Jahren bemühen sich die Stadt und der Stadtrat darum, die durch den CDU-Oberbürgermeister Deubig verursachte Finanzsituation der Stadiongesellschaft immer wieder bei der Haushaltsaufstellung zu schultern." Die Fragen der CDU seien zwar nicht neu. „Jetzt aber, in der wohl schwierigsten Zeit unseres Traditionsvereins, eine öffentliche Diskussion loszutreten gehört sich nicht! Lassen wir den FCK seine Hausaufgaben machen. Wir machen unsere im Hinblick auf die Stadiongesellschaft seit Jahren." Das behauptet die SPD.

Die ungewisse Zukunft des FCK und damit des Fritz-Walter-Stadions treibt darüber hinaus weitere abstruse Blüten. Bundesweit kursiert die effekthascherische Schlagzeile, es gäbe tatsächlich konkrete Pläne, das Fritz-Walter-Stadion abzureißen. Sogar der DFB schaltet sich daraufhin in die Verwirrungen ein. Ein Bericht des Verbands zum Länderspiel in der WM-Qualifikation, das die Nationalmannschaft gegen Aserbaidschan zu dieser Zeit im Fritz-Walter-Stadion bestreitet, nimmt Bezug auf die „Tristesse, die den Alltag des Fußballs in dieser traditionsreichen Hochburg schon seit einiger Zeit überlagert", und die „Spekulationen, wonach das Fritz-Walter-Stadion im Falle des FCK-Abstiegs in die dritte Liga, weil nicht mehr finanzierbar, möglicherweise abgerissen werden soll".

Der Bericht skizziert die angeblich im Stadtrat diskutierte Möglichkeit, „bei einem Abstieg des FCK das Stadion abzureißen und durch ein ebenso attraktives wie lukratives Wohngebiet zu ersetzen". Dabei wartet der Artikel mit großen Namen des deutschen Fußballs auf, darunter Briegel, Horst Eckel, Jürgen Kohler, Guido Buchwald, Uli Stein oder Manfred Binz. „Der Betze muss bleiben!", lautet deren Credo. „Dieses Stadion ist ein Denkmal. Und Denkmäler reißt man nicht ab!", wird Briegel zitiert. Und Ex-Profi Fritz Fuchs droht für den Fall eines Abrisses martialische Konsequenzen an: „Fritz Walter würde sich im Grab rumdrehen, und die heißblütigen Pfälzer Fans würden im Anschluss das Rathaus niederreißen."

Doch ein Abriss des Stadions steht überhaupt nicht zur Debatte. Aber nicht etwa, weil der Oberbürgermeister das überhaupt nicht in Erwägung gezogen hätte, sondern weil der Abriss für die Kommune zumindest zum jetzigen Zeitpunkt nach seiner Kalkulation wohl eine der teuersten Optionen wäre. Längst stellt Weichel Berechnungen an und bereitet im Hintergrund das Worst-Case-Szenario, den Ausfall des Mieters FCK, in Gesprächen mit der Kommunalaufsicht vor.

Der FCK hat zum Jahresende 2017 schon Anträge für eine erneute Pachtminderung gestellt – beim Klassenerhalt sollen nur 2,4 Millionen Euro gezahlt werden, beim Abstieg gar nur 425.000 Euro. Das einst von Grünewalt als zukunftsfähig gelobte Pachtmodell ist nämlich schon wieder Makulatur. Der Pachtzinspool, der eine Mietreduzierung abfedern sollte, ist leer gelaufen. Daher pendelt die Stadionmiete wieder auf ein Niveau der ursprünglich vereinbarten 3,2 Millionen Euro – sofern sich die Stadt nicht auf eine neuerliche Senkung einlässt. In diesem Fall kommt auf die städtische Stadiongesellschaft also eine jährliche Lücke in Höhe von rund 800.000 Euro oder für die dritte Liga 2,8 Millionen Euro zu. Wie soll diese geschlossen werden?

Eine komplette Überplanung und anschließende Vermarktung des Geländes samt Abriss des Fritz-Walter-Stadions ist bei den Überlegungen des Oberbürgermeisters keineswegs zielführend. Insgesamt handele es sich um ein Areal mit einer Fläche in der Größenordnung von 50.000 Quadratmetern. Etwa die Hälfte davon gehöre der Stadiongesellschaft, die andere Hälfte der Stadt. Nehme man grob geschätzt für die 50.000 Quadratmeter Bauland einen Quadratmeterpreis von 300 Euro an und kalkuliere mit drei Millionen Euro Abrisskosten für das Stadion, erziele man ein Ergebnis von zwölf Millionen Euro. Die Summe sei nicht einmal dazu geeignet, die Kreditlasten der Stadiongesellschaft in Höhe von rund 65 Millionen Euro abzufangen, rechnet Weichel.

Hinzu komme, dass bei einem Stadionabriss und Neugestaltung des Betzenbergs, also einer Umwidmung des Geländes, Fördersummen in zweistelliger Millionenhöhe möglicherweise zurückgeführt werden müssten. Schließlich seien öffentliche Mittel zum Zweck des Baus einer Sportstätte zum Einsatz gekommen. Errichte man hier nun beispielsweise ein Wohngebiet, „besteht das Risiko, dass die Zuschüsse entsprechend ihres Rückzahlwerts an die Stadt beziehungsweise von dort an das Land Rheinland-Pfalz zurückgezahlt werden müssen", schreibt Weichel in einer internen Information an die Fraktionen im Stadtrat und unterstreicht: „Es gibt zurzeit keine konkreten Aktivitäten, die Grundstücke der Stadiongesellschaft rund um das Stadion zu vermarkten."

Doch welche Handlungsspielräume hat die Stadt? Die Namensschuldverschreibung über 65 Millionen Euro, also die Kredite für das Stadion, endet im Mai 2036. So erweise sich auch eine vorzeitige Ablösung der Kredite – ob im Zusammenhang mit einer Insolvenz der Stadiongesellschaft oder im Sinne einer Umschuldung – als kaum sinnvoll, meint Weichel. Denn aufgrund der noch langen Laufzeit der Kreditverträge, für die die Stadt bürgt, betrage die Vorfälligkeitsentschädigung einen zweistelligen Millionenbetrag. Alles in allem überschreite die Zahlungsverpflichtung dann eine Summe von 100 Millionen Euro. Auch dies könne keine Lösungsoption sein.

Wie kann die Stadiongesellschaft aber am Leben gehalten werden? Reserven hat die Gesellschaft in einer Tilgungsrücklage in Höhe von rund 18 Millionen Euro. Laut Verfügung der Kommunalaufsicht darf diese jedoch nicht anderweitig aufgezehrt werden, sondern muss in der Zukunft zum Zweck der Tilgung bereitstehen. Ein Rückgriff auf diese Gelder zur Kompensation weiterer Mietausfälle ist daher nicht gestattet.

Allerdings könnte die Stadt den Mietausfall schlicht bezahlen. Das würde bedeuten, dass die Kommune die Finanzlücke ihrer Stadiongesellschaft jährlich mit Steuermitteln ausgleicht und je nach Bedarf etwa 800.000 Euro im Falle des Klassenerhalts oder 2,8 Millionen Euro beim Abstieg zuschießt. Jedoch spiegelten sich diese Zahlungen im sogenannten freiwilligen Bereich des städtischen Haushalts und stünden damit in Konkurrenz zu Mitteln für Kultur, Bildung, Breitensport- oder Freizeiteinrichtungen. Die hochverschuldete Stadt Kaiserslautern ringt ohnehin Jahr für Jahr um deren Erhalt. Es deutet sich eine politisch hochbrisante Diskussion an.

Die beste Lösung sieht Weichel im Verkauf des Fritz-Walter-Stadions. „Ich habe schon einige Kaufwillige hier gehabt", sagt der Oberbürgermeister. Die Verhandlungen seien aber schnell zum Erliegen gekommen, wenn es um die Risikobewertung gegangen sei und die potenziellen Investoren aufgrund der nicht kalkulierbaren sportlichen Entwicklung des FCK eine Art Mietausfallgarantie von der Stadt gefordert hätten. Auch ein solches Modell hätte aus Sicht der Stadt das Problem keineswegs gelöst. Das große Ziel sei, einen Investor zu finden, der sich für das große Paket interessiert: das Stadion, die umliegenden Gelände und eine Teilhabe am FCK.

Weichels vergebliches Drängen

Angesichts des sportlichen Niedergangs beim FCK zeichnet sich in jedem Fall ein erneutes Ringen um die Höhe der Stadionpacht ab. Dabei sieht sich Weichel hohen Erwartungen ausgesetzt, die der Oberbürgermeister zu dämpfen versucht, indem er darauf hinweist, dass die Stadt schon seit der Jahrtausendwende dem Verein zur Seite stehe. „Das hat zum Kauf des Stadions geführt, auch zu frischem Geld von der Stadt in den FCK hinein." Dann die Pachtzinsreduzierungen der Jahre 2007 bis 2011 – „das ist bei einer Stadt in der Größenordnung von Kaiserslautern und der Haushaltssituation eine unglaubliche Leistung, und das sollte man sehen."

Gerade aus diesem Grund erneuert er sein Drängen auf Aufklärung der Ära Kuntz und Grünewalt. Weichel fordert die FCK-Führung schriftlich dazu auf, seine Fragen zu beantworten: „Wenn man wie ich das politische Feld bereiten muss, wenn es zu einer weiteren Unterstützung kommen soll, dann ist es mehr als legitim, dass man bestimmte Dinge hinterfragt." Gemeinsam mit Karl-Heinz Dielmann, dem Vorstandsvorsitzenden der Stadtsparkasse Kaiserslautern und zugleich Schatzmeister der Fritz-Walter-Stiftung des DFB, hat der Oberbürgermeister entsprechende Themen zusammengefasst und die FCK-Führung um Beantwortung gebeten – allerdings vergeblich. Die Stadtsparkasse ist außerdem eine Hausbank des FCK.

Das Schreiben wirft einige Aspekte auf, die den FCK „finanziell belasten rund um die Betze-Anleihe, rund um einige Geschäftsvorfälle, die auch in der Jahresversammlung eine Rolle gespielt haben", erklärt Dielmann. „Und nicht zuletzt, was ich seit vielen Jahren sehe, rund um den einen oder anderen Transfer in Millionenhöhe." Der Oberbürgermeister und der Sparkassenchef verlangen unter anderem am Beispiel der bekannt gewordenen kuriosen Feng-Shui-Beratung eine Untersuchung externer Beratungen ab einem Pauschalbetrag von 10.000 Euro. Aufklärungsbedarf sehen beide gleichsam beim Bauprojekt Fröhnerhof und der Verwendung der Betze-Anleihe. Wohin sind alle die Gelder geflossen, und wie soll die Anleihe 2019 zurückgezahlt werden?

In dem Brief, der im FCK-Aufsichtsrat die Runde macht und der mir zugespielt wird, sprechen Weichel und Dielmann einige Aspekte an, die bereits seit Jahren die Diskussionen im Umfeld des FCK prägen. Im Zusammenhang mit der Betze-Anleihe und dem aufgelösten Verkäuferdarlehen gehört dazu der Verdacht, dass die Liquiditätszuflüsse benutzt worden sein könnten, „um für die Lizenzerteilung die Liquiditätslage zu ‚schönen'". Ebenso stelle sich die Frage, wie sich der damalige Vorstand habe in der Lage sehen können, noch in der Jahreshauptversammlung 2015 große Pläne für die Gestaltung des Fröhnerhofs aufzuzeigen und dafür Planungskosten aufzuwenden, wenn sich doch damals schon habe vermuten lassen, dass die Planungen aus finanziellen Gründen nicht realisierbar seien.

Für den sportlichen und wirtschaftlichen Niedergang des FCK sehen Weichel und Dielmann das Duo Kuntz und Grünewalt in der Verantwortung. Sie verweisen exemplarisch unter anderem auf die wohl prekäre Finanzlage im Frühjahr 2016, das ins Minus sinkende Eigenkapital sowie das aufgenommene „Notdarlehen" von drei Millionen Euro. Zudem hinterfragen sie die Gestaltung der Wirtschaftszahlen zum 31. Dezember 2015 sowie die weiterer Bilanzen, Buchungsvorgänge, Sponsorenverträge oder sonstiger Zahlungsvereinbarungen wie Signing Fees. Aus ihrer Sicht befinde sich der Verein in einer „äußerst schwierigen" Finanzsituation, „die vom früheren Vorstand verursacht und vom seinerzeitigen und auch weitgehend so heute noch existenten Aufsichtsrat nicht beanstandet wurde". Es geht auch um die Verantwortung der Kontrolleure. So sei etwa aus dem Gremium der Rechnungsprüfer zu hören gewesen, der Alt-Vorstand habe diesem bisweilen die Auskunft verweigert.

Weichel und Dielmann erkennen durchaus die Anstrengungen des aktuellen Vorstands hinsichtlich der Sicherung der Klubfinanzen an. Doch ihnen sei „unverständlich, dass keine Aufklärung dieser Sachverhalte erfolgt". Zwar habe die letzte Mitgliederversammlung knapp gegen die Einberufung eines Untersuchungsausschusses votiert, doch dessen ungeachtet sehen der Oberbürgermeister und der Sparkassenchef angesichts der Nichtentlastungen von Kuntz, Grünewalt und Rombach die Vereinsführung in der Pflicht, aufklärungsbedürftige Geschäftsvorfälle vorurteilsfrei und sachlich zu untersuchen sowie mögliche Regressansprüche zu prüfen.

Dabei kommen auch die zahlreichen Transfergeschäfte zur Sprache, von denen sich „eine beträchtliche Anzahl leider als sportlich nicht sinnvoll" herausgestellt habe. Darunter werden die Spieler Itay Shechter, Gil Vermouth, Ariel Borysiuk, Jakub Swierczok oder Olivier Occéan genannt. Zahlungen für Ablösen, Leihen, Gehälter oder Spielerberater summierten sich auf Millionen, rechnen Weichel und Dielmann vor. „Wir fragen uns, ob und mit welcher Intensität der Aufsichtsrat sich mit diesen Transfers befasste, ob er im Rahmen seiner Kontrollaufgaben eigene Berechnungen zur Prüfung deren wirtschaftlicher Ergebnisse anstellte oder durch Auskunftsverlangen an den Wirtschaftsprüfer erstellen ließ und welche Konsequenzen die Mitglieder des Aufsichtsrats daraus zogen. Oder erscheint es dem Aufsichtsrat wesentlicher, Klage über die Höhe der Stadionmiete zu führen?"

Eine zufriedenstellende Antwort erhalten das Stadtoberhaupt und der Bankvorstand allerdings nicht. Im Rathaus geht nur ein knappes Schreiben ein. „Die Antwort war nichtssagend, und man hätte sie sich sparen können. Ich habe mich sehr darüber geärgert", sagt Weichel öffentlich im SWR-Interview. Das Verhältnis zwischen der Stadtspitze und den Klubbossen erscheint hochbelastet. Aber trotz der offensichtlichen Kontroverse wiegelt die Vereinsführung ab. „Wir stehen mit dem Oberbürgermeister und der Stadiongesellschaft im regelmäßigen Austausch. Dabei pflegen wir eine professionelle Zusammenarbeit und einen vertrauensvollen Umgang", teilt mir Gries schriftlich mit, obwohl die Unstimmigkeiten längst bestehen.

Und Aufsichtsratschef Riesenkampff, der in der Vergangenheit stets schriftlich wissen ließ, dass alle kritischen Fragen der Mitglieder bei den Jahresversammlungen abgehandelt worden seien, behauptet plötzlich, dass der Verein „sich seit fast zwei Jahren durch eine renommierte Frankfurter Kanzlei" beraten lasse. Darüber hinaus will er sich nicht weiter äußern, erst bei der jährlichen Klubversammlung werde man den Mitgliedern berichten.

„Kein Feigenblatt" oder „Vertuschung"?

Tatsächlich wird bei der Versammlung im Spätjahr 2017 dann die Präsentation von angeblichen Prüfungsergebnissen durch einen beauftragten Rechtsanwalt zu einem denkwürdigen Intermezzo, das viele Mitglieder mit neuen Fragen zurücklässt – vor allem weil Riesenkampff nicht einmal die Abstimmung über einen Antrag zur Offenlegung der Kosten der Prüfung, des genauen Prüfauftrags und von dessen Inhalten zulässt. Man habe „das mit dem Vorstand abgewogen" und sei „zu dem Ergebnis gekommen, dass wir zum Schutz des Vereins die Gutachten nicht öffentlich machen", erklärt Riesenkampff den staunenden Mitgliedern.

Da steht einer auf und ruft: „Die Mitgliederversammlung hat verdammt noch mal das Recht, dieses Gutachten zu sehen." Er fordert ein Mehrheitsvotum darüber. Doch das bügelt Riesenkampff mit einer merkwürdigen Begründung ab: „Da (sic) können wir nicht abstimmen, weil die Rechte des Vereins und der Beteiligten schwerer wiegen."

Der Tenor der Untersuchung: Dort, wo sich Pflichtverletzungen des Alt-Vorstands verbergen könnten, sei dem Verein kein Schaden entstanden – oder zumindest kein Schaden in einer Höhe, die es lohnen würde, juristische Schritte einzuleiten. Und dort, wo man einen Schaden annehmen könnte, sei keine Pflichtverletzung ersichtlich. Man müsse trennen „zwischen einer Pflichtverletzung und unternehmerischen Entscheidungen, Transfers, Verträgen, die vielleicht nicht gut gelaufen sind, die aber in der unternehmerischen Freiheit des Vorstands gelegen haben", betont Riesenkampff.

Im Schnelldurchlauf stellt der beauftragte Rechtsanwalt innerhalb weniger Minuten seine Ergebnisse vor. „Ich will es nicht allzu juristisch machen, weil das langweilt und nicht weiterführt", sagt der Advokat. Der Aufsichtsrat handle, und das sage er „aus voller Überzeugung als neutraler Beobachter", in der Sache äußerst „pragmatisch und verantwortungsbewusst". Denn: Man könne ja „bei solchen juristischen Gutachten relativ viel Geld verblasen, wenn man viele Seiten produziert". Der Jurist gibt die Kostenersparnis als Erklärung dafür an, warum man die Periode Kuntz/Grünewalt nicht allumfassend „aufgewühlt" habe. „Ich hätte gerne mehr am FCK verdient, die Herren haben extrem aufgepasst."

Stattdessen sei man lediglich auf ausgewählte „Sachverhalte, die von Relevanz sein könnten", eingegangen. „Es lief dann so, dass angerufen wurde, das und das ist der Sachverhalt, wir schicken euch eine E-Mail dazu, was ist eurer Einschätzung nach denn hier an den Dingen dran – bitte nicht sofort ein 50-seitiges Memorandum schreiben, das sowieso keiner liest, sondern prüfen, auf der Tonspur mit uns drüber diskutieren, und so arbeiten wir das auf." Der Großteil der Untersuchung sei auf Zuruf erledigt worden. Lediglich „bei den Dingen, wo man genauer hinschauen musste", habe man „kurze Gutachten geschrieben".

Vorwiegend geht es dabei um die Verwendung der Betze-Anleihe und mögliche Ansprüche gegenüber den Alt-Vorständen. Insbesondere berichtet der Anwalt von der Klage eines Anlegers, der im Zuge der Emission Gelder in einem sogenannten Private Placement, der NLZ-Anleihe, angelegt hatte. Parallel zu der Betze-Anleihe in Höhe von sechs Millionen Euro wurden in dieser Tranche noch einmal 700.000 Euro eingesammelt. In dem Rechtsstreit geht es um 100.000 Euro, die der Kläger vor Ablauf der Bindung zurückerhalten wollte, da er die zweckkonforme Verwendung der Mittel nicht gewährleistet sieht.

Der Rechtsstreit vor dem Landgericht Kaiserslautern endete ohne Urteil in einem Vergleich. Gegenüber der Alt-Führung habe sich der Verein aber alle Optionen offengehalten, betont der Jurist. Dies geschah durch eine sogenannte Streitverkündungsvereinbarung beziehungsweise eine Streitverkündung, mit denen Kuntz und Grünewalt in den Prozess eingebunden waren. Jedoch verschweigt er den Mitgliedern, wie der Vergleich letztendlich aussah: Wie aus einem internen Memorandum hervorgeht, dass mir später zugespielt wird, zahlte der FCK die 100.000 Euro in zwei gleichen Teilen zum 31. Juli und 20. September 2017 an den Kläger zurück, erfüllte also im Grunde dessen Forderung und vermied damit den Urteilsspruch. Das deutet nicht darauf hin, dass der Verein von seiner eigenen Rechtsposition, unter anderem was die Mittelverwendung angeht, allzu fest überzeugt ist.

Das interne Memorandum dreht sich vor allem um die Frage, ob es bezüglich der Betze-Anleihe und der NLZ-Anleihe eine verbindliche Zweckabrede für den Fröhnerhof-Ausbau gegeben habe. Es kommt zu dem Schluss, dass „gute Gründe gegen eine Zweckbindung der Betze-Anleihe" sprächen. Insbesondere weil sich im zugehörigen Wertpapierprospekt diesbezüglich wenn überhaupt nur vage Absichtsbekundungen fänden. „Wer eine bestimmte Verwendung nur beabsichtigt, sagt diese nicht rechtsverbindlich zu", heißt es in dem Memorandum.

Nach dieser Lesart gab es im juristischen Sinne also niemals eine Zweckbindung der Betze-Anleihe zum Ausbau des Nachwuchsleistungszentrums (NLZ). Die eindeutigen Aussagen von den ehemaligen Klubbossen bei öffentlichen Veranstaltungen gegenüber potenziellen Anlegern stehen dem allerdings gegenüber. Ebenso verbreiteten ja offizielle Vereinskanäle, das Geld werde „nur zweckgebunden" für den Fröhnerhof verwendet, darauf könnten sich die Anleger „zu hundert Prozent" verlassen. Dazu habe man sich verpflichtet, behauptete Kuntz damals. Ohnehin wäre ein Bau, den man eventuell hätte beleihen können, ja mitunter ausschlaggebend gewesen für die dargestellten Rückzahlungspläne. Auch schwelen doch schon seit Jahren Fragen wie diese, was mit dem Verkäuferdarlehen geschehen sei oder wie sich die Liquidität des Vereins ohne Aufnahme der Anleihe entwickelt hätte. Wieso solche Umstände in der juristischen Auseinandersetzung nicht einmal abgewogen und strukturiert erörtert werden, erstaunt mich.

Lediglich bei der NLZ-Anleihe hakt das Memorandum ein. Denn bei der NLZ-Anleihe werde in der Vorbemerkung des Kaufvertrags nicht das Wort „beabsichtigt" gebraucht, sondern hier sei die Rede von: „wird den Emissionserlös […] für Investitionen rund um sein Nachwuchsleistungszentrum […] verwenden". Diese Formulierung sei „konkreter und indiziert einen bestimmten Anlagezweck". Dennoch meinen die prüfenden Anwälte in ihrem Memorandum, dass unter Abwägung des Gesamtkontextes dennoch ebenfalls „plausible Argumente gegen eine Zweckbindung sprechen" könnten – auch wenn das Gericht in der mündlichen Verhandlung diesbezüglich eine andere Auffassung habe durchblicken lassen.

In dem Memorandum heißt es zu möglichen Ansprüchen gegen ehemalige Vorstandsmitglieder weiter: „Mögliche Ansprüche gegen Herren Kuntz und Grünewalt kommen nur in Betracht, wenn man von einer bindenden Abrede über die Verwendung des Emissionserlöses für das NLZ ausgeht. Dann wäre für den Fall der teilweisen Verwendung der Mittel für die Lizenzspielermannschaft eine Pflichtverletzung denkbar." Doch gerade diese Bindung eines Verwendungszwecks legt das Memorandum ja nun einmal nicht nahe. Unter anderem, weil außerdem in Bezug auf die Klage vor dem Landgericht Kaiserslautern kein abschließendes Urteil existiere, könnten sich Kuntz und Grünewalt weiterhin auf den „Standpunkt stellen, sie hätten nicht pflichtwidrig gehandelt". Im Übrigen sei „dem Verein durch eine möglicherweise zweckwidrige Verwendung der Emissionserlöse bislang kein ersatzfähiger Schaden entstanden". Dies könne sich jedoch ändern, „sollten weitere Anleihegläubiger klagen".

Solche Details können von den Mitgliedern jedoch nicht diskutiert werden, da die Schriftstücke verborgen bleiben. Stattdessen ergänzt Riesenkampff lapidar, man habe weitere „Vorwürfe zu hören bekommen" und diese in die Untersuchung einbezogen. Den Anwurf, dass „Transfers nicht immer mit rechten Dingen" zugegangen seien, widerlegt er damit, dass die neuen Vorstände noch einmal in alte Verträge geschaut hätten. Die schriftlichen Abreden seien nicht zu beanstanden. Die Verlässlichkeit dieses Vorgehens ist allerdings höchst zweifelhaft. Denn noch im Vorjahr räumte Klatt in vergleichbarem Zusammenhang, als es ebenfalls um Vertragsfragen ging, ein: „Wir haben hier bei der Übernahme im Verein an der einen oder anderen Stelle feststellen müssen, dass nicht alle Themen vertraglich geregelt sind, sondern irgendwelche Nebenabsprachen bestehen, ob das jetzt E-Mails sind oder Memos."

Ähnlich fragwürdig bezieht sich Riesenkampff auf ein Gespräch mit den Rechnungsprüfern, in dem sich beide Gremien offenbar gegenseitig korrektes Verhalten bescheinigen. Die Rechnungsprüfer hätten auf Rücksprache bestätigt, dass sie jederzeit ungehindert ihre Kontrollaufgaben hätten erfüllen können. Was sollen sie auch sonst sagen, ohne sich selbst und gegebenenfalls mit ihnen den Aufsichtsrat in ein schlechtes Licht zu rücken? Riesenkampff: „Das alte Thema Feng-Shui ist noch dreimal aufgewärmt worden, das haben wir dann gelassen."

Immer wieder kommt es zu Ungereimtheiten in den Vorträgen Riesenkampffs und des Anwalts. Etwa berichtet der Jurist über die angeblichen Betrügereien beim Ticketverkauf, die Ex-Finanzvorstand Grünewalt bereits im Laufe der Jahresversammlung 2015 während seiner Selbstdarstellung als „Aufklärer" thematisiert hatte. Der Anwalt beziffert den Schaden nun mit einer Summe in Höhe von 50.000 Euro, die mit insgesamt 20.000 Euro von dem geständigen Mitarbeiter zurückgezahlt werde. Nur: Grünewalt sprach zuvor von 350.000 Euro, um die es gehe. Wie kommt es zu dieser Differenz? Und was wurde jeweils untersucht? Was ist mit den restlichen 300.000 Euro, auf die Grünewalt sich bezog? Oder stehen hier unterschiedliche Sachverhalte und verschiedene Summen in Rede?

Die Frage, warum der Alt-Vorstand Planungen und damit verbunden Kosten für den Fröhnerhof-Ausbau produziert habe, wo doch klar gewesen sei, dass ohnehin kein Geld zum Ausbau des Nachwuchszentrums bereitliege, beantwortet der Rechtsanwalt damit, dass es „durchaus im unternehmerischen Ermessen" gelegen habe, eine „Planung anzustellen, die ein solches Szenario einbezieht". Damit meint er den Aufstieg in die erste Liga, vor dem der Verein in der Vergangenheit gestanden habe und der zu einer verbesserten Einnahmesituation geführt hätte. Doch auch diese Erklärung ist nicht dazu geeignet, den Sachverhalt vollends aufzuklären. Denn das Geld der Fananleihe kam ja nach eigenem Bekunden der Alt-Vorstände bereits im operativen Geschäft zum Einsatz. Damit dürfte also selbst bei einem Aufstieg in die erste Liga der unmittelbare Ausbau des Fröhnerhofs nur schwerlich möglich gewesen sein. Zumindest hätten die Investitionen wohl erst mit einem nicht unerheblichen zeitlichen Verzug getätigt werden können. Eine klare diesbezügliche Ausführung lässt der Rechtsanwalt vermissen.

Entsprechend sorgen die Darstellungen für Missmut. Ex-Aufsichtsratschef Buchholz, der die Klubführung seit Jahren zur Aufklärung drängt, ist empört und zeigt sich „enttäuscht und überrascht von dieser sogenannten anwaltlichen Bekanntgabe". Er spricht gar von einer „Vertuschung von Tatsachen". Jahrelang seien die Mitglieder über den wahren Zustand der Finanzsituation getäuscht worden, es sei mindestens ein immaterieller Schaden und großer Vertrauensverlust entstanden. Diese Kritik wehrt der beauftragte Advokat als „Irreführung" ab und mahnt – entgegen der Lücken im eigenen Vortrag – zur Differenzierung. Nicht alles, was emotional oder moralisch verwerflich sein könne, sei juristisch relevant. Die Prüfung seiner Kanzlei sei „überhaupt kein Feigenblatt für den Aufsichtsrat, sondern ernsthafte seriöse Arbeit".

Doch Buchholz ist nicht zu bremsen: „Die Aufsichtsräte haben dabeigesessen, als die Vorstände die Mitglieder belogen haben, und haben das abgenickt." Vertrauen sei zerstört worden. Die Mitgliederversammlung, das höchste Vereinsorgan, sei „seit 2009 über wirtschaftliche Dinge belogen worden". Er hält „diesem Anwalt" vor, dem zusätzlich Vorschub zu leisten. „Herr Rechtsanwalt, wollen Sie wirklich sagen, dass alles in Ordnung war?" Buchholz spricht zudem die Vermutung aus, dass man bei der Untersuchung „die Dinge, die gefährlich sind", schlicht ausgeklammert habe.

Bei der Versammlung wird außerdem bekannt, dass der FCK seit der Spielzeit 2014/15 Transfererlöse von 26,6 Millionen Euro verzeichnet, davon aber nur 6,3 Millionen Euro in den Kader reinvestiert hat – und das bei einer schwindelerregenden Kaderfluktuation von 127 Transferbewegungen und einer durchschnittlichen Vereinszugehörigkeit der Spieler von nur etwas mehr als einem halben Jahr. Ein Mitglied fragt: „Wo sind die 20 Millionen hin?" Dazu kämen Gelder wie die der Betze-Anleihe, des Verkäuferdarlehens oder des neuen Drei-Millionen-Euro-Darlehens, sodass es am Ende um außerordentliche Mittel im zweistelligen Millionenbereich gehe, „die einfach verschwunden sind". Dafür gibt es weiterhin keine Erklärung. Die Rede von einem „strukturellen Defizit" ist nicht dazu geeignet, den Verbleib solch hoher Summen nachvollziehbar zu machen.

Letztlich bleiben Zweifel an der denkwürdigen Präsentation der Prüfungsergebnisse. „Aus meiner Sicht ist nichts geklärt, wenn der Aufsichtsrat, der in die ganzen Sachen involviert war, einen Auftrag an eine externe Kanzlei gibt und selbst sagt, er habe ausgewählt, was da geprüft wurde", sagt ein Mitglied. „Was soll denn dabei herauskommen?" Wieder wird der Einsatz eines Untersuchungsausschusses beantragt. Doch erneut verpasst der Antrag knapp eine Mehrheit – mit 49,8 Prozent der Stimmen. Das Votum deutet darauf hin, dass die Mitgliedschaft nach wie vor gespalten ist. Die Aufsichtsräte werden ebenfalls nur knapp mit 52,6 Prozent entlastet. Auch gegenüber dem Vorstand um Gries, der sich schon Rücktrittsforderungen ausgesetzt sieht, ist großes Misstrauen spürbar. Nur 74,9 Prozent der Mitglieder entlasten das Duo.

„Dieter Buchholz hat recht gehabt"

Für ein bezeichnendes Statement bei der Versammlung sorgt das Aufsichtsratsmitglied Kind. Befragt nach der Finanzsituation im Frühjahr 2016, sagt er: „Es war nicht so, wie es die alte Vorstandschaft dargestellt hatte, die sagte, dass wir finanziell solide aufgestellt gewesen wären. Als Michael Klatt kam, musste innerhalb von wenigen Wochen ein siebenstelliger Betrag aufgetrieben werden, um eine Zahlungsunfähigkeit zu vermeiden. Das ist geschehen durch die Transfers, die bis dahin schon feststanden für den Sommer. Das heißt: Ein Teil des Geldes der Ablösesumme von Jean Zimmer wurde mit einem Abschlag vom VfB Stuttgart vorzeitig überwiesen. Und die Ablösesumme von mehreren hunderttausend Euro für einen 15-jährigen Spieler, Oliver Batista Meier, den wir an Bayern München verkauft hatten, wurde auch vorgezogen. Dadurch konnte letztendlich die Zahlungsunfähigkeit verhindert werden. Aber das Geld hat natürlich im nächsten Geschäftsjahr gefehlt. Das hat unter anderem dazu geführt, dass wir den Kredit aufnehmen mussten. Dieter Buchholz hat im Laufe der Jahre immer auf diese Dinge hingewiesen und hat im Endeffekt recht gehabt."

Aber nicht nur für Buchholz sind zumindest die meisten seiner Fragen, die er seit Jahren an die Aufsichtsräte stellt, noch immer offen. Ebenso drängen der Oberbürgermeister und der Bankvorstand weiterhin auf Klärung. Dies ist aber nicht mehr Riesenkampffs Aufgabe. Er hat sich verabschiedet, bei den Wahlen zum Aufsichtsrat traten er und die meisten Protagonisten nicht mehr an. Gegenüber dem neuen Aufsichtsrat, dessen Vorsitzender Patrick Banf ist, halten Weichel und Dielmann ihre Forderungen aufrecht.

KAPITEL ZEHN

Der Niedergang

„Nachhaltigkeit", „Transparenz" und „Glaubwürdigkeit"

Als Beispiele dienen Marcel Ziemer und Josh Simpson. Spieler, die es nie in die nationale Fußballelite geschafft haben, die in der Pfalz aber Kult sind. Noch heute, zehn Jahre nach dem sensationellen Sieg gegen den 1. FC Köln, der den Klassenerhalt in der zweiten Liga sicherte, tragen viele Fans deren Namen stolz auf dem Fantrikot. Denn Ziemer und Simpson wuchsen 2008 über sich hinaus.

„Wir alle können gemeinsam die zweite Liga schaffen", sagt der neue Vorsitzende des FCK-Aufsichtsrats, Patrick Banf, in seiner Brandrede zur offiziellen FCK-Weihnachtsfeier 2017, bei der die Mannschaft versammelt ist. „Der FCK hat immer wieder Unmögliches möglich gemacht." In der Pfalz könne man zum unsterblichen Helden werden, auch ohne auf internationalem Parkett zu brillieren. Spieler wie Ziemer und Simpson hätten es vorgemacht.

Gemeinsam mit dem neuen Aufsichtsrat ist Banf darum bestrebt, Optimismus zu verbreiten. Es geht weiter um den Klassenerhalt und um nicht weniger als die wirtschaftliche Existenz des Vereins. Banf stellt Weichen. Die hohe Erwartungshaltung der Menschen in Kaiserslautern kann dabei motivieren, aber auch eine Bürde sein. Der neue FCK-Boss ist sich der Verantwortung, die er für das emotionale Wohl der Region trägt, bewusst. Banf lebt in der Stadt, er weiß um die Sorgen der Lauterer.

Der Inhaber einer Werbeagentur kennt außerdem das Fußballgeschäft. Mit seiner Firma kooperiert er unter anderem mit dem VfL Wolfsburg und dem Ligakonkurrenten FC Heidenheim. Eine Interessenskollision zwischen seinem neuen Amt und seiner Sportvermarktungsfirma sieht er indes nicht. „Als Aufsichtsratsmitglied darf man nicht mit dem FCK zusammenarbeiten. Bei meiner Wahl in den Aufsichtsrat war mir das bewusst." Mit seinem Heimatverein, dem 1. FC Kaiserslautern, verband ihn lange Jahre eine Geschäftspartnerschaft. Doch unter dem FCK-

Vorstand Stefan Kuntz kam es zum Bruch. Kuntz und Banf gingen im Streit auseinander, wie man sich in der Stadt erzählt.

Nun ist Banf also Aufsichtsratsvorsitzender des Vereins. Daneben gehören dem Kontrollgremium das langjährige Aufsichtsratsmitglied Jürgen Kind und neuerdings Paul Wüst, der sich seit einigen Monaten in einer Initiative dafür engagiert, neue Unterstützer für den FCK zu gewinnen, an. Ebenso sind das CDU-Stadtratsmitglied Michael Littig und Jochen Grotepaß, der seit Jahren die FCK-Führung mit unbequemen Fragen konfrontiert, in den Aufsichtsrat gewählt. Bei den Rechnungsprüfern gibt es auch eine Neuerung: Hartmut Emrich, pensionierter Banker und früher von Lotto Rheinland-Pfalz in den FCK-Aufsichtsrat entsandt, wurde von der Mitgliederversammlung neben Günter Klingkowski und Fritz Kuby in das Gremium berufen.

Die personellen Veränderungen deuten auf eine neue Weichenstellung hin. „Wo ich hingreife, läuft irgendwas schief. Ich sehe nirgends eine Linie und ein Konzept", wird Banf in einem Interview mit der „Rheinpfalz" zitiert. Wenige Tage später, Anfang Januar 2018, gibt der FCK bekannt, sich vom glücklosen Vorstandsvorsitzenden Thomas Gries getrennt zu haben. „Bei der Herangehensweise, den Vorgaben und Zielen des Aufsichtsrats waren wir verschiedener Auffassung. Wir wollen die schwierigen anstehenden Aufgaben mit neuem Personal angehen", sagt Banf.

Gries verlässt den Verein mit ernüchterten Worten. Einst träumte er von Real Madrid, vom FC Barcelona sowie von Bayern München und beschwor eine „Aufbruchsstimmung". Nun, knapp anderthalb Jahre später, räumt er im Abstiegskampf der zweiten Liga ein: „Die vor uns liegenden Aufgaben bedingen gerade jetzt ein unbelastetes Führungsteam, dem man das volle und nachhaltige Vertrauen schenkt, die richtigen Weichenstellungen für die Zukunft des FCK zu treffen. Dieses Vertrauen habe ich bei dem neu gewählten Aufsichtsrat nicht verspürt und mache daher den Weg frei für eine personelle und strukturelle Erneuerung des Vorstands."

Der bisherige Finanzvorstand Michael Klatt wird Vorstandsvorsitzender. Zwischenzeitlich übernimmt Aufsichtsratsmitglied Kind kommissarisch und ehrenamtlich den Posten des zweiten Vorstands – bis man mit dem Fußballmanager Martin Bader einen neuen Sportvorstand präsentiert. Bader bringt ausgewiesene Fußballkompetenz und Branchenkenntnis in den Vorstand – das fehlte bislang merklich auf dieser Ebene. Das Thema Marketing, das Gries besetzte, übernimmt nun Klaus Drach als „Direktor Marketing und Vertrieb".

Manager Bader unterschreibt seinen Vertrag auch für die dritte Liga. Dieses Bekenntnis zum Verein sei ein Zeichen für die neue Strategie, die man nun verfolge, erklärt Banf. Verträge mit Spielern, Vorständen und Trainern schließe man sicherheitshalber nicht nur für die zweite Liga. Sie sollten ebenfalls im Abstiegsfall Gültigkeit haben. Es gehe um „Nachhaltigkeit", die im Dreiklang stehe mit „Transparenz" und „Glaubwürdigkeit".

Zeitgleich mit Bader kommen neue Spieler auf den Betzenberg. Der Abwehrrecke Jan-Ingwer Callsen-Bracker wird vom Erstligisten FC Augsburg ausgeliehen. Der Norweger Ruben Jenssen, der schon 2013 bis 2016 beim FCK spielte, kehrt ebenfalls auf Leihbasis vom FC Groningen zurück. Und der langjährige türkische Nationalspieler Halil Altintop, nach seiner Verpflichtung in den Bundesliga-Jahren 2003 bis 2006 auch ein Rückkehrer auf den Betzenberg, kommt von Slavia Prag in die Pfalz.

Im Fritz-Walter-Stadion schaffte Altintop einst den internationalen Durchbruch. „Der FCK ist für mich eine Herzensangelegenheit", meint der Rückkehrer. Altintop habe „auch wirtschaftlich mitgeholfen, dass dieser Transfer zustande kommt", sagt Sportdirektor Boris Notzon. Laut Notzon soll der Transfer wegweisend sein. Mit dem 35-jährigen „Vollblutfußballer" sei es gelungen, den „Wunschspieler für den Offensivbereich" zu verpflichten.

Trotz der miserablen Tabellensituation und dem sich zuspitzenden Abstiegskampf wecken die Personalien bei einigen Fans neue Hoffnung auf sportliche Stabilität. Überschattet werden sie allerdings, als der FCK am 24. Januar nach der Winterpause am 19. Spieltag bei Darmstadt 98 aufläuft. Zu diesem Zeitpunkt haben die Roten Teufel erst zwölf Punkte auf dem Konto und liegen als Tabellenletzter sechs Zähler weit abgeschlagen hinter Greuther Fürth. In der Halbzeitpause tragen sich dramatische Szenen zu: Weil FCK-Trainer Jeff Strasser unter Herzrhythmusstörungen leidet, muss die Partie abgebrochen werden.

Die Sorgen um die Gesundheit des Coachs überlagern die Turbulenzen im Abstiegskampf. Strasser fällt bis Saisonende aus. Nachdem Hans Werner Moser, Coach der zweiten Mannschaft, beim nächsten Spiel interimsmäßig auf der Trainerbank sitzt, übernimmt Michael Frontzeck die Mannschaft.

„FCK-Steuer" gegen den „großen Crash"?

Während die Roten Teufel dem Abstieg entgegentaumeln, schlägt sich die sportliche Situation erneut auf die Lokalpolitik nieder. Mit Schreiben vom 20. November 2017 hat der FCK bei der städtischen Stadiongesellschaft eine Mietsenkung beantragt. Seitdem schwelt das Thema in den Parteizimmern der Stadtratsfraktionen. Statt der 3,2 Millionen

Euro, die – so hatte es der Verein unter Finanzvorstand Fritz Grünewalt zuletzt ja im Zusammenhang mit dem Pachtzinspool-Modell selbst ausgehandelt – nun zumindest als Verhandlungsgrundlage wieder gelten würden, soll die Miete drastisch reduziert werden. Und zwar auf 2,4 Millionen Euro in der zweiten Liga und auf 425.000 Euro in der dritten Liga.

Für die Stadt bedeutet dies, will sie ihre Tochtergesellschaft, die Stadion-GmbH, aufgrund womöglich ausblei-

Kam 2018 als dritter Trainer der Saison: Michael Frontzeck.

bender Pachtzahlungen nicht pleitegehen lassen, dass sie die Finanzlücke ausgleichen und das Geld irgendwie anderweitig aufbringen muss. Um dies zu finanzieren, bringt Oberbürgermeister Klaus Weichel eine kuriose Idee ins Spiel, die als „FCK-Steuer" die Runde macht. Tatsächlich geht es um eine Steuererhöhung, um die Stadiongesellschaft und damit den Profifußball zu stützen.

Nach Abstimmung mit dem Präsidenten der Kommunalaufsicht (ADD), Thomas Linnertz, lobt sich Weichel für den Verhandlungserfolg: Er habe erreichen können, dass die Stadt das Geld an die Stadiongesellschaft zum Ausgleich der Pachtreduzierung geben dürfe, und zwar ohne dass darunter andere städtischen Leistungen im sogenannten freiwilligen Bereich wie etwa Kultur- oder Freizeiteinrichtungen litten. „Anders ausgedrückt: Für die Kapitalzuführung an die Stadiongesellschaft müssten wir Bäder oder städtische Kultureinrichtungen schließen", sagt Weichel. Dies habe er vermeiden können.

Der Haken daran ist allerdings, dass laut Vorgaben der ADD der Hebesatz der Grundsteuer B von 460 auf 525 Prozent angehoben werden muss. Das Vorhaben würde der Stadtkasse jährlich rund drei Millionen Euro bringen. Diese Summe soll der Pachtreduzierung an anderer Stelle entgegenstehen.

Wortreich erläutert Weichel seine Pläne. Er führt sie auf die Bewerbung zur WM 2006 zurück. Mit dem Kauf des Stadions „und weiterer finanzieller Unterstützung der Stadt wurde der FCK damals aus der drohenden Insolvenz gerettet". Seitdem belaste die Stadiongesellschaft und damit die für sie bürgende Stadt ein Kredit. Nur dessen Zinsen, die bis 2036 festgeschrieben seien, kosteten die Stadiongesellschaft jährlich 2,95 Millionen Euro. „Um ihren Verpflichtungen nachkommen zu können, benötigt die

Stadiongesellschaft pro Jahr insgesamt rund 3,2 Millionen Euro. Bekommt sie diese nicht, bricht das 2003 aufgebaute Konstrukt in sich zusammen." Dann müsste der Kredit in Höhe von 65 Millionen Euro zuzüglich Vorfälligkeitsentschädigung zurückgezahlt werden sowie „ebenso die zum Stadionbau benötigten Investitionszuschüsse", meint Weichel. „Insgesamt wäre das eine Belastung von über 100 Millionen Euro, die da auf die Stadiongesellschaft und somit die Stadt zukämen. Dieses Szenario wollen wir unter allen Umständen vermeiden." Die Stadt helfe also in erster Linie nicht dem FCK, sondern „primär unserer eigenen Gesellschaft", erklärt der Oberbürgermeister. „Ziel unserer Bemühungen ist es, ihren Fortbestand zu sichern, um den ‚großen Crash' zu verhindern."

Die irrwitzige Abhängigkeit der Stadt vom sportlichen Erfolg ihres Mieters lässt sich nun nicht mehr von der Hand weisen. „Der bestehende Pachtvertrag wurde in der Erwartung ausgehandelt, der FCK spiele mittelfristig wieder in der Bundesliga. Wir brauchen daher angesichts der neuen sportlichen und damit auch finanziellen Situation dringend einen neuen Vertrag." Das Stadtoberhaupt gibt sich verständnisvoll: „Ich weiß, die Erhöhung der Grundsteuer ist für unsere Bürger eine bittere Pille, insbesondere für alle, die keine Fußballfans sind. Sie ist aufgrund der geschilderten vertraglichen und finanziellen Situation aber derzeit leider alternativlos."

Auch die Tilgungsrücklage in Höhe von rund 18 Millionen Euro, über die die Stadiongesellschaft verfüge, könne nach wie vor nicht zur Überbrückung der drohenden Finanzlücken eingesetzt werden. Die Gelder der Rücklage seien „Bestandteil der Bürgschaftsgenehmigung in Höhe von 65 Millionen Euro und gemäß einer Verfügung der ADD aus dem Jahr 2006 nicht diskutierbar". Sie dürfe laut ADD-Präsident Linnertz „nicht angetastet werden", unterstreicht Weichel. Demgegenüber schaffe die Erhöhung der Grundsteuer genug Mittel, „um die Kapitalzuführungen an die Stadiongesellschaft selbst im Falle eines FCK-Abstiegs stemmen zu können".

Dabei spricht der SPD-Oberbürgermeister mit Blick auf die Grundsteuer von der „fairsten Art der Steuererhöhung, da sie eine breite Basis trifft". Doch diese breite Basis macht mobil gegen seine Pläne. In der Bevölkerung regt sich massiver Protest. Lange Jahre schauten die Bürger der Unterstützung des Profifußballs zulasten der Stadtkasse erstaunlich gelassen zu. Aber jetzt, da es über eine geplante Grundsteuererhöhung unmittelbar ans eigene Portemonnaie zu gehen droht, wird die Brisanz der Lage regelrecht spürbar, und es kommt zu Widerständen.

Ein bekannter Kritiker ergreift das Wort: Der rheinland-pfälzische Steuerzahlerbund fordert gemeinsam mit dem Eigentümerverband

Haus und Grund den Stadtrat dazu auf, Weichels „absurden Plan zu Fall" zu bringen. „Die Bürger über eine kräftige Erhöhung der Grundsteuer B zur Kasse zu bitten, um einen angeschlagenen Fußballverein finanziell zu entlasten, ist eine einzige Unverschämtheit. Wo hat es das schon in Deutschland gegeben?", empört sich Steuerzahlerbund-Geschäftsführer René Quante.

Entgegen der Ausmalung Weichels schlägt Quante als Lösung für den Betzenberg einen radikalen Schnitt vor. „Wenn der FCK infolge einer Insolvenz dauerhaft als Pächter ausfallen würde, müsste die Stadiongesellschaft wohl ebenfalls Insolvenz anmelden. Wobei diese aber nichts anderes als eine Briefkastenfirma der Stadt ist, um die Schulden aus dem FCK-Geschäft auszulagern. Wenn die Stadt ihre Bürgschaft einlösen müsste, würde sie nichts anderes als ihre eigenen Schulden und Zinsverpflichtungen übernehmen", meint Quante. „Bei einem städtischen Schuldenberg von aktuell rund einer Milliarde Euro würde das – traurigerweise – schon gar nicht mehr groß auffallen."

Quante provoziert weiter: Schlimmstenfalls müsse das leere Stadion eben abgerissen und das Gelände vermarktet werden, „was mittel- bis langfristig sogar wirtschaftlicher für die Stadt sein könnte, als einen Drittligisten in einem WM-Stadion auszuhalten". Er plädiert dafür, „kühl die Alternativen abzuwägen, anstatt dem verlorenen Steuergeld ohne Konzept neues Steuergeld hinterherzuwerfen". Denn alle bisherigen vermeintlichen Lösungen hätten sich schließlich als nicht tragfähig erwiesen.

Ralf Schönfeld, Verbandsdirektor von Haus und Grund Rheinland-Pfalz, spart ebenfalls nicht mit Kritik: „Das ist ein Unding! Sollen gerade sozial Schwache, Rentner und Familien mit Kindern höhere Wohnkosten hinnehmen, um die selbstverschuldeten Finanzprobleme der Roten Teufel zu lösen? Für wen will der Stadtrat eigentlich Politik machen?" In der F.A.Z. schiebt der Journalist Michael Ashelm einen Rat hinterher: „Der richtige Weg wäre, kaputte Vereine nicht mehr künstlich mit Steuerzahlergeld zu päppeln und die Schuldigen für Missmanagement in die Verantwortung zu ziehen. Dafür gibt es auch die Insolvenz."

Memoranden, Boni und Transparenz

Die FCK-Verantwortlichen bemühen in dieser Zeit eher ungelenke Argumente, um die erneute Belastung des Steuerzahlers zu legitimieren. Banf etwa behauptet, man habe in den vergangenen 15 Jahren „circa 60 Millionen Euro bezahlt nur für die Miete und Reparaturen" am Stadion. Wie aber ein Pächter von der Erfüllung seiner vertraglich vereinbarten Verpflichtungen eine Mietreduzierung ableiten will, beantwortet dies nicht.

Der Aufsichtsratsvorsitzende besucht die Fraktionen des Stadtrats, um für eine Zustimmung zu dem neuen Pachtvorschlag zu werben. Entwaffnend offen sagt Banf: „Der FCK ganz alleine kann dieses Stadion nicht stemmen." Beim Stadionbau 2003 für die WM seien Fehler gemacht worden – „vom Land, von Stadt, aber auch dem FCK", meint Banf, „und wir müssen jetzt mit der Situation leben". Doch „nur gemeinsam" könne man die Herausforderung meistern. Für den Klub sei die Frage existenziell, insbesondere angesichts des möglichen sportlichen Abstiegs.

Quante hingegen sieht die öffentliche Hand überhaupt nicht in der Verantwortung, für die Fehler der Roten Teufel einzustehen. „Der Blick in die Vergangenheit hilft nicht weiter. An dem drohenden Abstieg in die dritte Liga sind weder die WM 2006, das Land Rheinland-Pfalz, die Stadt Kaiserslautern noch ihre Bürger schuld. Für ihre fußballerischen Leistungen sind die Roten Teufel immer noch selbst verantwortlich. Sie müssen auch das Problem lösen."

In der Stadtbevölkerung wächst derweil das Unverständnis für eine neuerliche Mietsubvention. Bei einer Podiumsdiskussion hält der Geschäftsführer eines örtlichen Kulturzentrums den FCK-Bossen vor: „Sie können Spieler bezahlen, Sie können Vorstände bezahlen, Sie können Trainer bezahlen, Sie können dicke Autos bezahlen, Sie können alles bezahlen – Sie können nur die Miete nicht bezahlen." Er selbst habe eine Verdopplung der Pacht seines Konzerthauses hinnehmen müssen und ringe mit der Stadt um Einsparungen. Demgegenüber solle für den FCK nun eine Steuer erhöht werden? „Das verstehe ich nicht."

FCK-Vorstand Klatt reagiert auf solche Vorhaltungen mit dem Hinweis, der FCK finde unter seiner Führung zu wirtschaftlicher Seriosität und Sparsamkeit zurück. Vor wenigen Monaten habe man die noch in der Bundesligasaison gestundete Stadionmiete in Höhe von 1,2 Millionen Euro an die Stadt zurückgezahlt. „Das bitte ich auch anzuerkennen in der öffentlichen Diskussion", sagt Klatt.

Doch immer wieder schimmern die Belastungen der Vergangenheit durch, die dem FCK offenbar nicht nur sein wirtschaftliches und damit sportliches Fortkommen erschweren, sondern auch die Verhandlungen mit der Stadt zumindest moralisch unterspülen. Denn wieso soll der Steuerzahler für Fehlentscheidungen von hochbezahlten Fußballfunktionären aufkommen? In einer öffentlichen Sitzung hadert etwa ein Stadtratsmitglied damit, dass in der Vergangenheit über Vorstandsgehälter oder Spielertransfers womöglich unkontrolliert „Unsummen in irgendwelche Taschen geflossen" sein könnten.

Und wäre es angesichts dieser Fragestellung nicht am FCK, wenn der Verein schon um öffentliche Unterstützung bittet, endlich reinen Tisch zu machen und mögliches Missmanagement seiner ehemaligen Führung restlos aufzudecken? Sogar das neue FCK-Aufsichtsratsmitglied Littig räumt im Plauderton die Misswirtschaft ehemaliger Funktionäre beim FCK ein. Man habe das Gefühl, dass, als jene Leute den Klub wieder verlassen hätten, es ihnen persönlich bessergegangen sei, dem Verein aber dafür schlechter, meint Littig.

Doch anstatt durch schonungslose Offenheit neues Vertrauen zu gewinnen, wird immer offensichtlicher, wie die FCK-Funktionäre bis zuletzt immense Anstrengungen unternahmen, um die Mitglieder des Vereins zu täuschen. Als der jüngst abgetretene Aufsichtsratschef Nikolai Riesenkampff bei der letzten Klubversammlung ein angebliches „Gutachten" präsentierte, das Hinweise auf Missmanagement entkräften sollte, waren schon Zweifel an dessen Belastbarkeit angebracht. Diese bestätigen sich jetzt, als mir Papiere der beauftragten Anwaltskanzlei zugespielt werden. Denn es handelt sich de facto überhaupt nicht um ein handfestes „Gutachten", sondern lediglich um „juristische Stellungnahmen" beziehungsweise wenige Seiten umfassende „Kurzmemoranden".

Eines davon widmet sich einer fragwürdigen Bonuszahlung an den ehemaligen FCK-Finanzvorstand Fritz Grünewalt im Zusammenhang mit dem Halbjahresabschluss zum 31. Dezember 2015. In dem Memorandum wird dargelegt, dass laut einer Ergänzungsvereinbarung zu Grünewalts Anstellungsvertrag dem Finanzvorstand beim Erlangen der Lizenz durch die DFL eine gesonderte „erfolgsabhängige Vergütung" zugestanden habe. Bei Erteilung der Erst- oder Zweitligalizenz erhielt Grünewalt demnach 50.000 Euro extra – sogar dann, wenn es zur Lizenz „bekannte Auflagen" gegeben hätte. Lediglich, wenn es „schwerwiegende Auflagen außerhalb der bekannten Auflagen" gegeben hätte, hätte sich der Bonus reduzieren, jedoch noch immer auf „mindestens 10.000 und höchstens 40.000 Euro" belaufen können.

Im Zusammenhang mit dem für die Lizenzierung wichtigen Halbjahresabschluss zum 31. Dezember 2015 berichten die prüfenden Anwälte in ihrem Memorandum, dass der neue FCK-Vorstand „bestimmte Buchungen für zu aggressiv" halte. „Nach Ansicht des aktuellen Vorstands hätte eine andere Buchung dazu geführt, dass der Halbjahresabschluss statt des positiven Eigenkapitals in Höhe von 49.000 Euro ein negatives Eigenkapital in Höhe von circa 500.000 Euro ausgewiesen hätte", heißt es in dem Papier. Ohne das zu verifizieren, gingen die Prüfer

„für die Zwecke dieses Kurzmemorandums" davon aus, „dass bestimmte Buchungen bilanziell nicht zulässig waren".

Auf dieser Grundlage untersuchten sie die Bonusregelung. Vor dem Hintergrund der möglichen Falschbilanzierung „wurde die Frage aufgeworfen, ob gegen Fritz Grünewalt ein Anspruch auf (teilweise) Rückzahlung des Bonus in Höhe von 50.000 Euro besteht". Das Memorandum kommt zu dem merkwürdigen Schluss, dass gegenüber dem Ex-Finanzvorstand kein Schadensersatzanspruch bestehe, weil selbst bei einer Falschbilanzierung dem Verein „kein kausaler Schaden" entstanden wäre. Kurz gesagt: Sollte Grünewalt die DFL mit einer unzulässigen Bilanzierung ausgetrickst haben, dann ja zum Wohle des Vereins. Nicht nur diese Einschätzung klingt makaber – auch, dass ein Finanzvorstand bei der Erfüllung grundlegender Aufgaben wie der Lizenzierung überhaupt in der Lage ist, Boni einzustreichen, während der Klub finanziell strauchelt, lässt einen staunen.

Auf Rückfrage will Vorstand Klatt mögliche Bilanztricks zum 31. Dezember 2015 nicht kommentieren. Er erklärt mir, dass die Zahlen schließlich von der Wirtschaftsprüfungsgesellschaft Ernst & Young geprüft seien. Ähnlich sieht die DFL keinen Anlass, sich mit dem Thema genauer zu beschäftigen, und teilt mir telefonisch mit, dass man sich grundsätzlich nicht detaillierter zum Lizenzierungsverfahren und erst recht nicht den Vorgängen in einzelnen Klubs äußere. Ohnehin seien zwischenzeitlich weitere Zahlenwerke erarbeitet und vorgelegt worden, ergänzt Klatt. Grundsätzlich sei die Vereinbarung von Boni nicht unüblich.

Klatt beschreibt die Umstände als verstaubtes Relikt einer vergangenen Epoche. „Der Vorgang ist etwas für Wirtschaftshistoriker, ich beschäftige mich mit dem Hier und Jetzt." Aber steht dieser „Blick nach vorne" im Einklang mit der von Banf beschworenen „Transparenz"? Selbst wenn formaljuristisch alles korrekt gelaufen sein sollte, wäre es nicht längst an der Zeit, derartige Ungereimtheiten offenzulegen und zu erklären? Auch Weichel, der in seinem Schreiben an die FCK-Bosse mit der Forderung nach Aufklärung das Zahlenwerk zum 31. Dezember 2015 ebenfalls erwähnt hatte, antwortet auf meine Anfrage: „Es ist nach wie vor so, dass Fragen offen sind."

Ein „alternativloser" Schlingerkurs

Unterdessen zieht sich die bizarre Diskussion um die „FCK-Steuer" über Wochen durch die Lokalpolitik. Was anfangs „alternativlos" erschien, erhält immer neue Wendungen. Erst bringt der Oberbürgermeister eine nur moderate Erhöhung der Grundsteuer als Alternative ins Spiel, die durch Erhöhung anderer kommunaler Steuersätze hätte ergänzt werden sollen. Letztlich kommt Weichel in Abstimmung mit der Kommunalaufsicht jedoch zu dem Ergebnis, die Grundsteuererhöhung komplett fallen zu lassen. Lediglich die Vergnügungssteuer soll nun erhöht werden, was der Stadtkasse rund 400.000 Euro bringt.

Gleichzeitig lässt sich die Kommunalaufsicht davon überzeugen, dass die allgemeinen Konsolidierungsanstrengungen der Stadt – Kaiserslautern zählt mit 100.000 Einwohnern und Schulden von fast einer Milliarde Euro zu den klammsten Städten der Republik – sowie die ohnehin steigenden Einnahmen aus der Gewerbesteuer als Gegenpol zur Pachtsenkung ausreichen. Ebenso trage die Reform des Landesfinanzausgleichs zur Entlastung der Oberzentren mit hohen Sozialausgaben dazu bei, die finanziellen Rahmenbedingungen der Stadt zu verbessern, heißt es in einer Presseerklärung der Stadt.

Für Kritiker bedeutet dies aber keine Entwarnung. „Denn wenn die Pachtminderung trotzdem gewährt werden und zulasten des städtischen Haushalts gehen sollte, kommen die Steuerzahler dafür genauso auf. Sie merken es nur nicht unmittelbar in der eigenen Brieftasche wie bei der FCK-Steuer", prangert Quante an.

Derweil setzt Weichel seinen Schlingerkurs fort. Erst soll über die Kapitalzuführung aus dem städtischen Haushalt an die Stadiongesellschaft am 26. Februar 2018 im Stadtrat entschieden werden. Dann ruft er diesen Tagesordnungspunkt in der Sitzung schlicht nicht auf – mit der Begründung, dass die Sache noch „nicht entscheidungsfähig" sei. Zeitgleich signalisiert allerdings die Stadiongesellschaft dem FCK, dass der Verein mit einer Pachtreduzierung planen könne. Nimmt die Stadiongesellschaft, deren Aufsichtsratsvorsitzender der Oberbürgermeister ist, den Parlamentariern so die Entscheidung vorweg?

Darauf angesprochen, entgegnet Weichel im Stadtrat: „Es wird überhaupt nichts gegenüber dem FCK zugesagt." Der Beschluss des Vermieters, also der Stadiongesellschaft, gegenüber dem Pächter FCK stehe „unter dem Vorbehalt, dass der Stadtrat zustimmt", betont Weichel. „Auf dieser Basis kann aber der FCK operieren und kann zunächst einmal einen Antrag auf Lizenzerteilung stellen und hat dann Zeit bis in den Mai, um das zu substanziieren. Bis dorthin wird der Stadtrat eine Entscheidung zu treffen haben." Doch daraus wird nichts. Denn der Stadtrat muss am 13. März 2018, zwei Tage vor dem Ende der Frist zur Abgabe des Lizenzantrags bei der DFL, erneut zusammenkommen, um über die Kapitalzuführung zu beraten.

Schuldzuweisungen und „Verschwörungstheorien"

Bis zur entscheidenden Sitzung üben sich die Parteien in gewohnten Schuldzuweisungen. „Den Tod des einst geliebten FCK nehmen CDU und FDP billigend in Kauf", wirft die SPD der CDU vor, die sich gegen das von Weichel favorisierte Modell einer Erhöhung der Vergnügungssteuer ausspricht und stattdessen einen Zugriff auf die Tilgungsrücklage favorisiert. „CDU und FDP machen sich aus dem Staub – dabei waren sie die Ursache der Misere", erinnert die SPD an den einstigen CDU-Oberbürgermeister Bernhard Deubig, unter dessen Führung die Entscheidungen für die WM, den Stadionausbau und die Gründung der Stadiongesellschaft fielen.

Die CDU hingehen spielt den Ball zurück und mahnt die Verantwortung der damals von SPD-Ministerpräsident Kurt Beck geführten Landesregierung an. Immerhin sei es ja die Landesregierung gewesen, die mit einer Weisung an die Kommunalaufsicht dafür gesorgt habe, deren Bedenken bezüglich des Stadionmodells zu unterdrücken, argumentieren die Abgeordneten der CDU. Ohnehin habe sich Beck massiv für den WM-Standort Kaiserslautern eingesetzt und sich in die lokalen Gegebenheiten eingemischt. Ein Streit um die Deutung der Vergangenheit entbrennt.

Dabei behauptet ein CDU-Stadtratsmitglied, dass beim Stadionausbau Beck die Akteure in Kaiserslautern sogar zu einer Auftragsvergabe an den damals wirtschaftlich angeschlagenen Baukonzern Holzmann gedrängt haben soll. Das Bauunternehmen erhielt beim Stadionausbau zur WM tatsächlich Aufträge in Millionenhöhe. 2003 kündigte der FCK aber die Zusammenarbeit mit der dann insolventen Firma. Fertigstellungsfristen waren überschritten, und der Bau war unterbrochen. Dies führte zu weiteren Belastungen für den Klub, der schon damals finanziell strauchelte. Dabei stand der Bauriese bereits länger wirtschaftlich am Abgrund: Bundeskanzler Gerhard Schröder, ebenfalls SPD-Mitglied, engagierte sich zur Jahrtausendwende, um Holzmann zu stützen.

Im Stadtrat tun die Abgeordneten der SPD diese Vorhaltungen als „Verschwörungstheorien" ab. Auch Oberbürgermeister Weichel meint, davon wisse er nichts. Dennoch fordert der Stadtrat den Oberbürgermeister in der Sitzung vom 26. Februar 2018 dazu auf, in Verhandlungen mit dem Land zu treten, um Hilfen zu erwirken. So erreichen die Querelen die Sphäre der von SPD-Ministerpräsidentin Malu Dreyer geführten Landesregierung.

Die Dreyer-Regierung blockt allerdings Anfragen zum Thema konsequent ab. Dies tut sie mit dem Hinweis darauf, dass die aktuell gültigen

Verträge vorrangig Verein und Stadt beträfen. Genauso teilt mir die SPD-Landtagsfraktion mit, dass die „Zuständigkeiten eindeutig bei der Stadt Kaiserslautern und dem Verein, nicht bei der Landesregierung" lägen. Das Land Rheinland-Pfalz, einst Treiber des Stadionmodells, belässt die Stadt in ihrer alleinigen Verantwortung.

Das hindert Dreyer aber nicht daran, wenige Tage später, am 17. März 2018, plötzlich beim FCK-Heimspiel gegen St. Pauli samt SPD-Tross um die lokalen Stadtratsmitglieder Andreas Rahm und Oliver Guckenbiehl sowie den SPD-Landtagsfraktionsvorsitzenden Alexander Schweitzer im Fritz-Walter-Stadion aufzutauchen. Wenige Wochen zuvor twitterte Schweitzer noch zu einem Gruppenfoto diverser Landtagsabgeordneter im Zusammenhang mit der Gründung eines FCK-Fanklubs im Mainzer Parlament: „Hier regiert der FCK! Gründung des 1. Parlamentarischen FCK-Fanclubs. Wir stehen zum Betze. Fraktionsübergreifend. Gerade in schweren Zeiten." Dass sich die SPD-Landesspitze auf meine Anfrage demgegenüber klar von den Stadionproblemen distanziert, will zu dieser zur Schau getragenen „Unterstützung" des Vereins jedoch nicht so recht passen.

Eine Zustimmung zur Pachtreduzierung

Es ist eine leise Ironie des Schicksals, dass ausgerechnet am Nachmittag des 13. März 2018, an dessen Abend der Stadtrat über die Mietreduzierung entscheiden will, sich der Fokus wieder auf Dieter Rombach und Gerhard Steinebach richtet. Die beiden Professoren, die lange Jahre Mitglieder des FCK-Aufsichtsrats waren, sollen an diesem Tag nämlich hochoffiziell in ihre Ämter als „Chief Digital Officer" und „Chief Urban Officer", also ehrwürdige Berater der Stadt Kaiserslautern in Digitalisierungs- beziehungsweise Urbanisierungsfragen, eingeführt werden. Dieser Pressetermin wird jedoch kurzfristig ausgesetzt.

Am Abend spitzt sich in der Sondersitzung des Kaiserslauterer Stadtrats die Diskussion dann zu. Dabei werden sogar Regressforderungen an die ehemalige Klubführung um Rombach, Kuntz und Grünewalt laut. Am Ende beschließt das Lokalparlament die erneute Pachtsenkung. Die 40 Stimmen von SPD, CDU, Freien Wählern, Freien Bürgern und FDP überwiegen die zehn Gegenstimmen der Grünen und der Linkspartei. Allerdings geht auch damit keine grundsätzliche Lösung der Stadionfrage einher. Das Problem wird wieder nur aufgeschoben.

Die Pachtzinsreduzierung gilt nämlich lediglich für die Spielzeiten 2018/19 und 2019/20 – vermeintlich lang genug, um den aufziehenden Kommunalwahlkampf überdauern zu können. Jedoch nur, sofern der FCK nicht in die Regionalliga abgleitet. Denn für dieses keineswegs undenkbare Szenario gibt es keine Vereinbarung. Darüber wird nicht einmal gesprochen. Gegen eine längere Regelung auf der beschlossenen Basis über die Saison 2019/20 hinaus formulierte die Kommunalaufsicht Einwände.

Im Grunde folgen die Stadtpolitiker dem Ansinnen des FCK. Für die zweite Liga soll der Verein also nur noch 2,4 Millionen Euro Miete für das Stadion bezahlen müssen, für die dritte Liga 425.000 Euro. Zusätzlich soll es in der dritten Liga ab einem Zuschauerdurchschnitt von 19.000 Besuchern eine Sonderzahlung in Höhe von 100.000 Euro geben. Für die erste Liga wird die Pacht nach Fernsehgeldtabelle berechnet. Landet der FCK zwischen dem 13. und 18. Platz, zahlt er 3,6 Millionen Euro. Erreicht er die Plätze 1 bis 3 sind 4,6 Millionen Euro zu bezahlen. Dazwischen liegen die Summen bei 4 Millionen Euro (Plätze 7 bis 12) und 4,25 Millionen Euro (Plätze 4 bis 6).

Die erhöhten Zahlungen in der ersten Liga sind in der Beschlussvorlage als „Äquivalent für die Pachtzinsminderungen" in der zweiten und dritten Liga beschrieben. Formulierungen wie diese stoßen allerdings bei einigen Lokalpolitikern auf Unverständnis und massive Kritik. Denn es ist doch völlig unrealistisch, dass der FCK überhaupt eine solche höhere Platzierung in der TV-Geld-Tabelle erreicht. Schließlich wird er – sofern er den erhofften Klassenerhalt in der 2. Bundesliga schafft – auch dort in der Saison 2018/19 spielen.

Und selbst wenn ihm dann entgegen konservativer Annahmen das utopische Kunststück gelingen sollte, 2019 in die 1. Bundesliga aufzusteigen und dort 2020 die Deutsche Meisterschaft zu erringen, ist damit längst nicht gesagt, dass er auch in der TV-Geld-Tabelle die dortigen Spitzenreiter wie den FC Bayern München von den vorderen Rängen verdrängt. Schließlich setzt sich die Fernsehgeldtabelle aus einem komplizierten, mehrere Spielzeiten umfassenden Rechnungsmodell zusammen, das nicht zwingend mit der Ligaplatzierung übereinstimmt. Solche unrealistischen Annahmen als „Äquivalent" eines konkreten finanziellen Entgegenkommens zu beschreiben, hat mit Seriosität nichts zu tun.

Dies stört unter anderem Stefan Glander, Politiker der Linkspartei. „Äquivalent bedeutet gleichwertig. Jetzt kann ich allerdings nicht erkennen, dass Mehrzahlungen in Höhe von 1,4 Millionen Euro, wenn der FCK in der Bundesliga auf Platz 1 bis 3 steht, ein Äquivalent sein soll zu den 2,755 Millionen Euro, die in der dritten Liga weniger gezahlt werden." Dies sei eine „Augenwischerei", meint Glander. Aus seiner Sicht sei das zu beschließende Modell im Prinzip nichts anderes als „eine dauerhafte städtische Unterstützung eines Profifußballvereins".

Immer wieder werden in der politischen Diskussion sogar von der Kommunalaufsicht allen Ernstes neue Besserungsscheine als ein mögliches Entgegenkommen des FCK ins Spiel gebracht. Dass diese Besserungsscheine in der Vergangenheit mit fragwürdigen Verrechnungsmodellen mehr schlecht als recht abgegolten wurden und ohnehin noch immer 2 Millionen Euro davon offen sind, bringt dabei keiner zur Sprache.

Manche Lokalpolitiker meinen gar, das Besserungsscheinmodell habe in der Vergangenheit sehr gut funktioniert, und fragen sich, warum der FCK nicht erneut solche Papiere unterzeichnen solle. Auch hierauf hat die Beschlussvorlage eine Antwort: Es werde „auf etwaige ‚Besserungserklärungen' seitens des 1. FCK verzichtet, weil diese geltendes EU-Recht tangieren und zudem für den 1. FC Kaiserslautern bilanzielle Probleme aufwerfen würden". Doch diese Antwort verwirrt mich: Wieso ging das dann in der Vergangenheit? Was war denn damals daran anders? Auf meine Rückfrage erklärt die Stadiongesellschaft, dass zum Pachtvertrag 2015 „eine beihilferechtliche Abstimmung mit den zuständigen Stellen vorgenommen" worden sei, „in deren Rahmen auch die nun geplanten Anpassungen erfolgen sollen". Dies gewährleiste „Kohärenz und Rechtssicherheit". Grundsätzlich spreche die Verwendung von Besserungsscheinen nicht gegen europäisches Beihilferecht, für die Vergangenheit lägen in der Sache auch keine gegenläufigen Erkenntnisse vor. Viel schlauer macht mich diese Antwort nicht.

Darüber hinaus zitiert die Beschlussvorlage diverse Gutachten von Wirtschaftsprüfern und eines jener Kanzlei, die schon eingebunden war, als es einstmals um die zweifelhafte „EU-Entscheidung" zugunsten des Fröhnerhof-Deals ging. Bei der Frage, ob die aktuelle Mietreduzierung mit EU-Recht vereinbar sei, ist ein nur vages Ergebnis der Gutachter zu lesen: Die beantragte Pachtreduzierung könne insgesamt beihilferechtlich konform ausgestaltet werden, soweit die entsprechenden Freistellungsbedingungen eingehalten würden. Die Vorgaben, deren konkrete Anwendung und Auswirkungen auf den Fall FCK allerdings nicht genauer ausgeführt werden, seien erfüllbar. Auf Nachfrage verwehrt mir die Stadtverwaltung einen Einblick in dieses Gutachten.

Ein Bericht der Wirtschaftsprüfer ist so zusammengefasst: „Abschließend lässt sich feststellen, dass die beantragten Pachtreduktionen für die kommende Saison unter den genannten Prämissen notwendig sind." Glander zeigt sich über diese nur bruchstückhafte Information verärgert. „Wenn solche Gutachten und Unterlagen erstellt werden, dann wäre es schön, wenn wir als Ratsmitglieder die auch zu lesen bekämen. Denn erst dann kann man sich ein korrektes Bild von der Situation sowohl beim

FCK als auch bei der Stadiongesellschaft machen." Die Ratsmitglieder erhielten offenbar die Dokumente nicht zur Einsicht vor der Abstimmung.

Die Grünen stehen der Beschlussvorlage ebenfalls kritisch gegenüber. „Trotz jahrelangen Missmanagements soll heute erneut ein Wirtschaftsunternehmen FCK auf Kosten der Steuerzahler privilegiert und subventioniert werden. Jedes Unternehmen muss durch eigene Wirtschaftsleistung seine Marktberechtigung nachweisen. Das muss auch endlich für den FCK Gültigkeit haben", sagt Grüne-Fraktionsvorsitzende Gilda Klein-Kocksch. „Wir denken, dass diese Subventionsmentalität für einen Profisportverein gesellschaftspolitisch und sozial nicht vertretbar ist. Es kann nicht Aufgabe einer Kommune sein, immer wieder diese Subventionspolitik zu betreiben. Wir haben in dieser Stadt andere Verpflichtungen."

Man hätte dem Modell zustimmen können – wenn ein deutlicheres Entgegenkommen des FCK greifbar gewesen wäre, meint der Grüne Tobias Wiesemann. Er denkt an ein neues Mietmodell, in dem auch mögliche „Gewinne hätten solidarisiert werden sollen wie es jetzt die Verluste werden". Eine solche Lösung habe sich in den Verhandlungen mit dem FCK aber nicht abgezeichnet.

Regress und Aufklärung oder „Fake News"?

Oberbürgermeister Weichel wirbt in der Sitzung ausdrücklich für das neue Pachtmodell: „Ich bitte um Zustimmung, um Schlimmeres zu vermeiden." Anwesend sind Banf und Klatt. Weichel berichtet aus vorherigen Gesprächen mit den beiden und zitiert deren Zahlen. Demnach sinke der Umsatz des FCK bei einem Abstieg in die dritte Liga von 40 auf 13,5 Millionen Euro ab. Allein im Bereich der TV-Gelder käme es zu einem Verlust in der Größenordnung von zehn Millionen Euro. Schon jetzt, in der zweiten Liga, habe der FCK über 20 Prozent seiner Personalkosten reduziert und werde Ähnliches in der dritten Liga noch einmal tun.

Der Verein habe die Stadt darum gebeten, ihn „nicht aufgrund zu enger finanzieller Fesseln der Chance zu berauben, dann auch gleich wieder den Aufstieg in die zweite Liga zu schaffen". Dem wolle man Rechnung tragen. Weichel: „Dazu braucht man Spielmasse." Dem Klub wolle man „nicht die Luft zum Weiterentwickeln nehmen". Die breite Mehrheit im Stadtrat folgt den Vorschlägen Weichels und stimmt der Beschlussvorlage zu. Doch es ist überall spürbar, wie sehr die Lokalparlamentarier mit der Entscheidung ringen. Dass die Grünen, die mit SPD, Freien Wählern und Freien Bürgern ein Teil der bestimmenden Konstellation sind, in dieser Frage entgegen der Koalitionsmehrheit stimmen, macht die Schwere der Entscheidung deutlich.

In der CDU spricht man von „Schadensbegrenzung" und fordert den Oberbürgermeister dazu auf, das Land an dessen Mitverantwortung für die WM, den Stadionbau und damit die aktuelle Zwangslage zu erinnern. Die SPD geht sogar einen ungewöhnlichen Schritt weiter: Auf Betreiben des Fraktionsvorsitzenden Rahm und mit späterer Zustimmung der CDU beauftragt der Stadtrat den Oberbürgermeister damit, sich vom FCK mögliche Regressforderungen an die bei der Mitgliederversammlung 2016 nicht entlasteten Alt-Funktionäre zu sichern. Rahm fordert, dass „die Regressansprüche an die vorangegangene Vereinsführung an die Stadiongesellschaft abgetreten werden". Auf dieser Grundlage könne der FCK prüfen lassen, ob Regressansprüche bestehen und inwieweit diese erfolgreich geltend gemacht werden könnten. „Sollte der Verein in seinen Prüfungen zu dem Ergebnis kommen, dass es Regressansprüche gibt, hätten wir gerne das Geld." Dabei zeigt sich Rahm nach seinen Gesprächen mit dem neuen FCK-Aufsichtsratsvorsitzenden Banf „persönlich absolut davon überzeugt, dass die aktuelle Vereinsführung eine richtige Aufklärung möchte".

Wenig später wendet sich Rombach in einem Zeitungsinterview an die Öffentlichkeit, in dem er seine Amtszeit als erfolgreich resümiert. „Enttäuscht bin ich über die populistische Wiederaufwärmung möglicher Regressansprüche", sagt er gegenüber der „Rheinpfalz". „Diese Aktion ist nicht im Sinne des FCK und wird von wenigen Unverbesserlichen im Umfeld seit Jahren geschürt." Er verweist auf die Ergebnisse von externen Wirtschaftsprüfern wie Ernst & Young. Es sei „unverständlich", dass der Stadtrat offenbar „den Quertreibern im Hintergrund mehr Glauben schenkt als all diesen unabhängigen Prüfern", prangert Rombach die Stadtpolitiker an. „Fake News werden auch durch Wiederholung nicht besser."

Die Geschichte eines grandiosen Versagens

Einen „Vermögensschaden zulasten der Steuerzahler" bedeute die Entscheidung im Stadtrat, meldet sich Quante am Tag nach dem Votum zu Wort. „Mit der beschlossenen Pachtsenkung auf Kosten der Stadtkasse werden der sportliche Misserfolg des 1. FC Kaiserslautern und seine daraus resultierenden Finanzprobleme kommunalisiert", kritisiert der Geschäftsführer des Steuerzahlerbundes. „Wir hatten gehofft, dass sich im Stadtrat dieses Mal eine Mehrheit zugunsten der Bürger von Kaiserslautern formieren würde. Aber leider haben sich die FCK-Fans im Rat durchgesetzt, die gewillt sind, einen millionenschweren Schaden hinzunehmen."

Den Vertretern der Stadt sei es nicht gelungen, das „Pachtangebot" des FCK auch nur um einen einzigen Euro zu erhöhen. „Stattdessen hat

die Stadt die Pachtminderung zusätzlich auf die Spielzeit 2019/20 aus-
gedehnt, obwohl das vom FCK ursprünglich gar nicht gewünscht wurde.
Sprich, den Roten Teufeln werden die Pachtminderungen von der Stadt
jetzt schon hinterhergetragen", empört sich Quante. „Gab es früher in
Form von Besserungsscheinen zumindest einen zweifelhaften Gegenwert für Pachtminderungen, so gibt es dieses Mal überhaupt nichts
Substanzielles vom FCK. Es gibt weder Besserungsscheine noch Immo-
bilienwerte oder Anteile an der kommenden Kapitalgesellschaft zur Aus-
lagerung des Lizenzspielerbereichs als mögliche Gegenwerte – absolut
nichts. Noch schlechter hätte die Stadt gar nicht verhandeln können."

Die auf bis zu 4,6 Millionen Euro erhöhte gestaffelte Stadionpacht
für die 1. Bundesliga wertet Quante nicht als Erfolg der Stadt, sondern
als Verhandlungsflop. „Je schlechter die Roten Teufel spielen und je größer die Absturzgefahr ist, desto höher wird die in Aussicht gestellte Stadionpacht für die 1. Bundesliga." Insofern bleibe die Stadt ihrer bisherigen Politik wenigstens treu: „Für jede geplatzte Sportwette auf die Roten
Teufel wird eine neue Sportwette mit noch schlechteren Chancen und
vermeintlich höherem Gewinn abgeschlossen. Aber wenn das Prinzip
Hoffnung danebengeht, müssen am Ende wieder die Steuerzahler ran."

Der Steuerzahlerbund-Geschäftsführer schneidet etwas an, das im
Stadtrat erstaunlicherweise überhaupt keine Rolle spielte: „Wie sieht es bei
der Betze-Anleihe aus, die 2019 fällig wird? Haben die Roten Teufel die
sechs Millionen Euro plus Zinsen, oder haben sie sie nicht? Wenn nicht,
wäre eine neue Vereinbarung noch schneller Makulatur als der gegenwär-
tige Pachtvertrag." Süffisant schiebt er nach: „Immerhin haben die Kom-
munalpolitiker bei der Stadionpacht in nächster Zeit nicht mehr viel zu
verschenken. Von 425.000 Euro auf null ist es nur noch ein kleiner Schritt."

Als „Symbol der Verschwendung" kommentiert auch Ashelm in der
„FAZ" die Geschehnisse in Kaiserslautern und ordnet sie als Beispiel
eines grundsätzlichen Missverhältnisses ein. „Die Verantwortlichen im
deutschen Profifußball vermitteln gerne den Eindruck, dass die Vereine
aus sich heraus eine enorme Wirtschaftskraft entfalten und mit ihrem
Steueraufkommen dazu der Gesellschaft jedes Jahr eine riesige Wohl-
tat bescheren. Die erfolgreiche Vermarktung der Bundesliga und die
Bedeutung des Fußballs sprechen erst einmal für diese These." Aber bli-
cke „man genauer auf die Branche, wären an vielen Standorten ohne den
immensen Geldeinsatz des Steuerzahlers längst die Lichter ausgegangen".

Ein „abschreckendes" Beispiel dafür sei der 1. FC Kaiserslautern
längst – „ein privater Verein, der trotz jahrelangen Missmanagements der
Führung und unfähiger Aufsichtsgremien von Lokal- sowie Landespoli-

tik auf unanständige Weise gepäppelt wurde. Gewandert ist das Steuerzahlergeld am Betzenberg auch in fette Managementgehälter, Abfindun-
gen für Trainer oder fragwürdige Spielertransfers." Ashelm fordert ein
Umdenken in der Politik: Subventionen sollten mit größerem Bedacht
gewährt und an konkrete wirtschaftliche Bedingungen geknüpft werden.
Marode Klubs sollten nicht mehr künstlich mit Steuermitteln über Wasser gehalten werden. Dabei sieht er auch die Institutionen des Fußballs
wie die DFL in der Pflicht: „Für strauchelnde Vereine könnte die Ligaso-
lidarität einen selbstfinanzierten Hilfsfonds auflegen."

Wie unterschiedlich die Einschätzungen ausfallen können, zeigt ein
Kommentar in der „Rheinpfalz". Dort wirft man dem Steuerzahlerbund vor,
die „Thematik nicht verstanden" zu haben und „unsägliche" Aussagen zu
tätigen. Schließlich müsse doch der „Stadtrat Schaden vom FCK abwenden,
um Schaden von der Stadt abzuwenden". Dazu gehöre, dem Klub finanzielle Möglichkeiten zu lassen, „einen Spieleretat auf die Beine zu stellen,
der auf einen schnellen Wiederaufstieg hoffen lässt". Es sei ein „Gipfel der
Unverfrorenheit" zu meinen, der Stadtrat nehme mit seiner Entscheidung
für die Pachtsenkung einen Millionenschaden hin. Umgekehrt bedeute ein
Ausfall des FCK für den Steuerzahler ein noch viel größeres Desaster.

So bleiben die Interpretationen der Umstände gespalten. Aber wie
auch immer man die Vorgänge bewertet – wenn schon über Steuererhö-
hungen nachgedacht wird, um das Stadionkonstrukt am Leben zu halten,
lässt sich mit Fug und Recht behaupten: Das von der Politik mitbetriebene
Projekt Betzenberg – samt WM, Stadionkauf sowie des Versuchs der FCK-
Rettung – ist krachend gescheitert. So ist dies ist auch die Geschichte eines
grandiosen Versagens und der verführerischen Blendkraft des Fußballs.

Sportlich befinden sich die Roten Teufel im Niedergang. Zwar sta-
bilisierte sich der Klub zwischenzeitlich, doch dies kann nicht über den
sportlichen Verfall hinwegtäuschen. Zum Zeitpunkt der Drucklegung
dieses Buchs kämpft der FCK gegen den Abstieg an. Ob das Wunder
noch einmal gelingt, zehn Jahre nach 2008? Die Hoffnung stirbt zuletzt,
und der Betzenberg ist ja bekannt für spektakuläre Taten. Oder findet der
Niedergang des Klubs mit dem Abstieg in die dritte Liga einen weiteren
Tiefpunkt, der die prekäre Lage des Vereins zementiert? Wie auch immer
der Fußballgott entscheidet: Der ruhmreiche Fritz-Walter-Klub, ein Verein mit großer Historie und gigantischem Markenpotenzial, droht, exakt
20 Jahre nach dem furiosen Gewinn der Deutschen Meisterschaft, zusehends auf der Fußballlandkarte zu verblassen. Und er sieht einem weiteren schicksalhaften Kristallisationspunkt seiner Entwicklung entgegen:
Wie sollen die Millionen der Betze-Anleihe zurückgezahlt werden?

KAPITEL ELF

„Viel bewegt und zum Positiven gewendet"

Wie geht es weiter, Herr Banf?

Wie geht es weiter mit dem FCK? Welche Perspektiven hat der Traditionsverein? Darüber spreche ich mit dem neuen Aufsichtsratsvorsitzenden Patrick Banf am 11. April 2018. Der FCK steckt zu diesem Zeitpunkt, fünf Spieltage vor Saisonende, noch mitten im Abstiegskampf. Zwar belegt er den letzten Tabellenrang, hat seinen Abstand auf den Relegationsrang, den der FC Heidenheim belegt, aber auf fünf Zähler verkürzt. Und das Rückrundenspiel gegen Heidenheim steht am vorletzten Spieltag erst noch aus.

Andreas Erb: Herr Banf, nach Ihrer Wahl in den FCK-Aufsichtsrat kam es nicht nur unmittelbar zur Trennung von Vorstand Thomas Gries. Auch wurden Sie direkt in die Verhandlungen mit der Stadt bezüglich der Stadionmiete involviert. Bundesweit fand der Verein im Zuge der Pachtdiskussion erneut zweifelhafte Beachtung. Wie sehen Sie die Abhängigkeit des Klubs von der öffentlichen Hand?

Patrick Banf: Die Diskussion ist mir zu einseitig. Auch in der Presse, auch von Ihnen, wird die Lage viel zu oft zu negativ für den FCK dargestellt. Richtig ist, dass man damals ein viel zu großes WM-Stadion gebaut hat, das letztendlich auch wesentlich teurer als geplant war, und man auf ein suboptimales Finanzierungsmodell gesetzt hat. Ich denke, es ist müßig, 15 Jahre später Schuldige dafür zu ermitteln. Aber meiner Ansicht nach sind das Land, die Stadt und der FCK gleichermaßen in der Verantwortung für die Misere. Den Aufschrei bezüglich einer sogenannten FCK-Steuer halte ich allerdings für Unsinn. Gerne erkläre ich auch dem Steuerzahlerbund die Umstände.

Wie ist Ihre Sicht?

Ich möchte vorausschicken, dass es von Beginn an in der Stadionkonstellation nie einen Mietvertrag für die zweite oder dritte Liga gab.

Personalwechsel im Aufsichtsrat: Am 3. Dezember 2017 wurden Jochen Grotepaß, Paul Wüst, Michael Littig, Patrick Banf und Jürgen Kind (von links) in das Kontrollgremium gewählt.

Das Finanzierungsmodell sah einen Abstieg des FCK nicht vor. Da es diesen Vertrag nicht gab, hätte der Verein, anstatt über die Pacht zu verhandeln, folglich im Falle eines Abstiegs in die zweite Liga einfach sagen können, dass er schlicht aus dem Stadion auszieht. Stadt und Steuerzahler hätten dann rund 100 Millionen Euro Schulden gehabt. Unter diesem Gesichtspunkt hätte der FCK eine ganz andere Verhandlungsbasis gehabt und einen neuen, für den FCK tragbaren Vertrag für die zweite und dritte Liga verhandeln können. Doch das hat der Verein nicht getan. Was hat man stattdessen gemacht? Im Laufe der Jahre rund 45 Millionen Euro Miete gezahlt. Die Pacht wurde in der zweiten Liga reduziert auf 2,4 Millionen Euro. Für die Differenz mussten Besserungsscheine ausgestellt werden, und zusätzlich wurde die Miete in der ersten Liga von 3,2 Millionen Euro auf 3,6 Millionen Euro erhöht. Ich möchte erwähnen, dass die Besserungsscheine bis auf zwei Millionen Euro alle zurückgezahlt wurden.

Sie wollen sagen, „de Betze" hätte nicht „uffm Betze" gespielt?
Darum geht es nicht. Vielleicht hätte „de Betze" weiter „uffm Betze" gespielt. Es geht aber vor allem darum, dass der ursprüngliche Mietvertrag nur die erste Liga bedachte. Insofern hat der FCK schlecht verhandelt. Für die Stadt war dies so weit von Vorteil, dass der FCK nun auch in der zweiten und dritten Liga einen gültigen Pachtvertrag hat. Somit ist der Verein nach dem Abstieg in die zweite Liga der Konstellation treu geblieben. Aus diesem Blickwinkel hat bislang kaum ein Journalist gese-

hen, dass der FCK eigentlich der Stadt und somit auch dem Steuerzahler hilft. Geschrieben wird es immer nur umgekehrt. Nirgendwo habe ich gelesen, dass es für die Stadt ein Glücksfall ist, dass der FCK im Stadion bleibt – obwohl er nicht mehr in der ersten Liga spielt und der ursprüngliche Mietvertrag keine Gültigkeit mehr gehabt hätte.

Das ist tatsächlich ein neuer Blickwinkel. Aber, mit Verlaub, es war doch die Vereinsführung selbst, die Pachtsenkungsmodelle vorgeschlagen und als nachhaltig existenzsichernd dargestellt hatte. Das kann man doch später nicht umdrehen. Ebenso ändert es wohl nichts an der Belastung des Steuerzahlers durch den Profifußball, ob der Mietvertrag nun ursprünglich nur für die erste Liga gegolten habe oder nicht. Die Situation, die sich daraus ergab, bleibt die gleiche.

Ich sage nur: Wir hatten keinen Mietvertrag für die zweite Liga. Und spätere Mietminderungen beziehungsweise Mietregelungen für die zweite und untere Ligen gingen einher mit einer Schlechterstellung des FCK, nämlich dass in der ersten Liga sogar mehr zu bezahlen gewesen wäre, als zuvor vereinbart war. Wie man so verhandeln kann, ist mir schleierhaft. Dies kreide ich vorherigen Führungen als vielleicht größtes Versäumnis an. Ich sage: Die, die damals verhandelt haben, haben nicht den Steuerzahler Geld gekostet, sie haben den FCK Geld gekostet. Und, zweitens, spielt es selbstverständlich für die Belastung des Steuerzahlers eine Rolle, ob der FCK in diesem Stadion spielt oder nicht. Der FCK hat in den vergangenen 15 Jahren circa 60 Millionen Euro Miete und Sanierungskosten getragen. Somit konnte auch die Stadiongesellschaft ihrerseits allen Verpflichtungen nachkommen. Sollte der FCK, aus welchen Gründen auch immer, nicht mehr in diesem Stadion spielen, würde das von heute auf morgen die Stadt und somit den Steuerzahler rund 100 Millionen Euro kosten.

Wieso haben die Alt-Bosse ihre Stadionpacht-Deals dann als existenzsichernd gefeiert?

Das müssen Sie diese fragen.

Zwischen Vergangenheit und Zukunft

Wie gehen Sie überhaupt mit der Vergangenheit um? Sogar im politischen Raum gibt es den Wunsch, Regressansprüche an die Altvorderen zu prüfen. Oberbürgermeister Klaus Weichel hat in einem Schreiben Fragen an den Verein gerichtet und fordert Aufklärung bezüglich diverser Geschäftsvorfälle. Wie gehen Sie mit diesem Drängen nach Aufklärung um?

Über all diese Dinge wurde schon viel geschrieben, um nicht zu sagen, sie wurden zerschrieben – auch von Ihnen. Hier bitte ich ebenfalls um Ausgewogenheit. Nach meiner persönlichen Meinung glaube ich nicht, dass man juristische Schritte gegen die alte Vereinsführung umsetzen kann. Noch weniger glaube ich daran, dass Regressforderungen umgesetzt werden können. Nach dem, was ich in meiner bisherigen Amtszeit feststellen konnte, bin ich davon überzeugt, dass einige Vorgänge moralisch äußerst fragwürdig abgelaufen sind. Der neue Aufsichtsrat wird intern, hauptsächlich für unsere Mitglieder, noch mal die Vergangenheit durchleuchten, um dann endgültig dieses Kapitel abzuschließen. Das Ergebnis wird nach Abschluss der Ermittlungen unseren Mitgliedern dargelegt.

Wenn zu viel Negatives in der Zeitung steht – was ist denn das Positive an dem neuen Mietmodell?

Zuerst einmal möchte ich betonen, dass wir mit der Stadt sehr offene und gute Gespräche geführt haben. Allen Beteiligten war bewusst, dass aus den in der Vergangenheit festgelegten Parametern keine Partei als Gewinner hervorgeht. Die Aufgabe war es, eine für alle Seiten bestmögliche, positive Lösung zu finden. Ich möchte keinen Pachtvertrag mit Besserungsscheinen und irgendwelchen Rückzahlungskriterien, die besagen, wenn, dann und so weiter. Ich will eine klare Regelung: Der FCK zahlt je Liga einen definierten Betrag, und bei Aufstieg kann sich jeder an der TV-Tabelle orientieren, wie mögliche Zusatzpachten zustande kommen. Eigentlich wollten wir diese Regelung langfristig ausrichten. Dies scheiterte jedoch an der Kommunalaufsicht. Am Ende ist das neue Pachtmodell in jedem Fall transparenter als zuvor. Dennoch sehe ich weitere Vakanzen: In einigen Jahren ist das Stadion sanierungsreif – was dann? Hier wird es in der Zukunft wohl weitere Verhandlungsrunden geben.

Wo sehen Sie die Entwicklungsschritte in Ihrer jungen Amtszeit?

Es ist uns – kurzfristig – gelungen, den sportlichen Abfall zu stoppen und zu drehen. Nachdem wir in der Hinrunde abgeschlagen Letzter waren, liegen wir in der Rückrundentabelle auf vorderen Tabellenplätzen. Nach den gesundheitlichen Problemen von Jeff Strasser, der die Mannschaft konditionell gut entwickelt hat, haben wir mit Michael Frontzeck einen renommierten Trainer gefunden. Es ist gelungen, ihn langfristig auch für den Fall der dritten Liga zu verpflichten. Gleiches gilt für die sportliche Führung mit Martin Bader. Wir haben angesichts des Abstiegskampfes dennoch 1,2 Millionen Euro aus alten Mietstundungen an die Stadt zurückgezahlt – dies in einer Zeit, in der andere Vereine das Geld vielleicht für einen neuen Stürmer ausgegeben hätten. Und trotz unserer finanziell angespannten Situation ist es gelungen, in der Bewertung des DFB drei Sterne für unser Nachwuchsleistungszentrum zu erzielen. Der wesentliche Grund dafür ist, dass wir in der Nachwuchsgewinnung über Jahre einen Spitzenwert in der Durchlässigkeit von Spielern in den Profikader verzeichnen. Da sind wir einigen anderen Vereinen, die sogar bessere infrastrukturelle Bedingungen haben, deutlich voraus. Dies alles sind positive Werte. Langfristig möchten wir den Verein transparent, glaubwürdig und nachhaltig führen.

Apropos Nachwuchsleistungszentrum. Was ist mit dem Fröhnerhof-Ausbau und der Betze-Anleihe?

Die muss 2019 zurückgezahlt werden. Der Ausbau des Fröhnerhofs ist so, wie von der damaligen Vereinsführung geplant, nicht umsetzbar, weil die dafür geplanten Mittel aus der Betze-Anleihe nicht mehr vorhanden sind.

Wie machen Sie das mit der Rückzahlung?

Die Anleihe muss aus dem Gesamtumsatz zurückbezahlt werden. Ein wichtiger Termin, der strategische Weichen stellt, ist unter anderem die außerordentliche Mitgliederversammlung am 3. Juni 2018, bei der über eine Ausgliederung abgestimmt wird. Wir wollen die Ausgliederung FCK-affin gestalten.

Das heißt?

Für die geplante Ausgliederung wird es ein Lauterer Modell geben, das für andere vorbildgebend sein kann. Es wird keine AG, in der ein Investor das Sagen hat. Wir favorisieren eine GmbH & Co. KGaA. Das haben andere Vereine auch, eine Besonderheit bei uns ist, dass wir diese Gesellschaft auf vier Säulen aufbauen. Auf diese Weise wird es nicht zu der Dominanz eines bestimmenden Investors kommen, sondern in der Gesellschafterversammlung können sich alle Teilhaber artikulieren. Ähnlich ist es bei der Besetzung des die Gesellschaft kontrollierenden Beirats. Der soll aus höchstens fünf Personen bestehen, wovon drei vom FCK und zwei von einem großen Investor stammen können. Entscheidungen müssen nicht nur mehrheitlich gefällt werden, sondern auch immer von mindestens zwei FCK-Stimmen getragen sein. So ist das Gerüst bestmöglich aufgestellt für den FCK. Solange kein Investor da ist, werden alle fünf

Beiratsmitglieder vom FCK entsandt. Wir glauben, somit für den FCK und seine Mitglieder eine bestmögliche Ausgliederungsform gefunden zu haben, ohne einem eventuellen Investor die Tür zuzuschlagen.

Wie ist denn die augenblickliche Finanzsituation des Vereins?
Wir befinden uns in einer finanziell angespannten Situation. Alles andere wäre nicht die Wahrheit. Wir haben viele Stellschrauben schon in die richtige Richtung gedreht, doch die Situation wird noch längere Zeit anhalten.

Die Region als Perspektive

Ist der Verein damit überhaupt in der Lage, gegenüber einem Investor derartige Ansprüche zu stellen, wenn dieser mit rettenden Geldscheinen wedelt? Oder muss man nicht einfach das Geld nehmen, das man kriegen kann? Wird ein solcher Investor nicht das Vereinsgeschehen bestimmen?
Einen Investor, der kommt und sagt, er wolle den FCK bestimmen, wird es zumindest mit mir nicht geben. Genauso innovativ, wie wir die Ausgliederung vorbereiten, müssen wir bei der Investorensuche vorgehen. Der FCK hat Eigenschaften und Merkmale, die andere Vereine nicht bieten können. Wir haben ein zukunftsträchtiges Konzept, bei dem es nicht nur darum geht, einen Investor zu suchen, sondern den Investor langfristig zu integrieren und ihm etwas zurückzugeben.

Was ist Ihr Ausblick, welche Perspektiven hat der FCK noch?
Zuerst einmal bin ich fest davon überzeugt, dass wir die Lizenz für die zweite und dritte Liga bekommen. Dies wird aber vor allem in der dritten Liga ein ganz hartes und schweres Unterfangen. Langfristig muss der FCK wieder auf die Region bauen. Entsprechend wird der Verein zukünftig wieder regionaler auftreten. Diese Strategie verfolgen wir, und wir spüren momentan, dass die Region wieder mitzieht. Zum Heimspiel gegen St. Pauli waren wieder 32.000 Zuschauer im Stadion. Ich glaube daran, dass die Region stark genug dafür ist, einen Bundesligaverein zu halten.

Sie glauben also nicht an einen Standortnachteil des FCK?
Den sehe ich nicht. Wenn es überhaupt einen Standortnachteil gäbe, dann machten wir ihn dadurch wett, dass wir in der Region enger zusammenstehen als anderswo. Angetreten bin ich mit drei Attributen: Glaubwürdigkeit, Transparenz, Nachhaltigkeit. Ich glaube, in den vergangenen Monaten haben wir damit sehr viel bewegt und zum Positiven gewendet. Ich sehe aber auch, dass noch unheimlich viel zu bewegen ist.

KAPITEL ZWÖLF

Coaching Zone

Infiziert mit dem FCK-Virus

Wer in Kaiserslautern aufwächst, ist mit dem FCK-Virus infiziert. Noch dazu, wenn der Vater fußballverrückt ist und an gefühlt jedem Liga-Wochenende davon erzählt, dass einer unserer Vorfahren, der Onkel meines Großvaters, an der Gründung dieses großen Vereins mitgewirkt haben soll. Ich weiß noch, wie ich bei meinen Großeltern auf der Couch saß, als der FCK gegen Werder Bremen 1990 in Berlin den DFB-Pokal errang. Die Tore schossen damals Stefan Kuntz und Bruno Labbadia. Labbadia machte zwei Buden. 3:2 ging's aus.

Nur ein Jahr später, am 15. Juni 1991, wurden die Roten Teufel Deutscher Meister. Das letzte Saisonspiel beim 1. FC Köln verfolgte ich im Auto übers Radio. Wir waren unterwegs zu einer Familienfeier, es war ein sonniger Tag, und ich musste einige Überzeugungsarbeit leisten, mich von den Feierlichkeiten losreißen und ins Auto zurückziehen zu dürfen. Handys mit Internetzugang gab es damals längst nicht. Die Antenne musste immer mal wieder nachjustiert werden, damit die Übertragung halbwegs hörbar war. 6:2 endete das Spiel für den FCK, und Stefan Kuntz war mein Held, auch wenn er in der letzten Partie keinen Treffer erzielte.

Ähnlich tief haben sich die Szenen der Abstiegssaison 1995/96 in mein Gedächtnis gebrannt. Etwa der letzte Spieltag, als der FCK 1:0 durch Pavel Kuka gegen Bayer Leverkusen in Führung ging, dem Gegner aber der Ausgleich gelang. Leverkusen konnte sich damit retten und schickte die Roten Teufel in die Abstiegszone. Nur wenige Tage später gewann der FCK 1:0 gegen den Karlsruher SC und holte 1996 zum zweiten Mal den DFB-Pokal. Man wusste gar nicht, ob man trauern oder feiern sollte. Doch das Glanzstück sollte folgen: 1997 kam der Wiederaufstieg mit Otto Rehhagel samt Feierlichkeiten auf dem Rathausbalkon und ein Jahr später der sensationelle Gewinn der Meisterschaft.

Das großartigste Spiel, das ich selbst hautnah im Stadion erlebte, war die Begegnung der zweiten Runde im DFB-Pokal gegen Borussia Dortmund am 20. September 1994. Es war ein Dienstagabend, ein Spiel in ganz besonderer Flutlichtatmosphäre auf dem Betzenberg. Zuvor nötigte mir meine Mutter äußerst harte Verhandlungen ab, da es ja spät werden konnte an dem Abend und ich am nächsten Morgen in die Schule musste. Dass es bei Pokalbegegnungen eine Verlängerung hätte geben können, hatte ich in den Verhandlungen geschickt ausgeblendet.

Doch genau so kam es: 2:2 stand es nach Ende der regulären Spielzeit. Insgesamt dreimal holten die Roten Teufel einen Rückstand auf und drehten die furiose Partie, die letztlich 6:3 ausging – allein in der rasanten Verlängerung fielen fünf Tore. Dirk Anders, Andreas Brehme, Miroslav Kadlec, Olaf Marschall, Pavel Kuka und Martin Wagner trafen für die Lauterer. Stéphane Chapuisat, Flemming Povlsen und Matthias Sammer für die Borussia. Unsterbliche Namen auf dem Betzenberg.

FCK-Probleme nicht exklusiv

Doch was ist nur mit diesem großartigen Verein geschehen, der nach wie vor zu den großen Traditionsmarken des deutschen Fußballs zählt, aber sportlich längst nicht mehr in der Bundesliga mithalten kann, die er als Gründungsmitglied lange Jahre teilweise sogar dominierte? „Wer vor 20 Jahren Deutscher Meister wurde und jetzt Letzter der zweiten Liga ist, muss Fehler gemacht haben." Das sagt FCK-Vorstand Michael Klatt im Januar 2018 gegenüber der „Bild". Nur: Wie konnte es so weit kommen? Dieses Buch will danach fragen.

Schon mein ganzes Leben beobachte ich das Geschehen am Betzenberg, mal als Fan, mal als Journalist, mal mehr, mal weniger intensiv. In den „Betze Leaks" erzähle ich von meinen Eindrücken der Jahre 2008 bis 2018. Es ist ein Buch über meine Erlebnisse mit dem FCK. Und ohne Leidenschaft für diesen Verein wäre dieses Buch überhaupt nicht entstanden. Denn wie sonst könnte man Jahre recherchieren mit dem vagen Ausblick darauf, dass sich möglicherweise genug Material zusammentragen und sich ein Verlag von der Idee einer Buchveröffentlichung begeistern ließen?

Mit den „Betze Leaks" möchte ich das Bild zeichnen, so wie sich der große FCK mir in den vergangenen Jahren zeigte. Dieses Bild setzt sich zusammen aus unzähligen Ereignissen und persönlichen Gesprächen. Natürlich ist es subjektiv gefärbt. Standortgebundenheit lautet das Fachwort dafür.

Doch im Grunde geht es überhaupt nicht alleine um den FCK. Denn die Themen, die das Geschehen in Kaiserslautern prägen, finden sich auch in anderen Klubs. Der FCK ist in diesem Fall ein Beispiel. Er hat die Probleme nicht exklusiv. Die „Betze Leaks" sind vor allem ein Buch über den deutschen Fußball, der so sehr fasziniert, so sehr begeistert, der für so viele ein gesellschaftlicher Anker ist. Der aber auch seine Schattenseiten hat.

Nehmen wir das Beispiel der Debatte um öffentliche Mittel zugunsten des Profifußballs, das quer durch die Republik an vielen Standorten immer wieder auftaucht. So hatte die Europäische Kommission 2012 von allen Mitgliedsstaaten Auskünfte zum Profifußball angefordert. Der für Wettbewerbspolitik zuständige Vizepräsident der Kommission, Joaquin Almunia, sagte damals: „Die wachsende Verschuldung zahlreicher europäischer Fußballvereine bereitet mir große Sorge. Diese Situation ist nicht länger tragbar." Die EU-Vorschriften für staatliche Beihilfen sowie der europäische Verband UEFA müssten darauf abzielen, „bei der Finanzverwaltung in den Fußballvereinen mehr Disziplin und Verantwortung zu erreichen".

Berufsfußballvereine sind in zahlreichen Märkten aktiv: im sportlichen Wettbewerb, in Werbe- und Sponsoringbranchen, in Spielertransfermärkten oder beim Ringen um TV-Übertragungsrechte. Staatliche Finanzhilfen für Klubs würden das Risiko bergen, diese Wettbewerbe zu verfälschen und den Handel zwischen Mitgliedsstaaten zu beeinträchtigen. Solche Beihilfen seien grundsätzlich mit dem Binnenmarkt unvereinbar und könnten nur unter strengen Auflagen genehmigt werden. Zudem müssten sie angemeldet werden. Tatsächlich seien bis dato allerdings nur sehr wenige Beihilfemaßnahmen für Fußballvereine bei der Kommission angemeldet, sagte Almunia.

„Ich bin der festen Überzeugung, dass Profifußballklubs über ein gutes Management verfügen müssen und bei finanziellen Schwierigkeiten nicht den Steuerzahler um Hilfe bitten sollten. Wenn dennoch finanzielle Unterstützungen gewährt werden, sollten dabei die EU-Beihilfevorschriften für Unternehmen in Schwierigkeiten eingehalten werden", so Almunia. Prominente Beispiele, bei denen die Kommission Beihilfen untersuchte, waren fünf niederländische Vereine, darunter PSV Eindhoven, sowie diverse spanische Klubs, darunter Real Madrid, FC Barcelona, Athletic Bilbao und Valencia. Im Fokus standen Bürgschaften, Grundstücksgeschäfte oder Steuerdeals.

Genauso ist der Steuerzahlerbund nicht nur in Kaiserslautern aktiv, sondern schaltet sich andernorts ebenfalls in Debatten ein, ob bei der Einrichtung des DFB-Fußballmuseums in Dortmund, den Kosten für Polizeieinsätze bei Bundesligaspielen oder den Ausgaben für Stadionbauten, sogar wenn diese in unterklassigen Ligen stattfinden, etwa beim

FSV Frankfurt, den Kickers Offenbach, bei Carl Zeiss Jena oder Rot-Weiß Erfurt.

So wie die Frage nach dem maßvollen Einsatz öffentlicher Mittel an vielen Fußballstandorten aufkommt, gibt es vielerorts auch ähnlich gelagerte Differenzen über das Verhältnis zwischen Mitgliederbasis, Fangruppen und der Klubführung. Dies ist genauso wenig ein Kaiserslautern-spezifisches Phänomen und betrifft selbst den Branchenprimus FC Bayern München, wo etwa die Fanvereinigung Club Nr. 12 im Vereinsgeschehen durchaus als moralisches Gewissen mitmischt, indem sie beispielsweise auf Meinungsfreiheit drängt und schon mal einen offenen Brief an die katarische Botschaft bezüglich der Genehmigung eines Spruchbanners sendet, Polizeigewalt anprangert oder verbotene Choreografien thematisiert.

Die Themen sind freilich nicht überall identisch, das strukturelle Spannungsfeld zwischen Vorstandsetagen und Fankurven ist aber vergleichbar. Die Diskussionen werden meist dann besonders hitzig geführt, wenn es um wegweisende Entscheidungen im Zusammenhang mit der fortschreitenden Kommerzialisierung des Fußballs geht. Beispielsweise um die Ausgliederung der Profiabteilung eines vermeintlichen Traditionsvereins in eine eigene Kapitalgesellschaft und die „50+1-Regel" der DFL, die besagt, dass der Verein gegenüber einem Investor immer die Stimmenmehrheit halten muss.

Oft wird die Ausgliederung des Profibetriebs in eine Kapitalgesellschaft von der Vereinsführung als nötige Professionalisierung gegenüber den verstaubten Vereinsstrukturen und wichtige Weichenstellung für prosperierende Finanzen verkauft. Denn nur so könne sich ein Investor am Klub beteiligen, und nur so ließen sich Gelder generieren, die den Fortbestand oder den Glanz des Vereins sicherten. Aber: Letztlich kommt es nicht darauf an, ob die Profikicker bei einer GmbH oder in einem Verein angestellt sind, sondern vielmehr auf die Aufrichtigkeit der handelnden Manager und die Kompetenz der Kontrolleure.

Dabei ist der FCK ebenfalls kein alleiniges Anschauungsbeispiel in Sachen Finanzen. Nicht nur in Kaiserslautern wurde eine Fananleihe herausgebracht. Nicht nur hier hat man versucht, mit den Träumen der Fans Millionen für angeblich zukunftsweisende Vereinsprojekte einzusammeln. Und nicht nur hier stellten sich die Versprechungen als leer heraus. Ein Debakel erlebten etwa die Anleger bei Alemannia Aachen, wo 2008 die „Tivoli-Anleihe" aufgelegt wurde, um den Stadionbau zu finanzieren. Nach einer Insolvenz des Klubs verloren die Zeichner viel Geld.

„Fans sind oft nicht sehr kritisch, wenn es darum geht, ihrem Verein finanziell unter die Arme zu greifen. Doch bei der Bewertung des Anlagerisikos sollte man die Fanliebe im Kopf auch einmal ausschalten", warnt Jürgen Kurz, Sprecher der Deutschen Schutzvereinigung für Wertpapierbesitz. Fußballanleihen seien oft eine „Mischung aus Geldanlage und Fanartikel".

Strukturelle Defizite?
Wo Millionensummen bewegt werden, wachsen Begehrlichkeiten. Das ist in der freien Wirtschaft so, und wieso sollte es ausgerechnet im Fußball anders sein? Gerade dort, wo Transferdeals teils am Telefon oder per Handschlag gemacht werden, gerade in einer überschaubaren Szene von 36 Erst- und Zweitligavereinen, in der jeder jeden kennt.

Schon im Amateurbereich ist es gang und gäbe, mal ein Auge zuzudrücken. Wer kann es dem Vereinsvorsitzenden, der wöchentlich ohnehin schon unzählige Stunden ehrenamtlich in den Verein steckt, verdenken, wenn er das Geld aus dem Würstchenverkauf beim Heimspiel unbürokratisch dem geschätzten Mannschaftskapitän als Fahrtkostenzuschuss in bar zusteckt, um diesen und die Toptorschützen bei Laune zu halten? Es geht schließlich um das Wohl des Vereins.

Auf meine Frage, ob ein System, das im Grunde auf ehrenamtlich getragenen Strukturen basiert, die für derartige Millionengeschäfte möglicherweise überhaupt nicht ausgerichtet sind, anfällig für Korruption sei, antwortet mir ein Sprecher des Bundesfinanzministeriums, dass er diese Einschätzung ausdrücklich nicht teile. „Das Ehrenamt hat für unser Gemeinwesen eine herausragende Bedeutung. Die Bundesregierung ist bestrebt, ehrenamtliches Engagement unter anderem durch Schaffung praktikabler Rahmenbedingungen auch weiterhin zu unterstützen."

Selbstverständlich ist das Ehrenamt ein hohes Gut, vielleicht sogar das wichtigste Zeichen von Solidarität in einer Gesellschaft überhaupt. Nur: Heißt das auch, dass man im Fußball nicht nach Compliance-Regeln und anständigem Wirtschaften fragen darf? Dass gerade diese Frage in Sportvereinen durchaus präsent ist, und zwar ausdrücklich auch im Amateurbereich, zeigen diverse Beratungsangebote von Sportverbänden. Unter anderem versucht der Landessportbund Berlin seine Mitglieder dahingehend zu sensibilisieren und mahnt in einem Informationspapier zur Einhaltung der Buchführungsregeln: „Finger weg von schwarzen Kassen!"

Dass das im Kleinen gilt wie im Großen, macht der DFB vor. Im Zuge der „Sommermärchen"-Affäre zur WM 2006 musste er sich vorhalten lassen, merkwürdige Finanzströme über dubiose Kanäle laufen gelassen zu haben. Und der Weltfußballverband FIFA wird seit Jahren mit Korruptionsvorwürfen in Verbindung gebracht.

Wo verlaufen also die moralischen Grenzen des gerade noch Erlaubten? Bei dem Handgeld, das in einer Oberliga vom Mäzen eines Vereins an einen Spieler gezahlt wird, um ihn im Klub zu halten? Beim Kasten Bier und den 100 Euro für die Mannschaftskasse, die in einer niederen pfälzischen Spielklasse schon einmal dafür sorgten, dass der Spielausgang zugunsten eines abstiegsbedrohten Teams abgesprochen wurde? Oder bei der Schwarzgeldzahlung und dem Kickback an einen durstigen Trainer oder Ligamanager, wie es Willi Lemke 2016 in einem Interview mit der „Frankfurter Allgemeinen Zeitung" formulierte?

Lemke war lange Jahre Manager beim SV Werder Bremen, in Bremen außerdem Senator und zeitweise Sonderberater des UN-Generalsekretärs für Sport. In dem Interview äußert sich Lemke kritisch über die horrenden und weiter steigenden Summen, die den Fußball regelrecht fluten und die Transfermärkte anheizen. Dazu sagt er: „Es gibt viele Gerüchte in der Szene. Es soll etwa Trainer und andere Verantwortliche geben, die sagen: Okay, wenn ich bei den Geschäften mit dabei bin, sage ich: Spieler X gebe ich frei, Spieler Y will ich unbedingt. Gib mir einen bestimmten Betrag bei dem Transfer und sorge dafür, dass das Geld auf die Cayman Islands kommt, damit es keiner mitbekommt. In der Branche heißt es dann: Dieser Trainer ist ‚durstig.'"

Dabei sind die Tricks um Transferzahlungen und Ablösesummen so alt wie der Profifußball selbst. Bis in die 1960er Jahre waren Fußballer nichts anderes als kickende Klubmitglieder. Mit Gründung der Bundesliga, deren Vereine schon im ersten Jahr 1963/64 einen zweistelligen Millionenbetrag umsetzten, wurden aus den Amateuren mehr und mehr bezahlte Berufsfußballer und Vereinsangestellte. Dieser Prozess war keineswegs unumstritten. So wie heute vielerorts die Kommerzialisierung des Fußballs und der wachsende Einfluss von Investoren skeptisch beäugt werden, gab es damals ähnliche Kritik an der Professionalisierung, die die Werte des Sports zu korrumpieren drohe.

Unter dem Titel „Notstand im Fußball – das Geschäft mit der Bundesliga" schrieb der „Spiegel" 1965 ausführlich über die Lage. Etwa wurde Hertha BSC aus der Bundesliga in die Regionalliga verbannt, da der Verein gegen die Regeln des DFB, die damals noch die Zahlungen an Fußballspieler begrenzten, verstieß. Es ging wohl um 150.000 Mark. „Das Geld war größtenteils dazu verwendet worden, auf dem schwarzen Fußballmarkt Spieler einzukaufen", schreibt der „Spiegel" über den

„größten Skandal in der Geschichte des deutschen Fußballsports". Nach heutigen Maßstäben klingen die Zahlen verschwindend gering und kaum skandalträchtig.

Nicht nur, dass die Höhe der Zahlungen an Spieler noch 1964 bei monatlich etwa 3.500 Mark gedeckt war, auch gab es eine Höchstgrenze für die Ablöse, die bei einem Transfer gezahlt werden durfte. Diese lag bei 50.000 Mark. Da Vereine in ihrem Ringen um die besten Kicker andere aber stets überbieten mussten, waren sie von jeher überaus erfinderisch darin, diese Regeln auszuhebeln. Etwa sollen an Spieler nicht selten verdeckte Handgelder gezahlt worden sein, die höher als erlaubt waren. Genauso soll bei Transfers getrickst worden sein. Exemplarisch berichtet der „Spiegel" über den Koppel-Trick: Da der Karlsruher SC seinen Nationalspieler Günter Herrmann nicht für die Ablöse von 50.000 Mark habe abgeben wollen, habe Schalke 04 ebendiesen Spieler gemeinsam mit dem nur mittelmäßigen Talent Hans-Georg Lambert aufgenommen und somit schlicht nicht für einen, sondern für beide dem KSC 100.000 Mark übergeben.

Tatsächlich tun sich mir auch heute noch in zahlreichen Gesprächen mit diversen Spielervermittlern – jenseits des Themas FCK – ähnliche Geschichten auf. Offensichtlich hat sich am grundsätzlichen Phänomen in den vergangenen Jahrzehnten nicht allzu viel geändert. Die Branche ist voll von Legenden um geplatzte Transfers, kuriose Geschäftsmodelle und verdeckte Zahlungen. Einige davon sind an Kreativität kaum zu überbieten und beschreiben verschlungene Wege dafür, Gelder aus einem millionenschweren Transfergeschäft abzuzweigen.

Oft geht es dabei um sogenannte Kickback-Geschäfte. Vereinfacht gesagt, braucht es dafür am Ende lediglich einen Rechnungssteller, zum Beispiel einen Spielervermittler, der dem Verein für welche Leistung auch immer eine meist überhöhte Rechnung ausstellt – alles korrekt versteuert. Die Differenz zwischen dem regulären Satz und der erhöhten Summe teilen sich dann allerdings der Spielervermittler und sein Vertragspartner, beispielsweise ein Klubmanager, im Nachhinein auf irgendeine Weise. So können Summen aus einem Geschäft verdeckt hin und her geschoben werden. Leidtragender ist in diesem Beispiel der Verein, der ja mehr bezahlt, als er eigentlich müsste.

Die meisten Spielervermittler, mit denen ich gesprochen hatte, berichten mir wie Lemke von diesem Modell – aber selbstverständlich, dass sie lediglich davon gehört und es selbst natürlich niemals angewendet hätten. Einer allerdings räumt tatsächlich ein, einem solchen Kickback-Geschäft nicht abgeneigt zu sein. Dies mit einem merkwürdigen Argument:

Schließlich sei er im Auftrag seines Spielers unterwegs und müsse alles ihm Mögliche unternehmen, dessen Karriere zu befördern. Bedeute dies, einen „durstigen" Manager schmieren zu müssen, dann sei das eben so. Auf diese Weise verschieben sich finanzethische Koordinaten.

Es wäre also naiv zu meinen, Aufstellungen und Transfers im Profifußball kämen ausschließlich aus sportlichen Gründen zustande. Vielmehr gibt es sogar Hinweise darauf, dass Manager manchen Transfer oder Trainer manche Aufstellung – und damit die Entwicklung von Sportlerkarrieren und Spielerwerten – mitunter danach ausrichten, ob sie selbst etwas davon haben. Wie häufig in der Praxis Entscheidungen nach dieser Maxime fallen, lässt sich nicht sagen. Brancheninsider weisen zwar immer wieder auf solche Konstellationen hin, beweisen lassen sich derartig verdeckte Absprachen allerdings in den seltensten Fällen. Dies betont auch Lemke in dem Interview.

Es wäre falsch, den Fußball, seine Fans und Athleten, Manager und Funktionäre sowie all die Tausenden Ehrenamtlichen, die Woche für Woche den Spielbetrieb auf deutschen Sportplätzen sicherstellen, unter Generalverdacht zu stellen. Aber genauso falsch wäre es, Hinweise zu ignorieren, die geeignet sein könnten, Fragen aufzuwerfen bezüglich struktureller Defizite und Rahmenbedingungen, die möglicherweise Misswirtschaft begünstigen. Dass hier ein allgemeines Gegensteuern nötig ist, untermauern auch die „Football Leaks", die unter anderem durch Veröffentlichungen im „Spiegel" dunkle Geldflüsse, Transferabreden und dubiose Geschäftskonstruktionen im europäischen Spitzenfußball erhellen.

Anscheinend gibt es, was Compliance-Regeln und Corporate Governance im Profisport betrifft, noch Luft nach oben. Offensichtlich hat sogar der DFB dies erkannt und bei der Bewerbung um die Ausrichtung der Europameisterschaft 2024 mit der Organisation Transparency International zusammengearbeitet, um bezüglich der deutschen Spielorte ein vorbildliches Auswahlsystem vorweisen zu können. Das Verfahren müsse „beispielgebend" und „von objektiven Bedingungen geprägt" sein, „dass sich fast mathematisch die besten Stadien ergeben". Es dürfe nicht der Eindruck entstehen, „dass geklüngelt und gemauschelt wird". Damit wolle man auch ein internationales Signal für die Integrität des Fußballs setzen, sagte DFB-Präsident Reinhard Grindel.

Dass die Akteure des Sports die Notwendigkeit von Transparenz und Compliance aber, vielleicht geblendet durch die Strahlkraft sportlichen Glanzes, bisweilen möglicherweise verklären, zeigt ein Kommentar von Alois Theisen in den „Tagesthemen" im Jahr 2015. Damals ging es um staatsanwaltschaftliche Ermittlungen im Zusammenhang mit der „Sommermärchen"-Affäre und dubiose Zahlungsflüsse in Höhe von 6,7 Millionen Euro beim DFB.

Theisen eröffnet seinen Kommentar mit dem gewöhnungsbedürftigen Vergleich zwischen deutschen Top-Fußballfunktionären wie Franz Beckenbauer und dem legendären Gangsterboss Al Capone. Er kommt dann zu dem nostalgischen Schluss: „Das Sommermärchen kann Deutschland keiner mehr nehmen. In diesem Sinne waren die 6,7 Millionen Euro gut angelegtes Geld und jeden Cent wert. Von mir aus gibt es dafür mildernde Umstände." Doch damit dürfte Theisen beim Versuch eines moralischen Grenzgangs gescheitert sein. Denn sein Kommentar hinterlässt wohl zumindest manch flüchtigen Zuschauer mit dem Eindruck, bei dunklen Finanzströmen dürfe man die Augen ruhig ein wenig zudrücken, solange nur alle davon profitierten und wir genug zu feiern hätten.

Doch genau eine solche Relativierung ist angesichts des damals zur Rede stehenden Korruptionsverdachts ein dramatisch falsches Signal im öffentlich-rechtlichen Programm an die Gesellschaft. Da halte ich es lieber mit Klaus Brinkbäumer vom „Spiegel", der das „Sommermärchen" so kommentiert: „Leidenschaft und Kritik sind keine Gegensätze. Niemand zwingt Spieler, Sportjournalisten und Zuschauer, den Verstand vor der Arena abzugeben."

Im Sinne eines Debattenbeitrags

In ähnliche Kontexte möchte ich die „Betze Leaks" eingeordnet wissen. Es geht nicht um einzelne Personen oder minutiöse Details, sondern um die Abbildung eines Prozesses und das Hinterfragen von Strukturen im Sinne eines Debattenbeitrags. Es liegt in der Natur der Sache, dass dabei teils provokante Thesen formuliert und kontroverse Standpunkte diskutiert werden, die unterschiedlich bewertet werden können – auch anders, als ich das tue. Die jeweiligen Aussagen gilt es daher stets in den Zusammenhang einzuordnen und so zu begreifen. Gleiches gilt für Zitate, deren Aussagegehalt ausdrücklich den jeweiligen Protagonisten zuzuschreiben ist.

Herzlich bedanken möchte ich mich bei den zahlreichen Gesprächspartnern und Diskutanten, die mir ihr Vertrauen geschenkt haben. Ganz besonderer Dank geht an den Kollegen Michael Ashelm und die Sportredaktion der „Frankfurter Allgemeinen Zeitung", die dort, wo ich andere habe einknicken sehen, journalistischen Grundsätzen treu geblieben sind und Haltung gezeigt haben. Ebenso hat sich der Verlag

Die Werkstatt meiner Geschichte angenommen. Vielen Dank auch an meine Frau, die meinen „FCK-Virus" seit Jahren erträgt. Das ist nicht immer leicht.

Dem neuen Aufsichtsrat und dem neuen Vorstand des Vereins wünsche ich für die Zukunft gute und sichere Entscheidungen in schwierigen Zeiten, verbunden mit der Aufforderung, gemäß ihren eigenen Ansprüchen für Nachhaltigkeit, Transparenz und Glaubwürdigkeit zu sorgen. Dass sie sich ihrer hohen Verantwortung bewusst sind. Denn der FCK ist nicht nur irgendein Verein. Er bedeutet für so viele so vieles.

Andreas Erb, Jahrgang 1980, arbeitet seit 1998 als Journalist in Kaiserslautern und begleitet seit über zehn Jahren intensiv die Geschehnisse rund um den Betzenberg. Seine Beiträge zum 1. FC Kaiserslautern erscheinen unter anderem in der „Frankfurter Allgemeinen Zeitung". Gemeinsam mit dem Sportredakteur Michael Ashelm deckte er die krisenhafte Entwicklung des Pfälzer Traditionsvereins auf. Seit 2017 ist Erb bei der Frankfurt Business Media, dem F.A.Z.-Fachverlag, Redakteur der Fachzeitschrift „OBM – Die Zeitung für Oberbürgermeisterinnen und Oberbürgermeister". Als Autor erschienen von ihm 2011 zusammen mit Dirk Leibfried der Band „Das Schweigen der Männer. Homosexualität im deutschen Fußball" (Verlag Die Werkstatt) sowie 2014 die Sportler-Biografie „Wojtek Czyz – Wie ich mein Bein verlor und so zu mir selbst fand. Die unglaubliche Geschichte eines Goldmedaillen-Gewinners" (Edel Verlag).